盐城工学院学术专著出版基金资助

江苏省教育科学"十四五"规划重点课题

青少年足球运动员核心素养与培养策略

王欣◎著

人民出版社

责任编辑：詹　夺
封面设计：张婉秋

图书在版编目（CIP）数据

青少年足球运动员核心素养与培养策略 ／ 王欣著．
北京 ：人民出版社，2024.12. -- ISBN 978 - 7 - 01 - 027033 - 3

I . G843

中国国家版本馆 CIP 数据核字第 202483UL39 号

青少年足球运动员核心素养与培养策略
QINGSHAONIAN ZUQIU YUNDONGYUAN HEXINSUYANG YU PEIYANGCELÜE

王 欣　著

人民出版社 出版发行
（100706　北京市东城区隆福寺街 99 号）

北京建宏印刷有限公司印刷　新华书店经销

2024 年 12 月第 1 版　2024 年 12 月北京第 1 次印刷
开本：710 毫米 ×1000 毫米 1/16　印张：16.5
字数：218 千字

ISBN 978 - 7 - 01 - 027033 - 3　定价：98.00 元

邮购地址 100706　北京市东城区隆福寺街 99 号
人民东方图书销售中心　电话（010）65250042　65289539

目 录

前　言

近年来，我国把振兴足球作为发展体育运动、建设体育强国的重要任务摆上日程，并把校园足球作为扩大足球人口规模、夯实足球人才根基、提高学生综合素质、促进青少年健康成长的基础性工程。随着《关于深化体教融合　促进青少年健康发展的意见》《中国青少年足球联赛赛事组织工作方案（2022—2024 年）》《2022 年全国青少年校园足球工作要点》等国家政策文件的颁布，青少年足球运动员培养的目标人群范围扩大到体校、足球学校以外的普通中小学的趋势日趋显著，它不仅是我国青少年足球运动员培养工作自身发展的需求，也是我国足球后备人才培养发展的要求，普通中小学中的青少年足球运动员培养也是足球后备人才培养工作的重要组成部分。中小学体育工作的改革与发展中，学生体育核心素养的培养是重点，也是热点。青少年足球运动员同样有着学生的身份，培养青少年足球运动员的体育核心素养既有利于其个人的健康、全面发展，又有利于提高我国足球后备人才的培养质量，为我国足球事业的发展助力。为此，青少年足球运动员的核心素养及其培养策略，是值得深入探讨的话题。

本书共七章。第一章对体育核心素养的提出及发展脉络进行梳理，阐释了体育核心素养的内涵、分类与意义，梳理了体育核心素养的研究现状与趋势，分析了体育核心素养的理论基础。第二章介绍了国内外体育核心素养的构建，跨学科研究与辨析的问题。第三章分析了青少年足球运动员核心素养培养的社会化取向、能力化取向、专业化取向和价值化取向。第四章分析了我国青少年足球运动员核心素养培养的运动能力、健康行为、体育品德等内容。第五章从青少年足球运动员核心素养的理论视角切入，阐释了青少年足球运动员的相关人文学科课程、运动生理生化课程、体育心理学课程、运动人体与康复课程。第六章从青少年足球运动员核心素养的实践视角切入，结合具体训练案例阐释青少年足球运动员的体能训练课程、专业技术课程、专业战术课程，以及比赛中技、战术合理运用课程。第七章分析了我国青少年体育核心素养的发展趋势，提出了基于核心素养的青少年足球运动员训练体系构建、以核心素养为中心的青少年足球竞赛与荣誉体系构建，提出青少年足球运动员核心素养训练的数字化监控体系构建等发展思路。

限于作者水平，本书难免存在偏颇之处。衷心希望广大读者不吝提出意见和建议，以便日后工作的完善。

第一章　体育核心素养概论

第一节　体育核心素养的提出及发展脉络

一、核心素养的提出

核心素养作为 21 世纪尤其是近年来在教育领域被频繁提及的词语，其出现的过程并非偶然，而是与人类社会的整体变迁和当代社会经济发展的新需求有着密切的关系。核心素养的提出，标志着人才培养为了应对信息化、全球化与知识经济社会对人才需求变化而实现的一次华丽转身，即从对内容的关注转向对学习结果的关注，从对教材、标准等要素的关注转向对"培养什么样的人""怎样培养人""为谁培养人"的功能的关注。[①]具体而言，核心素养的提出背景有以下三个方面。

（一）社会发展从工业化时代向信息化时代转化对人类提出了新的要求

与 20 世纪相比，人类跨入 21 世纪就意味着新的变化，这种变化体现在多个方面，其中最主要的方面是时代的急剧转换对人类提出了新的要求。在两个时代的交替过程中，从世界范围来看，主要体现为从工业化时

---

① 钟启泉等主编：《核心素养研究》，华东师范大学出版社 2018 年版，前言。

代向信息化时代的转换。

工业化（industrialization）通常被定义为工业（特别是其中的制造业）或第二产业产值（或收入）在国民生产总值（或国民收入）中比重不断上升的过程，以及工业就业人数在总就业人数中比重不断上升的过程。20世纪是一个典型的工业化时代，尤其是在后期，很多国家完成了从农业化时代向工业化时代的转型。以中国为例，从传统的农耕时代向工业化时代转变，使得中国国力大幅提升，经济实力越来越强，在国际上的话语权也越来越大。工业化时代强调大规模的机器生产，需要大量的技术人才进行支撑，所以对人类提出的要求主要是强调懂技术、会操作，对个体思维的要求并不太高。

与工业化时代相比，信息通信技术在 21 世纪得到了迅猛发展和广泛的应用，这意味着人类从工业化时代进入了信息化时代。在信息化时代、计算机、软件、电子通信技术、大数据、物联网等新知识、新思想和新技术使得人类的生产、交往与贸易方式发生了巨大转变。与工业化时代强调机器操作相比较，信息化时代对知识经济的高度重视，使得思维与决策成为一种至关重要的东西。也就是说，信息化时代更加强调创新，因为人类的很多工作将由机器来代替，对操作性技术工人的需求大量减少，但那些强调专家思维和需要复杂思考能力的工作不断增加，而这些工作是机器难以代替的。由此可知，社会的转型对人类提出了新的需求，而这种需求会转换为对人类素质的新要求。

21 世纪社会转型对人类提出新需求，为此，应重新定位"人才"。为了应对 21 世纪信息时代的挑战，经济合作与发展组织（OECD）提出了"为了新千年学习者的 21 世纪技能和素养"，欧盟委员会（European Commission）提出了"为了终身学习的核心素养"（key competences for lifelong learning），西方一些公司联合发起了"21 世纪技能伙伴协会"。从以上这些国际组织和公司的新动向可以看出，21 世纪人类需要具备的新技能就是核心素养。

（二）教育从注重知识与技能学习向全面人才培养转变提出的变革期待

一直以来，学校的职能主要被定位为传授科学知识。进入 21 世纪后，"为了知识的教育"已显然不能满足信息时代对个人发展和社会发展的新需求。知识是教育活动中促进学生发展的一种文化资源和精神养料，但是人的发展绝不仅限于掌握知识。随着人类迈入信息社会，知识大爆炸的时代也已来临，"知识不再是稳定的固体，它已经液态化了"。教育正在越出其传统的界域，逐渐地在时间和空间上扩展到它的真正领域——整个人的各个方面。[①] 由此可知，从注重知识与技能的学习向培养全面发展的人的转变，是当代教育发展的重大变革。

实际上，这种转变并不意味着学校教育不需要学知识与技能，而是说仅仅只有知识和技能还远远不够，因为这样培养出来的人只是"机器人"或者是"复读机"，他们在面对实际情境中的复杂问题需要解决时就很难适应。

基于此，人们意识到，个体受教育的过程不仅仅需要掌握知识与技能，更要具备运用知识和技能去解决复杂问题的能力。也就是说，从知识到能力再到核心素养的转变绝不是从知识教学效率不高、知识获得不多到知识教学效率提高、知识量日益增多的变化，而是教育理念的根本转变。因为知识不能直接转化为素养，简单的复制、记忆、理解和掌握是不够的，只有通过教学活动情境化的设计使个体将知识内化、转化、升华才有可能达成核心素养的培养。

因此，在教育层面从知识与技能学习到培养全面发展的人的转变已经成为当代教育发展的新方向。但问题是到底什么样的人才能称得上是全面

[①] 季浏等主编：《普通高中体育与健康课程标准（2017 年版）解读》，高等教育出版社 2011 年版，第 79—80 页。

发展的人？从国际教育改革的经验来看，纷纷将符合核心素养要求的人称之为全面发展的人。基于此，国际上一些国家和组织纷纷提出了本国的核心素养体系。以中国为例，教育部提出将"立德树人"作为教育的根本任务，而"立德树人"就是为了回答"培养什么样的人"等问题。因此，中国学生发展核心素养体系的提出，正是中国积极回答"培养什么样的人"的一种尝试。在此基础上，中国近年来也进入了核心素养导向的教育改革新阶段，也被称之为"素养本位"的新阶段。

（三）个体从较为单一的生存环境向"地球村"的衍化提出了新挑战

社会生活是所有个体都要面临的挑战，其以一定的社会关系为纽带，由社会的经济、政治、文化、心理、环境诸因素综合作用，形成一系列极为复杂的、多层次的社会现象。社会生活使得个体与个体之间呈现出相互交融、相互渗透的交织状态。因此，我们所处的社会就是一张巨型的大网，每个人都处于这张大网的某个节点，任何人都不可能离开社会网络而独自生活。

然而，个体虽然无法离开社会网络，但在不同时代所依赖的社会网络范围却差别很大。在未进入网络化时代之前，绝大部分个体的生活环境局限在所居住之地，所接触的他人主要是邻居，这种所谓的"熟人社会"使得个体在社会交往中并不需要太多技能，因为从出生那一刻开始就已经非常熟悉。从这个角度而言，这种单一的生存环境对个体生存的挑战并不大。然而，随着广播、电视、互联网和其他电子媒介的出现，随着各种现代交通方式的飞速发展，人与人之间的时空距离骤然缩短，整个世界紧缩成一个"村落"。"地球村"（global village）这一词是加拿大传播学家 M. 麦克卢汉 1964 年在他的《理解媒介：人的延伸》一书中首次提出。当前，全世界已经变成了同一个"地球村"，人与人之间的交往因为互联网而变得非常直接和简单。网络的确将全世界的人类联系在了一起，但更加现实的问题是全球化造就了一个更加复杂的生存环境，个体需要掌握更多、更全面的素养才能够自如应对。

在当今社会，不同肤色、不同人种的个体在一起学习、工作和生活，甚至成为家人，我们所处的社会变得复杂和更加多元化，个体需要面临更多来自政治、经济、文化、教育、宗教、心理、环境等方面的挑战，各种人际关系和利益错综复杂地交织在一起，势必会带来多样化的冲突和矛盾。在这样的背景下，个体所面临的传统的"熟人社会"已不复存在，随之而来的挑战是"地球村"时代的个体需要面对的难题。

因此，为了面对日益变化的生存环境，个体必须要掌握更多的素养，除了在学校学习各种知识之外，更需要形成正确的价值观、良好的沟通能力、合作意识、团队精神、情绪调控、矛盾处理，善于使用各种现代化工具等，而且这些方面的素养还需要具有广泛的迁移性，即在多种不同的生存环境中都能够熟练地使用这些素养以解决面临的问题。基于此，为了更好地在社会网络中生存，从掌握单一的能力到具备多维而全面的核心素养，是当代社会中每一个个体都亟待解决的难题。

二、体育核心素养的提出

体育核心素养作为体育学科领域的一个新概念，从提出到盛行于教育领域，其迅速发展的最主要原因就是有着丰富的哲学理论基础。[①] 在理论研究方面，来自英国的学者 Whitehead 最早从学术层面提出了"Physical Literacy"这个概念，引起了欧美学者的关注和探讨。Whitehead 提出的体育素养主要是以一元论、存在主义和现象学为哲学基础。Whitehead 结合

---

① 施艺涛、崔华、解有毅：《身体素养哲学基础、概念界定和评测体系的系统评价》，《体育科学》2019 年第 8 期。

自身对哲学理论的研究，尤其是一元论、现象学和存在主义两大哲学理论，以及这两大哲学流派的理论契合点——具身性（embodiment），结合体育教育的相关理论，提出了"Physical Literacy"的概念。在西方哲学的发展过程中，一元论的中心观点认为，人的身体和思维是相互统一、不可分割的。而现象学的中心思想可以简述为，个体通过自身的经验去感知外部世界。一些学者在此基础上又发展了存在主义，即个体创造了自我并且与外部世界进行交互。这种新的抽象概念被西方的先哲，如海德格尔、梅洛庞帝和萨特等人发展成具身性，即抽象思维的认知活动根植于身体的活动之中。[①] 施艺涛等对国外体育素养的理论基础研究与陈思同的观点几近一致，即体育素养以一元论为本体论基础，以现象学和存在主义为认识论基础，在此理论基础上又逐步发展形成了一种新的观点——具身认知。[②]

综上，国外体育素养的理论基础方面已经取得了一致的观点，以"一元论""存在主义""现象学"三大哲学理论作为主要的理论基础，突出身体的主体存在性和能动性，促进人的身心协调、全面发展。本书认为，"体育核心素养"的概念是在"体育素养"的概念的基础上更强调最基本、最关键的那些素养，因而，体育核心素养的提出也源自上述理论基础及其相关的其他理论。

三、体育核心素养的发展脉络

由于历史背景与发展历程等方面的差异，国内外对于体育核心素养的概念认识存在一些差别。总体而言，在体育核心素养的概念方面，国内外

[①] 陈思同、刘阳、唐炎、陈昂：《对我国体育素养概念的理解——基于对 Physical Literacy 的解读》，《体育科学》2017 年第 6 期。

[②] 施艺涛、崔华、解有毅：《身体素养哲学基础、概念界定和评测体系的系统评价》，《体育科学》2019 年第 8 期。

就像两条起点各异的线条，但逐渐相互靠拢并最终交织在一起。

（一）国外体育核心素养概念的演变

从相关文献来看，1884 年美国一名陆军工程队成员首次提出这一术语，并在 20 世纪上半叶的美国学术界得到了广泛应用。[①] 在过去的 80 年里，"Physical Literacy"作为体育领域核心素养的典型代表，这一概念被一些学者在不同的语境中提及，而这些语境并不都与体育活动本身有关。然而，这一概念从未系统地发展起来。[②] 按照英文的直接翻译，中文语境中通常将"Physical Literacy"译为体育素养或者身体素养。由于到目前为止，"Physical Literacy"主要指代体育领域的核心素养，为了与"核心素养"、包含非核心素养的"体育素养"等相关概念区分，本书将其译为"体育核心素养"。

英国学者自 1993 年基于身心一元、主客一体的现象学理论[③]，首次提出"Physical Literacy"这一概念以来，一直通过在国际体育素养协会（International Physical Literacy Association，IPLA）内开展活动以寻求共识来完善和改进"Physical Literacy"的定义。例如，2010 年，体育核心素养被定义为："根据每个人的天赋，在整个生命过程中保持身体活动的动机、信心、身体能力、知识和理解"。[④]2013 年，Whitehead 在国际体育科学和体育教育理

---

① 李友梅等：《快速城市化过程中的乡土文化转型》，上海人民出版社 2007 年版，第 12 页。

② Whitehead, M., "The History and Development of Physical Literacy", *The Journal of the International Council of Sport Science and Physical Education (ICSSPE)*, No. 65 (October 2013), pp. 22 - 28.

③ Whitehead, M., "Physical literacy", In *International Association of Physical Education and Sport for Girls and Women Congress*. Melbourne (July 1993).

④ Whitehead, M., *Physical Literacy throughout the Lifecourse*, New York: Routledge, 2010, pp. 11-14.

事会公告中描述为："在整个人生过程中重视和负责维持有目的的身体活动所需要的动机、信心、身体能力、知识和理解。"[①]

经过讨论和完善，在国际体育素养协会网站上的定义改为："为了重视和从事终身体育活动所需要的动机、信心、身体能力、知识和理解。"尽管自 2001 年以来，关于体育核心素养的定义已经进行了多次修改，但 Whitehead 和他在国际体育素养协会的同事们一直保留着体育核心素养所包含的动机、自信、身体能力、知识和理解的元素。[②] 此外，Tremblay 等认为，体育核心素养是发展身体活动和参与终身体育的一种技能或手段。[③] 对此，任海进行了总结，他认为这一概念有不同的界定，流行最广且为国际社会主流所认可的定义是英国学者 Whitehead 提出，并为 2013 年成立的她本人担任主席的国际体育素养协会所采用，表述为"体育素养是为了生活而重视并承担参与身体活动的责任所需要的动机、信心、身体能力及知识与理解"[④]。

此外，在 Whitehead 教授提出的体育核心素养概念基础之上，世界上部分国家和组织也进一步拓展了体育核心素养的概念（见表 1-1）。但从表 1-1 可知，除了澳大利亚的概念稍显复杂之外，这些体育核心素养的概念与 Whitehead 教授的定义基本上大同小异，均涵盖了"动机、信心、身

---

① Whitehead, M., "The History and Development of Physical Literacy", *The Journal of the International Council of Sport Science and Physical Education (ICSSPE)*, No. 65（October 2013）, pp. 22 - 28. 高海利、卢春天：《身体素养的构成要素及其理论价值探微》，《体育科学》2019 年第 7 期。

② Shearer, C., Goss, H.R., Edwards, L.C., Keegan, R.J., Knowles, Z.R., Boddy, L.M., Durden-Myers, E.J. and Foweather, L., "How is physical literacy defined? A contemporary update", *Journal of Teaching in Physical Education*, Vol. 37, No. 3（July 2018）, pp. 237-245.

③ Tremblay, M. and Llyod, M., "Physical literacy measurement the missing piece", *Physical & Health Education Journal*, Vol. 76. No. 1（April 2010）, p.26.

④ 任海：《身体素养：一个统领当代体育改革与发展的理念》，《体育科学》2018 年第 3 期。

体能力及知识与理解"几个部分。因此，我们可以推知国际上对体育核心素养形成了比较一致的定义。

表 1-1 部分国家或组织对"体育素养"的概念界定

组织	国家	具体解释
国际体育素养协会（IPLA）	英国（2017 年）	体育核心素养可以被描述为动机、自信、身体能力、知识和理解，以重视和承担终身参与身体活动的责任
运动威尔士	英国（2017 年）	身体技能 + 自信 + 动机 + 大量机会 = 体育核心素养
健康与体育教育协会（PHE）	加拿大（2017 年）	具备体育核心素养的个体，拥有在多种环境下进行各种身体活动从而有益于个体全面健康发展的能力和信心
终身体育协会（CS4L）	加拿大（2017 年）	体育核心素养是一种动机、自信、身体能力、知识和理解，以重视和承担终身参与身体活动的责任
健康与体育教育协会（SHAPE）	美国（2012 年）	体育核心素养是个体拥有在多种环境下进行各种身体活动从而有益于个体全面健康发展的能力和信心
运动新西兰	新西兰（2015 年）	参与者所需要的动机、信心、身体能力、知识和理解，使他们能够重视并承担从事身体活动和终身体育运动的责任
澳大利亚体育协会	澳大利亚(2017 年)	定义性陈述： 1. 核心 / 概念：体育核心素养是获得和应用运动和身体活动背景下的终身学习 2. 要素 / 结构：它反映了身体、情感、心理、认知和社会能力的持续变化 3. 关键 / 过程：它对于帮助我们借助运动和身体活动以度过健康而充实的生活至关重要 4. 愿望 / 产品：具备体育素养的个体能够综合利用他们的身体、情感、认知和社会能力来支持健康，促进和满足运动与身体活动，并与其具体情况和背景有关

（二）国内体育核心素养概念的演变

目前，国内在体育领域对与体育相关的核心素养的概念还缺乏统一的概念界定，对这一词语的表述也是各有不同，但早期集中于使用"体育素养"的较多一些。比如，夏峰认为，体育素养实际上就是体育文化水平[1]；张洪潭认为，体育素养指的是以运动技术为基础的操作性知识水平和实践成果[2]；李永华等认为体育素养主要表现在身体和精神两方面，前者包括体质、运动能力等，后者包括体育品德、意识等[3]；而杨献南等则基于以上学者的研究将体育素养提炼为个体以先天遗传素养为基础，通过家庭、学校体育教育及社会环境的影响，在实践中逐渐形成的对身体文化和精神文化内在追求的综合性文化塑造[4]；陈思同等通过借鉴国外"Physical Literacy"的价值和理念，将我国体育素养的概念理解为"人类在生命过程中获得利于全人生存发展的运动要素的综合"[5]。此外，于永晖等从科学性与人文性、基础性与发展性、单一性与综合性视角，认为"体育素养是个体在先天遗传性基础上，通过后天的体育教育所形成的综合素质，它以体育能力为核心，既体现为个体具有的体育文化科学水平，也包含个体对体育的情感、态度、价值观，以及在体育运动方面所具有的独特品质和行为表现"[6]。由此可见，国内使用体育素养的概念居多，且上述体育素养所包含的要素实际上也体现了"核心"的内涵，因为与体育相关的素养远不止这些。对此，也有学者提出使用"身体素养"的概念更合理。如任海指出"体育素养"的译名有违原文的词语表达，认为它增加了原词没有的

---

① 夏峰：《必须重视提高学生的体育素养》，《学校体育》1990 年第 6 期。

② 张洪潭：《参与竞争重于获取优胜》，《体育与科学》2000 年第 3 期。

③ 李永华、张波：《学校体育的使命：论体育素养及其提升途径》，《南京体育学院学报》（社会科学版）2011 年第 4 期。

④ 杨献南、鹿志海：《形式逻辑视角下的体育素养概念辨析》，《南京体育学院学报》（社会科学版）2015 年第 2 期。

⑤ 陈思同、刘阳、唐炎、陈昂：《对我国体育素养概念的理解——基于对 Physical Literacy 的解读》，《体育科学》2017 年第 6 期。

⑥ 于永晖、高嵘：《体育素养的概念与内容构成辨析》，《山东体育学院学报》2019 年第 4 期。

"育"（education），也有违原文的语义内涵，认为与"Physical Literacy"相关的"Physical Activity"并不特指体育活动，也包括非体育的身体活动。而将其译为"身体素养"，才能破除"身心二元论"，重置体育前提，促进将体育的关注点由体育活动转向体育活动者，也促进体育融入社会及体育各领域的整合。①

随着国家课程改革的不断推进，出现了体育与健康学科核心素养的概念，如《普通高中体育与健康课程标准（2017年版）》（以下简称《课程标准（2017年版）》）指出："学科核心素养是学科育人价值的集中体现，是通过学科学习而逐步形成的正确价值观念、必备品格与关键能力。"② 这一概念界定来自教育部的国家课程标准文件，具有非常强的权威性。

综合国内外对体育领域有关核心素养的概念界定，本书认为，体育核心素养是个体在参与体育活动的过程中所需要并发展的各种综合能力，即动机、信心、体能、技能、认知、情感、态度、价值观等，是一个整合性的概念。

第二节　体育核心素养的概念、分类与意义

一、体育核心素养概念厘定

（一）"素养"的概念

随着社会的进步与发展，人们对素养的认识以及使用频率在不断提

---

① 任海：《"体育素养"还是"身体素养"？——Physical Literacy 译名辨析》，《体育与科学》2023年第6期。

② 季浏：《我国〈普通高中体育与健康课程标准（2017年版）〉解读》，《体育科学》2018年第2期。

升，素养自身的语义范围也不断扩展。对于现代人来讲，素养一般包括思想政治素养、文化素养、业务素养、身心素养等各个方面。① 按照本书研究主题的倾向，综合关于素养的相关研究概念和内涵，在青少年运动员培养领域，本书将素养厘定为从事竞技体育活动必须具备的基本体育知识与关键的体育能力。

（二）核心素养的概念

"核心素养"最早的形式为英语"Key Literacy"②，即关键的，不能缺少的和必备的、核心的能力或素养。我国教育部颁布的《教育部关于全面深化课程改革落实立德树人根本任务的意见》，将核心素养作为党和政府对于教育培养人才质量的一种预期。近年来，国内学者围绕核心素养的概念，进行了多角度、多层次和多范围的探索与争论。从国内外教育领域关于核心素养概念的研究轨迹来看，基本上都是围绕"育什么样的人"这样一个基本目标而开展相关研究的。在借鉴国内外相关研究成果的基础上，根据本书的特点，本书将"核心素养"界定为青少年为适应日后的职业生涯和社会生活，通过学校、家庭和社会等来自多种向度的教育途径，获得的有益于自身发展的必备品格和关键能力。

（三）体育核心素养的概念

如前所述，本书将体育核心素养界定为个体在参与体育活动的过程中所需要并发展的各种综合能力，即动机、信心、体能、技能、认知、情感、态度、价值观等。从概念的组织结构和逻辑内涵方面来看，体育素养、体育核心素养与体育学科核心素养是层级式的包含与被包含的关系。

---

① 肖川：《教育的理想与信念》，岳麓书社2002年版，第221页。

② 陆谷孙主编：《英汉大辞典》，上海译文出版社2007年版，第1903页。

体育素养是指个体在贯穿一生中保持适当水平的身体活动的动机、信心、身体能力、理解力和知识。[①]

体育学科核心素养指向的是体育作为学校教育领域的一门学科，和语文、数学、外语、音乐、美术等学科一样，它所承载的育人价值在学科结构上的关键要求和表现，是体育素养在体育学科教育领域的具体化。

体育核心素养则是体育作为人类的一种主要身体活动形式，其自身所具备的对人体产生独特影响的关键性要素。它指向的不仅可以是学校体育教学领域，而且涉及竞技体育、大众体育等领域。

二、体育核心素养的分类

在综合国内外研究结果的基础上，本书认为，从青少年运动员培养的视角切入，体育核心素养应分成运动能力、健康行为、体育品德三大类。

（一）运动能力

运动能力是体育核心素养结构中的关键要素，是运动兴趣形成的重要保障。形成良好的运动能力，可以使学生产生愉快的体育经历，追求积极从事体育学习活动的快乐体验，并可以主动改进自己的运动技术与技能，由此可以得到极大的身心满足感，获得正向积极的情绪体验。

（二）健康行为

新时代的体育课程改革强调通过学校体育，帮助学生形成健康的行为习惯。在我国"体教融合"战略目标之下，对于青少年运动员的培养和

---

① Whitehead, M., "Physical literacy: Philosophical considerations in relation to developing a sense of self, universality and propositional knowledge", *Sport, Ethics and Philosophy*, Vol. 1, No. 3（December 2007），pp. 281-298.

其他普通学生的培养有一个重要的共同之处，就是促进青少年全面、健康成长。国家对学生健康的重视程度非常高，而体育与健康之间存在密切关系，健康也是青少年运动员在学生生涯、职业生涯和离开职业生涯之后的生活中所必不可少的。在体育核心素养的结构中，健康行为是指学生通过体育的学、训、赛形成的与健康有关的正确行为和良好习惯具有稳定的延续性，其对学生的一生都会产生深远的影响。

（三）体育品德

体育品德的培养要求学生在体育学习、锻炼、训练、比赛中形成和表现出的良好道德品质、行为规范与素质素养的要求，是指学生在体育学、训、赛的过程中，形成坚毅的信念、清晰的目标、良好的自控力、顽强的拼搏精神、果断的判断能力与坚韧的锻炼品性，指导自己高质量、高效率与高标准地完成各种体育任务，具有一定的稳定性和可塑性。

体育品德、运动能力、健康行为三大体育学科核心素养的内涵紧紧围绕体育人才培养的目的，三者之间有着稳定而交互的联系，它们之间的互补与互促，共同展示了体育核心素养结构的强大内驱力。

三、体育核心素养的意义

（一）明确了新时代新型竞技运动人才的形象

人才是经济社会发展的第一资源，国与国之间的竞争，说到底是科技竞争，而科技竞争的背后就是人才竞争。关于人才的重要性，习近平总书记曾指出，创新是引领发展的第一动力。实施创新驱动发展战略，根本在于增强自主创新能力。人才是创新的根基，而创新驱动实质上是人才驱动，谁拥有一流的创新人才，谁就拥有了科技创新的优势和主导权。可见，创新型人才是当今世界最重要的战略资源。大力培养创新型人才，已成为各国实现经济发展、科技进步和国际竞争力提升的重要战略举措。因此，"要择天下英才而用之，实施更加积极的创新人才引进政策，集聚一批站在行业科技前沿、具有国际视野和能力的领军人才"①。当今世界各国，对人才重要性的认识毋庸置疑，但关键的问题是什么样的人才才是符合新时代需求的新型人才？

体育核心素养的提出，至少在宏观层面上明确了21世纪新型竞技运动人才的整体形象。新时代所强调的新型人才，不仅只是具备高深知识的人，也不仅只是具备娴熟技能的人，社会所关注的是一个指向综合的、全方位的、整合的体系。在未来的国与国的体育竞争之中，实现突围的应是那些具备体育核心素养的人才，只是在某些单个方面非常出色的个体则很难在当今激烈竞争的体育舞台中大放异彩。因此，体育核心素养的提出，在某种程度上将会引领今后竞技运动人才选拔的新方向。

（二）指明了未来竞技运动人才培养的新方向

人才培养的质量好坏，决定着人力资源水平的高低。要实现高质量的人才培养，首要问题就是确立人才培养的价值观与基本理念，保证人才培养走在正确的方向上。体育核心素养的提出，为当今竞技运动人才培养培训指明了新的方向。

首先，体育核心素养为当今竞技运动人才培养培训指明的新方向，与举国体制下竞技运动人才培养体系价值功能的转变是一致的。② 新中国成立以来，我国竞技运动人才培养体系价值功能经历了从"体育兴国"到"体育强国"的转变。一方面，在价值内容上强调以"中华民族伟大复兴"为

① 《习近平参加上海团审议强调创新发展择天下英才而用之》，《人民日报》（海外版）2015年3月6日。

② 刘静轩、赵鲁南：《举国体制到新型举国体制下竞技体育后备人才培养体系嬗变的历史逻辑与当代转型》，《北京体育大学学报》2023年第9期。

根本，竞技运动人才培养不仅仅以"为国争光"为指引，而更强调在国际交流中服务国家发展，在经济建设中助推产业结构升级，在文化生活中满足人民需求，在社会发展中助力公共服务；另一方面，在价值导向上强调"以人民为中心"，竞技运动人才培养不仅事关竞技体育实力的保持与发展，同时也事关人民幸福。就竞技运动人才培养自身层面，更加重视体育的"育人"指向，注重青少年的全面发展与长期可持续发展。就竞技运动人才培养与人民的关系层面，则更加强调"辐射性"功能的有效释放，强调通过后备人才培养体系的建设满足人民群众尤其是青少年群体的健康、教育、文化等多元需求。竞技运动人才的体育核心素养是竞技运动人才在参与体育活动的过程中所需要并发展的各种综合能力，它是体育作为竞技运动人才的一种主要身体活动形式，所具备的对竞技运动人才产生独特影响的关键性要素，这一概念指向的领域涵盖学校体育教学、竞技体育、大众体育等，与当今竞技运动人才培养的价值功能相吻合。

其次，体育核心素养为当今竞技运动人才培养培训指明的新方向，与新阶段我国竞技体育高质量发展中，新版《体育法》对竞技运动人才培养内容的指引是一致的。一方面，新版《体育法》增加了"维护运动员身心健康"的规定，在内容设置上重视对运动员身心健康发展的保护；另一方面，增加了对运动员接受文化教育权利的条文，推动了《体育法》与《义务教育法》的有效衔接，有助于促进运动员全面发展、提升运动员社会适应能力。此外，增加了关于退役运动员的职业技能培训和就业指导的规定，有助于提高退役运动员就业能力。[①] 体育核心素养是竞技运动人才在参与体育活动的过程中所需要并发展的动机、信心、体能、技能、认知、情感、态度、价值观等各种能力，可分成运动能力、健康行为、体育品德

---

① 杨国庆、方泰、林郁箐等：《新阶段我国竞技体育高质量发展的法治保障——基于新版〈体育法〉竞技体育部分内容的分析》，《北京体育大学学报》2023年第10期。

三大类，其内涵紧紧围绕体育人才培养的目的，既没有忽视竞技运动人才的身心健康和社会适应能力，也没有忽视竞技运动员在未来职业生活中所需要的素养。

（三）清晰了竞技运动人才培养的新取向

竞技运动人才培养的目的是培养全面发展的运动员，习近平总书记在 2018 年举行的全国教育大会上提出了新时代培养人的"六个下功夫"，即特别强调培养人要在坚定理想信念上下功夫，要在厚植爱国主义情怀上下功夫，要在加强品德修养上下功夫，要在增长知识见识上下功夫，要在培养奋斗精神上下功夫，要在增强综合素质上下功夫。[①] 这"六个下功夫"非常明确地指出了我国未来教育在竞技运动人才培养方面的基本取向。

习近平总书记提出来的"六个下功夫"中所提及的"理想信念、爱国主义情怀、品德修养、知识见识、奋斗精神、综合素质"等话语，正是当今体育核心素养作为一个整合性概念所蕴含的核心要素。因此，聚焦体育核心素养，重新审视竞技运动人才培养的目标，调整和优化竞技运动人才培养的方针政策，开展指向核心素养的实践工作，既是新时代竞技运动人才培养的新取向，也是落实习近平总书记关于人的培养的"六个下功夫"精神的基本要求。

（四）引导了运动员个体成长的新路向

运动员的成长需要进行系统的培养，但更需要个体自身的主动成长，在这一过程中，成长方向的正确把握至关重要。近年来，随着市场经济的不断发展，经济基础决定上层建筑的现实使得很多人的成长观出现了扭

---

① 习近平：《论教育》，中央文献出版社 2024 年版，第 7—11 页。

曲。比如，有些人认为自己的成长只需要关注职业所需，工作岗位需要什么就学什么，学太多其他东西等同于浪费时间。这种观点会导致个体的成长陷入狭隘的境地，一旦离开原有岗位而进入新的职业岗位时，个体在某些方面素养的缺失便暴露无遗。而有些人在成长过程中为了走捷径，通过一些非正常途径和不光彩的手段，在短时间内获得了巨大效益，但这些行为却造成了巨大的负面影响，甚至给他人造成了严重的负面效应。可见，在社会上营造个体成长的正确路向很有必要。

体育核心素养的提出，实际上告诉我们，运动员如果要在 21 世纪成为全面发展的人，不能仅仅聚焦于单个方面的能力，而应该追求那些生活所必需的、现代社会公民所必备的、社会发展不可或缺的重要能力，从而从容应对人生所面临的重重挑战。人的一生都应处于不断成长中，因此体育核心素养的提出为运动员成长提供了可供参照的规范和标准，指引着运动员个体成长朝着正确的路向发展。

第三节　体育核心素养的研究现状与趋势

一、国外体育核心素养研究进展

（一）国外基于核心素养的体育课程研究

目前国外基于核心素养的体育课程研究，主要包括体育课程目标、课程内容和课程评价体系等方面。

在体育课程目标方面，美国基于体育素养于 2013 年颁布 National standards grade-level outcomes for k-12 physical education（中小学国家体育课程标准与各年级水平学习结果），提出课程目标是依据水平阶段设置的学习目标，即结合小学（包含幼儿园）、初中和高中三个学段的水平设置制定学习目标，明晰了学生处在不同年级的基本能力。① 李佑发等指出，芬兰则是结合各学段对应的核心素养发展目标制定具体到各维度各水平下的教学目标，使之与一个或多个核心素养对应起来，形成"核心素养—教学目标"的完整课程目标体系。② 朱琳等指出，基于核心素养的体育课程标准研制成为全球趋势，如加拿大安大略省是以形成"健康积极的生活"为体育学科追求的目标，其最终目的是让学生享受健康积极的生活，体现了安大略省课程标准对学生形成健康生活价值导向的引领和追求；韩国教育界对于核心素养的定位主要是"能力"，其学科核心素养均以"名词＋动词＋能力"的格式命名；澳大利亚的体育课程目标将"知识""理解力"和"技能"作为关键要素；英国 2013 年版《课程纲要》中的体育课程目标是确保每名学生：发展学生参与和适应多种体育活动的能力，坚持体育锻炼，参加竞技类体育活动，养成健康、积极的生活方式。③ 在体育课程内容方面，美国《中小学国家体育课程标准与各年级水平学习结果》划分为三个水平阶段，分别对应不同的课程内容，即基本运动技能—运用抽象、模拟性思维的能力—将技能和知识的学习贯彻到终生。④ 而芬兰的"核心素养—教学目标—教学内容"的课标体系使体育课程围绕一系列典型单元组织多种活动课程，课程内容一般包括各个学校各类不同的团体游戏，如芬兰的棒球在各个学校是很普遍的团队游戏，最为常见的个人活动是素质训练和田径。⑤ 在新西兰比较有代表性的做法是，体育教师依据课程目标设计课堂教学内容主

---

① 汪晓赞等：《美国国家体育课程标准的历史流变与特点分析》，《成都体育学院学报》2015 年第 2 期。

② 李佑发等：《基于核心素养的芬兰体育课程标准分析》，《体育学刊》2018 年第 4 期。

③ 朱琳、党林秀、董翠香：《美英澳新韩加体育学科核心素养特征分析及启示——基于六国现行体育课程标准文本的分析》，《体育教学》2018 年第 3 期。

④ 郭思岑：《基于核心素养的体育课程标准研制：美国〈K-12 体育课程标准〉经验与启示》，《湖北体育科技》2018 年第 4 期。

⑤ 李佑发等：《基于核心素养的芬兰体育课程标准分析》，《体育学刊》2018 年第 4 期。

题活动，引导学生在小组活动中解决问题并实现自我管理；同时鼓励学生进行形成性自我评估和同伴互评，与同伴一起反思如何自我完善，在此基础上共同制定更高的目标。①

在体育课程评价方面，美国《中小学国家体育课程标准与各年级水平学习结果》引入了一般性教学完成量、成果和技术达成等考查元素之外的科学绩效评价单元，总体来说是一种指向核心素养达成情况的评价。② 而芬兰针对核心素养体育课程评价则从学生的学习、行为和进步情况出发，目的在于辨别和支持学生的个人能力和成长需求。体育教学与评价会考虑学生的健康状况及特殊要求，评价手段主要是教师通过观察学生的课堂行为及学习成果实现，因对应目标的不同，选择是否将学生健康水平作为评价依据，用于同步指导学生进行自我评价。③

由以上可知，国外基于核心素养的体育课程研究在体育课程目标、课程内容和课程评价方面各有特点，美国是以水平阶段划分，重视个体核心素养以及终身参与体育意识的形成，芬兰是以"核心素养—教学目标—教学内容"形成从学生实际情况出发的评价方式，而加拿大和澳大利亚都将健康教育作为体育课程的重点，英国是以"竞技参与"为特色建立核心素养导向的体育课程，韩国则将"能力"作为发展体育课程的重点，而对于能力的重视则为核心素养培育奠定了基础。

（二）国外基于核心素养的体育教学研究

目前国外基于核心素养的体育教学研究，主要是各国根据本国学生发

---

① 岑艺璇、张守伟：《国外核心素养框架下体育教育改革的探索》，《体育学刊》2018 年第 1 期。

② 郭思岑：《基于核心素养的体育课程标准研制：美国〈K-12 体育课程标准〉经验与启示》，《湖北体育科技》2018 年第 4 期。

③ 李佑发等：《基于核心素养的芬兰体育课程标准分析》，《体育学刊》2018 年第 4 期。

展的实际需要，推出了各具特色的体育教学方式方法。

在核心素养的背景下，美国通过在体育教学中采用身体练习与知识学习相结合的形式向中小学生传授体育理论知识，以此让他们真正体会到体育健身知识的重要性，从而提高学生的体育理论水平，能把掌握的体育健身知识转化为指导自身终身从事体育锻炼的基础。[①] 俄罗斯则在教学改革的进程中着力发掘有利于培养学生核心素养的个性化教学方式，提出了"个性化教育"，以在教育过程中关注个体发展，激发学生的兴趣和潜能，对学生实施个性化指导，促进学生核心素养的形成和自我价值的实现。[②] 实际上，俄罗斯在个性化教育方面注重要求学校提供实验室、多媒体、教学平台等有利于学生自主学习和探究、符合其学习特点的设施，营造有利于个体深度学习的环境。[③] 加拿大不仅把体育素养包含在学校体育教育中，同时提出了结合课外以及社区体育活动等组织形式，把这一思想与青少年精英体育人才的培养结合起来，制定运动员的长期发展规划和模式。培养青少年运动员的发展过程同样也是培养学生体育素养的过程，并把青少年体育精英的培养建立在发展学生体育素养的基础上。[④] 而新西兰强调核心素养的国家课程标准则把健康与体育课程界定为一门知识与应用相结合的综合实践课程，鼓励教师根据需要对不同的课程模式进行借鉴和融合，设计出与健康、运动、认知、情感和社会相关的不同情境，在情境教学中促进学生自身、他人乃至整个

---

① Ennis, C.D., "Knowledge, transfer, and innovation in physical literacy curricula". *Journal of sport and health science*, Vol. 4, No. 2 (June 2015), pp.119-124.

② 宋官东、陈震、耿海天：《俄罗斯的个性化教育改革初探》，《东北大学学报》（社会科学版）2017 年第 1 期。

③ 李艳辉：《俄罗斯基础教育创新发展动向及启示》，《中国教育学刊》2013 年第 2 期。

④ 阳艺武：《Physical Literacy：内涵解读、中外对比及教学启示》，《上海体育学院学报》2016 年第 4 期。

社会的健康发展。① 在法国，中学阶段的体育与运动课程实施关注知识、技能和态度这三个维度。在知识维度上，要求学生了解并掌握体育运动的规则及术语概念；在能力维度上，要求学生能在具体情境中形成一种行为层面的能力；在态度维度上，要求学生形成价值观念、增强心智、提高自信心等，而要求学生形成的这些要素都是体育学科核心素养的构成要素。②

上述国外有关核心素养导向的体育课程研究更多聚焦于课程标准，也有少量学者针对学校层面的课程实施进行了探索。比如，Teresa 对西班牙的 2051 名体育教师进行了调查，发现体育教师虽然在体育课程实施中涵盖了核心素养，但他们通常不会明确地这样做。这些体育核心素养主要包括社会和公民技能、自主性和个人主动性、学会学习、对物质世界的了解和互动。为了培养这些核心素养，他们的体育课程通常聚焦于整合知识、技能和态度，应用解决问题的方法，并促进将课堂上获得的核心素养迁移到日常生活中。但是，缺乏跨学科性是一个消极和有待改进的方面。该研究表明，仅仅将核心素养纳入正式课程是不够的，应该要在体育课程实施中予以全面加强，确保充分重视体育课程中核心素养的培养至关重要。③

综上所述，国外基于体育核心素养的体育教学各有特点，美国强调身体练习与知识学习相结合；俄罗斯强调个性化，营造有利于个体深度学习的环境；加拿大将体育素养与学校体育、课外体育和社区体育相结合，与

---

① 岑艺璇、张守伟：《国外核心素养框架下体育教育改革的探索》，《体育学刊》2018 年第 1 期。

② 高强、季浏：《从身体技能到个人德性——法国中小学体育与运动课程大纲评述》，《成都体育学院学报》2015 年第 1 期。

③ Lleixa, T., Gonzalez-Arevalo, C. and Braz-Vieira, M., "Integrating key competences in school physical education programmes", *European Physical Education Review*, Vol. 22, No. 4 (November 2016), pp.506-525.

培养青少年精英体育人才相结合；新西兰主张创造情境进行教学；法国主要在知识、技能和态度三个方面组织教学。但无论强调何种体育教学方式，都是以核心素养为基础而开展的体育教学活动，均强调学生身心的健康发展。

（三）国外基于核心素养的体育学习评价研究

国际上关于核心素养的体育学习评价研究，加拿大首屈一指。加拿大已经开发并试用了三种体育素养评价体系，分别是加拿大健康积极生活与肥胖研究小组研发的 Canadian Assessment of Physical Literacy（CAPL）、加拿大体育与健康教育组织研发的 Passport for Life（PL）及加拿大终身体育组织（Canadian Sport for Life）研发的 Physical Literacy Assessment for Youth（PLAY）。其中，CAPL 通过调查问卷评价青少年的体育动机和信念、体育知识和理解力及日常行为，借助专业工具由教师或其他专业人士评价身体能力；PL 通过调查问卷评价青少年的体育参与度和生活策略，结合规定动作由教师或其他专业人士评价身体能力和运动策略；PLAY 则需要教师或其他专业人士、父母、教练及青少年自身共同参与评价，通过问卷和规定动作共同完成体育动机和信念、身体能力、体育知识和理解力、终身体育参与等评价。[①]

虽然这三种体系都围绕体育素养评价而创建，但是它们在实用性、可信度等方面略有差异，具体的体能测试、认知能力测试、行为测试、动机和信心测试等内容方面也各不相同。比如，PL 测评体系具有"系统性、全面性、针对性和易操作性"的特点：系统性即该测评体系对体育素养框架的四大主要领域都进行测评，并在此基础上对自身测评体系的内涵进

---

① 赵雅萍、孙晋海、石振国：《加拿大 3 种青少年体育素养评价体系比较研究》，《首都体育学院学报》2019 年第 3 期。

行界定，形成独特的测评体系，其可靠性也被实践证明；全面性即相比较其他两种测评体系而言，PL 覆盖人群范围最广；针对性即在全面性的基础上，根据青少年儿童身体发育和成长规律，不同年龄测评内容略有变化，以符合儿童青少年生长发育实际情况；易操作性即该测评体系在使用时操作相对简单。PLAY 测评体系具有"广泛性、多维性和长期性"的特点：广泛性即该测评体系针对人群是 7 岁以上儿童，因此该测评体系对象范围较广；多维性即该测评体系包括专业版、专业基础版、父母版等共六个版本，使用对象包括青少年、教练、父母等不同角色，且每个版本都能单独使用，能够实现从不同角度进行评价；长期性即该测评体系能够进行追踪测评，体育素养的形成和发展不是一蹴而就的，该测评体系提供了独特的立体化测评。CAPL 测评体系具有"可靠性、国际性"的特点：可靠性即该测评体系是由加拿大官方组织一百多位相关专家研制而成，而且 CAPL-2 是在 CAPL-1 的基础上进行修订而成的，因此该测评体系的有效性和可靠性得到了基本保障，且已被实践证明；国际性即该测评体系不仅可以在加拿大使用，而且可以在其他国家使用，如该测评体系已经在法国、肯尼亚、南非等国家使用。①

除了加拿大之外，部分国家也正在研究针对体育核心素养的评价体系，比如澳大利亚、英格兰的威尔士、新西兰等，但这些国家或地区有关核心素养的体育评价尚处于起步阶段，与加拿大的系统性相比有较大的距离。对此，陈思同等系统分析了国外体育素养测量与评价存在的问题，包括概念不清晰，导致无法确定测评的维度和内容；指标的科学性存在争议，无法提供可靠和准确的测评结果；体系构建存在方法学得不规范；体系应用仅停留在个人层面，无法有效推广到大规模人群层面。在此基础

---

① 赵海波、周爱国：《加拿大不同身体素养测评体系分析及启示》，《外国中小学教育》2018 年第 12 期。

上，认为未来应进一步对体育素养概念进行辨析，确定测评的维度和内容；根据确定的测评维度和内容优先考虑成熟的测评工具构建测评体系；采用主观和客观的方式全面选取专家，评估测评模型；对于体系的应用要进行大规模的人群试验，以验证体系的可适性；放弃传统的测评方式，采用定量和定性测评相结合的方式，研制以动态测评为主要方式的个性化测评体系。①

由此可见，在体育核心素养这个热门主题下，各国非常关注体育核心素养评价的开发与研究，其具备的反馈、激励、调节和促进作用可以更好地服务于体育核心素养的教育活动。

（四）国外有关体育核心素养的培育路径与效果研究

根据相关文献进行总结，发现国际上许多国家都已经对体育核心素养的培育进行了研究，包括加拿大、英国、澳大利亚、新西兰、荷兰、委内瑞拉、美国等国家。其中，加拿大、威尔士和英格兰的研究较为深入与成熟，这些国家会针对体育核心素养的概念建设模型或框架。比如，加拿大构建了长期计划运动员发展（LTAD）模型，英国建立了小学体育素养框架，在这些模型、框架及战略下，国家层面给予了体育核心素养培育的方向和目标，从而使得体育核心素养的培育更具针对性。

加拿大、英国等国家非常强调体育核心素养培育路径的多样化，强调家庭、学校和社区的联动以及线上教学和线下教学的结合，而不是单一的突出学校对体育核心素养培育的作用，他们明确指出：体育核心素养是通过体育教育、有组织的运动和积极的游戏来教授和发展的。它在学校、体育场馆和社区娱乐场所提供，并以整体的方式提供实践（包括

---

① 陈思同等：《体育素养测量与评价的现状、挑战及未来》，《体育学刊》2019年第5期。

情感、认知和身体的组成部分）。高效的信息传递也为这些国家加快了体育核心素养的宣传与培育的速度。比如，加拿大拥有完善的在线服务，为家长和教练提供资源，包括研讨会、视频和博客。据估计，每个月有6万名家长在 www.activeforlife.ca 网站上寻找有关体育素养的信息；《体育威尔士》制作了一段视频，在互联网上流传，这有助于从孩子便于理解的角度解释体育运动的重大价值；国际体育素养协会是一个积极的倡导者，它帮助传播了英国和全球体育素养的声音；*Getting Australia Moving* 这本书提供了全球体育素养计划的概要，并为澳大利亚的体育素养制定了一个模式。

体育核心素养的培育离不开政府以及其他机构的资金扶持，通过税收，加拿大政府为加拿大体育部的分支机构——加拿大体育部提供资金。加拿大体育基金会为 CS4L 提供资金，CS4L 反过来又创建了体育素养项目和活动；加拿大的"生命体育"（CS4L）和"体育与健康教育"（PHE）都在各个部门（如教育、体育、娱乐、公共卫生）的基层促进个体体育素养的提高。比如，加拿大 PHE 已经为体育教育工作者和家长开发了资源，帮助他们更好地理解体育素养及其重要性。CS4L 开发的资源，除了便于教育工作者和家长进行了解，还帮助教练和娱乐领导人理解体育素养的概念。CS4L 和 PHE 也率先将体育教育工作者与 LTAD 模型联系起来。PESS 是"威尔士体育"（Sport Wales）组织的"活跃青年计划"（Active Young People program）的一个组成部分，它补充了学校的课外活动，如小学的"舞龙技能与体育"（Dragon Multi-Skills and Sport）、中学的"5×60"和威尔士健康学校网络（Welsh Network of Healthy schools）计划。

国际上不少专家和学者也对体育核心素养的培育效果进行了实证考察，如 Dean J. Kriellaars 和 John Cairney 等人研究表明，在体育课上使用计算机辅助教学的学校，与标准体育课程相比，学生的运动能力得到了提高，整体上提高了自信和理解力，并增加了活动参与，这些发现与儿童的自我报告一致，而这些都是体育素养所包含的要素。① 综上可以发现，国际上对体育核心素养的培育路径是多样化的，体育核心素养的培育效果呈现出较好的态势。

二、国内体育核心素养研究进展

（一）国内有关体育核心素养的理论基础研究

国内有关体育核心素养的理论基础的研究，集中在以学校体育为切入点的体育学科核心素养的理论研究方面。学科核心素养是指学生的核心素养在学科中的具体化，是学科育人价值的集中体现，是学生学习该门学科后所形成的能力和品格，是以学生发展核心素养为出发点和归宿，是对学科价值的根本认识。② 学生核心素养的培养已成为体育与健康课程改革的重点，体育核心素养是体育与健康课程设计与发展的核心。体育具有自身特殊性因而不能机械地模仿其他学科，通过对理论基础进行厘清有助于体育核心素养的构建。

赵富学等指出，虽然体育与健康课程目标更加趋向多元，但其培养人的核心要素不会因此改变。学科结构理论作为研究体育学科核心素养的理论基础，有利于将体育学科核心素养加以结构化，使体育学科核心素养的指向更加明确和理想，进而形成体育学科核心素养特有的理论体系。③ 于

---

① Kriellaars, D.J., Cairney, J., Bortoleto, M.A., Kiez, T.K., Dudley, D. and Aubertin, P., "The impact of circus arts instruction in physical education on the physical literacy of children in grades 4 and 5", *Journal of Teaching in Physical Education*, Vol. 38, No. 2（April 2019）, pp.162-170.

② 钟启泉：《基于核心素养的课程发展：挑战与课题》，《全球教育展望》2016 年第 1 期。

③ 赵富学、程传银：《体育学科核心素养的理论基础及结构要素研究》，《沈阳体育学院学报》2018 年第 6 期。

素梅等则持其他观点，她认为体育核心素养的理论基础与政策依据包括以下内容：首先是欧盟核心素养框架中两个基本点，即核心素养与终身学习相结合。这使得学生体育学科核心素养维度不仅限于单一的运动技能学习和掌握上，而是要从人的全面发展的角度出发。其次则是经济合作与发展组织的素养公式，即素养＝（知识＋能力）态度。这一公式表明，素养不单纯等于知识，素养也不单纯等于能力。最后为中国学生发展核心素养体系，即文化基础、自主发展和社会参与三个维度。此外，国家政策文件的指引、立足于对国情的分析以及体育学科本身的特性等均构成了体育核心素养的理论基础，成为构建体育核心素养的依据。① 赵凤霞等进而立足于我国基本国情与价值取向指出，我国体育核心素养的理论基础应包括社会主义核心价值观、马克思主义唯物史观、辩证唯物主义几个部分。② 姜勇等则从哲学的角度出发，认为"身心一元论"将身体主体放在首位。"具身认知"强调认知生成的具身性逻辑，与学校体育以身体为依托实现对学生全面教育的内涵相吻合。③《普通高中体育与健康课程标准（2017年版）解读》提出了课程标准的理论基础包括认知与动机理论、运动技能形成理论等④，因为课程标准是基于核心素养而构建的，所以在某种程度上也可以看作体育学科核心素养的理论基础。

"核心素养"一词本身也是一个舶来品，因此也有一些国内学者通过对国外体育核心素养研究，进行分析学习弥合差距。通过对体育素养的分析发现，国内对于体育核心素养形成的理论基础提及并不多，多为教学实

---

① 于素梅：《中国学生体育学科核心素养框架体系建构》，《体育学刊》2017年第4期。

② 赵凤霞等：《体育核心素养模型构建研究》，《体育文化导刊》2017年第1期。

③ 姜勇、马晶、赵洪波：《基于具身认知的体育与健康学科核心素养意蕴与培养路径》，《体育学刊》2019年第4期。

④ 季浏等主编：《普通高中体育与健康课程标准（2017年版）解读》，高等教育出版社2011年版，第43—47页。

践过程中的经验提升与总结。

总之，国内在体育核心素养方面的研究还需要进一步拓展。因此，未来在立足于国际发展的同时，应积极考虑我国的基本国情与价值观的差异，加强对理论基础的研究从而为体育核心素养理论的完整性、可靠性提供保障。

（二）国内有关基于核心素养的体育课程研究

当前基于核心素养的体育课程研究同样更多地集中在以学校体育为切入点的研究上，主要有课程的发展历程、实践探索、发展要求三个方面。

在基于核心素养的体育课程发展历程方面，殷荣宾等认为体育课程内容的选择取向与课程价值取向存在共济关系，至此经历了四个演进阶段，分别是：强调体育课程为国家服务的社会本位；融合体质与技能教育的学科本位；"健康第一"指导下的多元课程价值；以"学生发展为中心"的学生本位。[①] 王晖指出体育与健康课程中从"大纲"过渡到"标准"再到"核心素养"提出，体现出了体育与健康课程思想的变革。[②] 赵富学等提出，在国内外课程改革进程中，体育学科核心素养与学校体育课程体系密切结合，且融入学校体育课程体系中。体育课程标准中透视出的体育学科核心素养要求影响着学校体育课程的改革进程。只有通过情境生成、复合需要、规划研制、活动设计、反思评价 5 个环节，才可以设计出体育学科核心素养的课程化机制。这五个环节促使体育学科核心素养理念有效融合于体育课程体系的改进与完

---

① 殷荣宾、季浏、蔡赓：《基础教育学校体育课程内容选择及价值取向的演变与诉求》，《武汉体育学院学报》2017 年第 2 期。

② 王晖：《核心素养——体育与健康课程的基因融合契机》，《首都体育学院学报》2018 年第 3 期。

善过程中。①

在基于核心素养的体育课程实践探索方面，于素梅指出要通过构建大中小（幼）相互衔接的一体化体育课程，以便更好地发挥体育的育人价值；体育育人归根结底是培养具有一定体育素养的人，所以一体化课程的建设与体育素养的培育息息相关。② 江长东分析了有关核心素养视域下校园足球课程目标现状并探讨研究的价值与意义，在此基础上提出构建核心素养视域下校园足球课程目标的设想，即学生对足球感兴趣、拥有一定的足球球感、掌握基本技战术、强化身体机能和提高心理健康与社会适应能力。③ 张静婷则论述了武术作为振兴我国传统体育项目中的重要部分，在促进体育学科核心素养的形成过程中具备了众多优势。并根据学生体育素养缺失的表征分析得出武术课程培育学生体育核心素养的基本思路：根据武术礼仪的习得与身心双修课程特点进行。④

在基于核心素养的体育课程发展要求方面，陈福亮等早在2016年就剖析了我国台湾地区高中体育课程标准，认为大陆核心素养指标体系的构建应科学规范；围绕核心素养的高中体育与健康课程标准研制和课程改革实践，可综合其他国家或地区多种模式后启动与实施；核心素养是深化大陆高中体育课程改革的有力助手，后续需要做好推进措施。⑤ 季

---

① 赵富学、魏旭波、李莉：《体育学科核心素养课程化现状检视及机制设计》，《体育学刊》2019年第4期。

② 于素梅：《从一体化课程建设谈体育素养的培育》，《沈阳体育学院学报》2019年第3期。

③ 江长东：《核心素养视域下校园足球课程目标的理论构建》，《当代体育科技》2019年第12期。

④ 张静婷：《武术课程促进学生体育学科核心素养的形成研究》，《广州体育学院学报》2018年第5期。

⑤ 陈福亮、季浏：《教育变革时代的体育课程标准新形态：台湾高中体育课标的案例》，《北京体育大学学报》2016年第5期。

浏提出，普通高中体育与健康课程要真正落实立德树人的根本任务，充分发挥体育的育人功能和价值，就需要培养学生的学科核心素养，所以体育与健康课程所有的教学环节都要紧紧围绕学科核心素养进行设计和实践。[①] 蒋红霞提出建构体育学科核心素养是我国体育课程改革的一项重要任务，为解决体育核心素养理论建构与体育课程改革实践不相符的问题，还需在核心素养与教科书、教育阶段、参考其他学科、课程评价等衔接上下功夫。[②] 张细谦等则指出在健康生活核心素养导向下，体育与健康课堂教学要做到效益精准化、效果实效化、效率最优化，同时要注重发挥课外体育锻炼和竞赛的独特作用，从而进一步明晰了核心素养导向的体育课程发展路向。[③]

（三）国内有关基于核心素养的体育教学研究

根据相关文献进行总结，发现目前我国基于核心素养的体育教学研究主要集中在教学的实施方法上，对于有关体育教学的理论基础与教学效果方面的研究略显不足。

在基于核心素养的体育教学的理论框架基础方面，潘绍伟强调一定要在深入思考体育与健康学科核心素养的本质追求基础上，阐述在体育与健康学科核心素养视野中教学设计与实施中的转变。[④] 赵富学等提出，以学科结构理论作为研究体育学科核心素养的理论基础，有利于将体育学科核

---

① 季浏：《我国〈普通高中体育与健康课程标准（2017 年版）〉解读》，《体育科学》2018 年第 2 期。

② 蒋红霞：《我国体育课程改革中的学科核心素养探究》，《当代教育论坛》2018 年第 5 期。

③ 张细谦、张仕宜：《核心素养导向下体育与健康课程实施路径的优化》，《体育学刊》2018 年第 2 期。

④ 潘绍伟：《如何使体育与健康学科核心素养真正落地》，《中国学校体育》2018 年第 10 期。

心素养加以结构化，使体育学科核心素养的指向更加明确和理想，进而形成体育学科核心素养特有的理论体系。根据学科结构理论中"过程—结构"的要素组建要求，确定体育品德与修养、运动兴趣与能力、健康行为与习惯、运动品质与意志为体育学科核心素养的结构要素，可为体育教师教学程序的针对性设计及学生体育学习实践路径的创造性探索奠定稳固的学理基础。①

在基于核心素养的体育教学的实施方法方面，戴燕等指出学科核心素养已经成为教育领域关注的焦点，迫切需要对高中体育课堂教学进行改革，将课堂教学的侧重点放在学生核心素养培育层面。② 尚力沛等在吸收运动教育模式、个人与社会责任教育模式、领会式体育教学模式优势的基础上提出综合教育模式作为体育教学单元设计的理论框架，在单元设计中充分体现各自模式的优势功能，并在体育教学实践中表现出来，以期实现学生核心素养的培育和发展。③ 在此基础上，尚力沛等在后期的文章中又提供了具体的实施方法：以学生的参与为中心进行教学设计，提高学生学习情境创设的实效性，注重学生在学习过程中的理解、体验和反思，提升体育教师教学的专业能力和专业自主权，构建师生共同参与的体育课堂教学文化。④ 对此，潘绍伟指出，指向核心素养的体育教学实施要从内容导向设计向目标导向设计转变；从铸动作之型向育运动之魂转变；从教师单向传授向师生互动的学习指导转变；从脱离学生与运动实际向联系学生与

---

① 赵富学、程传银：《体育学科核心素养的理论基础及结构要素研究》，《沈阳体育学院学报》2018 年第 6 期。

② 戴燕、辛艳军：《基于学生核心素养培育的高中体育课堂教学策略研究》，《体育世界》（学术版）2018 年第 8 期。

③ 尚力沛、程传银：《体育学科核心素养导向的课堂教学：目标、过程与策略》，《体育文化导刊》2018 年第 2 期。

④ 尚力沛等：《基于发展学生核心素养的体育课堂转向与教学转变》，《体育学刊》2018 年第 2 期。

运动实际转变。①

在基于核心素养的体育教学实施效果方面，张莹所在的重庆科技学院以学科核心素养为纲领，编制相应的课程标准、课程内容和课程评价体系，体现了体育理论与体育技能相结合、自主选课制度与分层指导教学相结合、课外体育活动与平时成绩评分相结合、体质健康成绩与体育课成绩评定相结合的教学改革原则，促进了学生核心素养水平的提升。② 梁媛认为以核心素养提升为出发点和目标的高校体育教学，有助于培养学生的个性化创新能力、社会体育参与能力与职业体育组织能力。以模拟比赛、传统体育传承、个性化体育方式创新为教学设计内容，能让学生在教学设计参与、日常运动参与和创新参与中，不断提高个人的协调能力、组织能力、适应能力与创新能力，为其未来的职业发展助力。③

（四）国内有关基于核心素养的体育学习评价研究

基于核心素养的体育学习评价，前提要厘清体育核心素养的达成，如何评价核心素养达成？经过对文献进行总结，发现核心素养下的体育学习评价的研究主要集中在评价内容、评价方法、评价标准、评价策略、评价存在的相关问题等方面。

第一，在评价内容方面，主要聚焦于学生的学科核心素养，强调针对学生的运动能力、健康行为、体育品德三方面学科素养进行评价，并且指出运动技能的评价不再是过去老套的单评技术动作的掌握，而是侧重于学

---

① 潘绍伟：《如何使体育与健康学科核心素养真正落地》，《中国学校体育》2018年第10期。

② 张莹：《教育"核心素养"理念下的高校体育课程改革探讨——以重庆科技学院体育健康课教学改革为例》，《西南师范大学学报》（自然科学版）2016年第10期。

③ 梁媛：《基于核心素养提升的高校体育教学设计》，《体育科技文献通报》2018年第10期。

生在复杂的学习情境中和比赛中综合运用各种技术解决问题的能力。针对评价内容方面，陈秋芬在分析国内体育学科核心素养三要素后，认为对运动能力、健康行为、体育品德进行评价，应该从日常行为、身体能力、动机与信心、体育知识与理解四个方面进行，这样的可操作性更强，并且提出了相应的评价方案。[1]

第二，在评价方法方面，依然强调多样性，季浏等多位界内学者对于过程性和终结性评价、定性与定量评价、相对和绝对评价相结合已经达成一致看法。他们特别强调在体育核心素养下的过程性评价，可以以学习团队为单位进行分组评价，促进学生之间合作进取精神的培养。[2]尚力沛等认为评价的方法主要分为教师对学生学习情况的评定和学生对自身或他人学习的评定，前者使用的是观察法、技能掌握评定、小组捆绑式评价方法和成长记录评定，后者采用包括学生自评、学生小组或者同伴互评。教师的作用是要引领学生能够达成核心素养的内容，学生则要对自身学习进行反思。该文特别提出"成长记录"的要点是教师对学生的学习进行记录，因为学科核心素养的诸多要素难以通过一节课来实现，是一个长期学习和评价的过程，因此应以个体或者小组的形式进行长期评定。[3]潘绍伟认为在学习评价方面要求以学业质量为指引，真实反映学生体育与健康课程学习目标的实现程度，要将真实性评价和表现性评价相结合。[4]

第三，在评价标准方面，强调主要由学校自行决定，选择相应的指

---

① 陈秋芬：《核心素养下高中体育学习评价方案的探究》，《运动》2018 年第 9 期。

② 季浏等主编：《普通高中体育与健康课程标准（2017 年版）解读》，高等教育出版社 2011 年版，第 181—214 页。

③ 尚力沛、程传银：《基于学科核心素养的体育学习情境：创设、生成与评价》，《沈阳体育学院学报》2019 年第 2 期。

④ 潘绍伟：《如何使体育与健康学科核心素养真正落地》，《中国学校体育》2018 年第 10 期。

标，既要考虑学生的运动能力、健康行为和体育品德，又要做到绝对评价和相对评价相结合。如果学校有一套完整的评价体系，可以直接使用，主要视教学情况而定，如果学校的评价体系不够完善，可以参照我国普通高中体育与健康课程标准中的体育学科核心素养三要素以及扩展的二级及以下要素标准进行构建，从而进一步完善评价标准体系。①

第四，评价策略方面，强调根据学科核心素养的思路创设一定的学习情境，强化主体互动、主体体验、主体反思。从学科发展历程坚持评价主体多元和评价方式多样已经在各学界达成共识，且过程与终结、定性与定量评价等方法已成为开展体育学习评价秉持的基本原则。②

第五，在体育学习评价的相关问题方面，尚力沛认为体育学习评价的理念和方法在体育核心素养前就已经存在，因此必须厘清"体育学科核心素养"背景下的评价问题：①与原有评价的关系问题。原有的学习评价是新课程改革以来所形成的，核心素养下形成的课程评价与原有的评价，教育目标具有一致性。新的评价方式应是在原有基础上的升级和完善。②评价方法的使用问题上提出要根据评价内容，采取针对性的评价方法，尤其强调在真实情景中对学生的学习进行评价。③评价主体的参与方面，要实现学生真实地参与评价，引导学生参与到教学目标的制定之中；教师对学生的评价要富于引导性和关怀性。④评价观念的重塑方面，教师要树立符合学科素养要求的评价观；由于体育核心素养中的情境因素较多，故体育教学中要采用教师对学生评价、自评、互评等多元方式。⑤与非学科核心素养的关系问题方面，认为核心素养内容只有关键的、核心的、少数的，对于核心之外的品质应该如何处理，认为要处理好整体与部分的关系；评

---

① 季浏等主编：《普通高中体育与健康课程标准（2017年版）解读》，高等教育出版社2011年版，第181—214页。

② 尚力沛、程传银：《基于学科核心素养的体育学习情境：创设、生成与评价》，《沈阳体育学院学报》2019年第2期。

价结果的呈现要明确和具体化。① 该文的观点对于今后如何有效地开展基于核心素养的体育学习评价，提供了很多有效的建议和值得思考的方向。

此外，一些学者还以体育与健康学科核心素养的三个维度为依据，构建了针对特定维度的学科核心素养评价模型。比如，姜勇等通过运用Nvivo11 软件对相关文献和数据资料进行质性分析，提取了运动能力核心素养评价指标核心要素；然后通过三轮专家调查，初步确定相关指标内容；再通过项目分析、信度分析和探索性因子分析，对评价指标体系进行优化；最后以 SEM 结构方程作为实证手段，确立了拟合度较好的评价模型；同时，根据拟合标准化路径系数计算获得各指标的权重系数，并以此进行了相关变量间的路径分析。通过这一系列研究，最后构建了基于核心素养的中小学生运动能力评价模型，包含运动认知、技战术运用、体能状况、安全意识、体育展示与比赛 5 个维度，共包含 21 个观测指标。② 汤利军等针对体育品德核心素养，以人的全面发展理论、马斯洛的需求层次理论、道德认知发展心理学理论为基础，以国家出台的各类关于学生道德、品德发展的文件、中小学生手册和奥林匹克精神等为依据，构建出了青少年体育品德评价指标体系。指标体系包括体育精神、体育品格、体育道德行为 3 个一级指标，爱国主义精神、集体主义精神、竞争开拓精神、拼搏进取精神、团队合作精神、创新精神、法制精神、爱、志、信、义、体育道德意志能力、体育道德创造能力和体育道德自我教育能力 14 个二级指标，并采用层次分析法分析出了各指标的权重。③ 这些指向体育学科

---

① 尚力沛：《核心素养背景下体育学习评价的若干问题讨论》，《天津师范大学学报》（基础教育版）2019 年第 1 期。

② 姜勇、王海贤、潘正旺：《基于核心素养的中小学生运动能力评价模型研究》，《沈阳体育学院学报》2019 年第 6 期。

③ 汤利军、蔡皓：《基于"立德树人"的我国青少年体育品德评价指标体系构建研究》，《武汉体育学院学报》2019 年第 10 期。

核心素养各维度评价的可操作性研究，为推动体育学科核心素养测评奠定了良好的基础。

（五）国内有关体育核心素养的培育路径与效果研究

学生的体育核心素养培育是一个长期的、连续的过程，应从学校体育教学、家庭教育等多方面进行体育核心素养的培育。学校体育教学方面，课内课外相结合，通过改变教学组织与形式、教学模式、手段与方法、加强课外作业布置，培育学生的体育核心素养；家庭教育方面，可通过课后作业的落实及加强家长与学校的沟通交流来促进学生体育核心素养的培育。

比如，徐崔华认为通过体育与健康课程培育学生的核心素养路径包括：①更新体育教学理念摒弃以往陈旧的教学观念，取长补短；②更新教学方法，转变教学形式；③树立竞赛过程培养观，通过比赛完善自身；④创新教学设计，加强核心素养内容教学，教学内容设计向目标内容设计转变，教师单边活动向师生双边活动方式转变，从运动知识理论实际向运动实践方式改变，从单一评价向多元评价改变，从校内教学内容向校外结合教学内容改变；⑤提高教师综合质量。[①]

朱明艺认为，我国体育学科核心素养培育的发展路径要加快体育课程改革力度，落实校本课程，培养学生运动兴趣；加强体育师资队伍建设，为体育学科核心培育奠定基础，因为师资队伍的水平决定着体育学科核心素养培养的程度；"3+N"融合大发展，保证体育氛围的延续性。而所谓"3+N"，"3"是指学校、体育教师、家长，"N"是指社会中的各种体育培训、大众传媒、国家方针等对培育体育学科核心素养的中坚力量。[②] 于素梅指出，从塑造体育精神、打好运动实践基础以及掌握健康知识入手是培

---

① 徐崔华：《体育与健康课程核心素养培育路径研究》，《当代体育科技》2019年第2期。

② 朱明艺：《体育学科核心素养培育的发展路径研究》，《运动》2019年第2期。

养学生体育核心素养的基本思路，而坚守课堂主阵地、确保课外体育、拓展校外自主锻炼是培养学生核心素养的主要途径。① 此外，陈建成提出了四点关于义务教育阶段学生体育核心素养培育的建议：一是重视一线体育教师的主体培养，强化体育教师的思想认识，组织学习相关文件政策，教学与科研相结合，创新培育学生体育核心素养的方法；二是强化体育课堂建设，课堂教学多元化，及时反馈、巩固学生课堂所学；三是完善实施核心素养培育的相关政策，促进体育核心素养培育工作的开展；四是建立体育核心素养培养的联动机制，体育核心素养的培育不仅仅是学校的责任，家庭也应该承担起体育核心素养培育的责任。②

针对不同学段，学生体育学科核心素养培育的路径和效果也大不相同。陈霞认为小学生核心素养的培育路径首先对教师的核心素养提出了更高的要求，要加强专业知识和专业能力等方面的培育；加强小学生体育文化基础知识的学习，通过多种方式让学生获得知识；注重学生自主发展能力的培养，学生的创造力应从小开始培养，应该让学生在体育课堂中体验到各种创新技术，器材使用方式。③ 针对初中生的体育学科核心素养培育路径，陈祁军认为要切合实际，精选内容，让体育知识结构设置系统化；设置场景，激发情趣，使教学模式情境化，情境化教学提供了游戏化的运动场景，但也不能因为游戏，而忘记教学的根本目的；激发潜能，鼓励创新，让教学过程问题化，采用问题导向的课堂教学，营造师生探究等问题化教学；学校监督，家庭和参与，促进体育运动生活化。生活化就是要让体育活动成为学生的日常习惯，在生活中体现，而这是体育学科核心素养

---

① 于素梅：《学生体育学科核心素养培育的基本思路与多元途径》，《体育学刊》2017 年第 5 期。

② 陈建成：《学生义务教育阶段的体育核心素养探析》，《体育世界》（学术版）2017 年第 11 期。

③ 陈霞：《小学生体育核心素养体系及培养路径》，《名师在线》2019 年第 13 期。

最"塔尖"的素养表现。①

关于体育核心素养的培育效果研究，目前的实证研究相对来说较少，大多还处于初步发展阶段，但也有个别学者进行了实验研究。比如，毕明波通过教学实验的方法来探究核心素养的培育效果，该研究以某大学附属小学学生为对象，进行为期12周的实验，以四年级（1）班和（2）班作为实验组与对照组，聚焦于小学生体育核心素养培育的效果，通过统计和分析实验前后小学生体育核心素养外显性因素——身体素质和内隐性因素——运动能力、健康行为、体育情感与道德及其各指标数据的变化，以验证实验组的实际教学效果。该研究的结论表明，课上课下相结合可以有效提高小学生体育核心素养外显性因素——身体素质，而课上通过融入游戏因素和竞赛法，提升了小学生的积极性，并结合课下作业，提高了小学生课下参与体育锻炼的能力；课上课下相结合对提高小学生体育核心素养内隐性因素——运动能力、健康行为、体育情感与道德有显著性影响，通过分组教学，培养了学生的合作精神，组间竞赛活跃了课堂气氛，通过与家长的沟通交流，提高了对小学生体育核心素养的重视，通过课下作业提升了学生体育赛事的关注度及体育相关知识的掌握。② 总之，设置有针对性的培养措施能够有效地提升学生的体育学科核心素养水平。

三、体育核心素养的研究发展趋势

由上述有关体育学科核心素养的研究可以看出，未来我国关于体育核心素养的研究应该进一步从以下几个方面推进。

首先，深入研究体育核心素养的相关理论问题。虽然我国有关体育

---

① 陈祁罕：《初中学生体育核心素养体系及培养路径》，《教育评论》2017年第6期。
② 毕明波：《小学生体育核心素养培育的实证研究》，硕士学位论文，曲阜师范大学体育科学学院，2019年，第Ⅱ—Ⅲ页。

素养的研究之前已出现过，但当前学界关注的体育领域的核心素养仍然是一个舶来品，即主要来自西方国家对体育素养研究的推动。因此，从理论研究的角度而言，我国体育核心素养的研究并非是理论驱动，而是外部驱动，这种发展模式导致学者们在短时间内很关注核心素养，但对一些本质性的问题思考不多。比如，体育核心素养对人的全面发展的作用到底是什么？体育核心素养的理论基础到底是什么？体育核心素养在中国特定的教育和体育情境下应该呈现何种样态？在中国传统的教育体系中是否存在体育核心素养？体育核心素养在"立德树人"中应该发挥什么样的作用？之所以要探索这些理论问题，是因为中国的体育核心素养研究不能只是在西方国家的后面亦步亦趋，否则就无法在核心素养方面形成文化自信与道路自信、理论自信、制度自信。党的十八大以来，以习近平同志为核心的党中央高度重视哲学社会科学发展。习近平总书记提出要"加快构建中国特色哲学社会科学学科体系、学术体系、话语体系"的重大论断和战略任务，为推动哲学社会科学创新发展指明了前进方向、提供了重要遵循。[1] 体育学科是中国特色哲学社会科学体系的重要组成部分，而有关体育学科核心素养更是体育中体现中国特色研究的前沿阵地。基于此，体育学界应该沉下心来，深入挖掘体育核心素养的相关理论问题，构建有中国特色、中国风格、中国气派的体育核心素养理论体系。体育领域的权威学术期刊也应组织相应的研究专题，系统发表相应的研究成果。

其次，推进中国体育核心素养的实证研究。从国内有关体育核心素养的文献分析来看，大部分聚焦于理论分析或思辨性研究，包括对国外体育素养的翻译与经验介绍，对国内体育素养的方向、发展路径与策略的一些宏观性思考等。然而，这类研究确实需要但不能仅仅停留于此，而应该要聚焦现实问题走向体育核心素养的实证研究。近年来，教育实证研究作为

---

① 何秀超：《加快构建中国特色哲学社会科学体系》，《人民日报》2020年6月29日。

一种推进教育科学化及形成现代教育治理理念的重要途径日益受到教育教学领域内的学者、教师与教育政策制定者的重视，并在我国教育各领域尤其是教育研究范式的转型过程中逐渐得到推广和应用。中国的政府和学者越来越意识到相应的教育政策、规划只有通过对一线教育教学的真实情况进行实证调研，收集、分析真实的数据才能更科学、更真实、更有效地促进教育教学的发展。教育实证研究作为一种研究方法体系与研究精神，既蕴含教育循证、数据导向、以人为本、科学主义等基本的价值诉求，又遵循务实、严谨、确凿、系统、精准等内在逻辑原则与标准，能够为教育决策与教育发展提供独特的理论、实践和逻辑的价值。[1] 就体育核心素养的研究而言，今后我国的研究者应该走向实证，在认真分析不同人群体育核心素养培育面临问题的基础上，借鉴教育实证研究领域的成熟策略与优秀经验，通过问卷调查、模型构建、数据分析、实验研究、决策推演等方式，验证体育核心素养对人的全面发展的实效性，从而为解决体育领域的实际问题提供指导依据。

最后，以研究为依托形成中国体育核心素养的推广方案。体育核心素养的研究最终要指向人的全面发展，进而实现人类的繁荣昌盛。人的全面发展是一种存在的状态，而不仅仅是一种感觉或经历；它不是静态的，而是在行动中被发现的。[2] 人的全面发展的部分表现可以通过培养个体的善和德来实现，这些美德包括知识、健康、友谊、创造力、成就、美丽、快乐，以及正直、节制、勇气和公正等。这些不仅是人的全面发展的手段，而且是这种存在状态的部分实现或表达。因此，这些优点和美德作为手段和目的都是有价值的。体育核心素养在鼓励人类提高潜能方面能发挥什么

---

① 杨新晓、陈殿兵：《教育实证研究的价值诉求与内在逻辑》，《教育评论》2020年第 7 期。

② Rasmussen, D.B., "Human flourishing and the appeal to human nature", *Social Philosophy and Policy*, Vol. 16, No. 1（January 1999），pp.1-43.

作用？这个答案就是培养体育核心素养，包括广泛参与体育活动。从事体育活动提供了充分的机会来开发一个人的潜在能力，在这样做的同时，也培养了许多个人的优点和美德。这就是体育核心素养在促进人的全面发展方面所起的重要作用。因此，体育核心素养通过开发我们的人体潜能为人的全面发展做出重大贡献，在各种具有挑战性的情况下经历身体活动将使个人进一步实现潜能的开发。由此可知，体育核心素养对人类的发展具有重大价值，而中国作为负责任、有担当的东方大国，应该在推动人的全面发展方面形成有中国特色的体育核心素养推广方案。这就需要广大体育教育研究者认真研究体育学科核心素养的问题，从哲学、历史学、经济学、人类学、社会学、美学等多学科角度去探索如何在当今社会实现人的全面发展。实际上，人的全面发展也是一个建构的过程，包括身体的建构、心理的建构和社会的建构，这些建构过程的发生与形成并不完全是自动发生的，而是需要国家、社会在宏观层面做好整体方案，而体育核心素养将在这样的方案中发挥重大作用。基于此，未来应该以体育核心素养的研究成果为基础，注重将成果转化和迭代升级，发挥成果决策咨询的作用。

第四节　体育核心素养的理论基础

与体育领域相关的核心素养在全球引起了热议，无论是理论界还是实践界，都在试图分析核心素养的理论问题并开展指向核心素养的教育教学改革。然而，体育核心素养的提出，并不仅仅是因为当前核心素养导向的整体人才培养变革所产生的影响，其深层次原因来自人们对参与体育运动之后应该获得何种有意义的、充实的体验和收获的愿望，即要通过体育的方式实现人的全面健康发展。在这一愿望背后，体育核心素养具备深厚的理论基础，即从人的成长的角度提供了理解框架。但是，当前对体育核心素养的理解存在不同的观点，人们的理解掺杂着迷失、混淆与误解等，这非常不利于从本原上厘清体育核心素养的本质特征。而通过探寻体育核心素养的理论基础，可以为广大体育教育工作者提供一种观察的角度、思考的方法、解释的依据、指引的路径，从而帮助人们从哲学层面去理解体育核心素养的要义。总体而言，当前国内外认为体育核心素养的理论基础主要包括三个方面，即一元论、现象学、存在主义。

一、一元论与体育学科核心素养

（一）一元论的主要观点

在整个历史演变的发展过程中，一元论的思想观点也随着不同哲学流派所坚持的思想路线而产生不同观点或者形成更为丰富的理论体系，现将主要观点进行整理说明。

1. 世界万物之间的统一性

物质的物质世界和非物质的精神世界构成一个单一的不可分割的和包罗万象的宇宙，一个实体世界。从古代西方哲学来看，各大哲学流派都体现出一个非常明晰的特点，就是把一种或几种特定的物质形态作为世界统一性的基础。无论是将"水"还是"原子"当作万物的本原，他们之间都认为并强调了世界万物的统一性。

在中世纪的宗教哲学中，上帝本体成为无中生有的创世者，从思维的角度出发论证了上帝的真实存在，并且创造了人以及世界万物。尽管完全翻转了古希腊哲学当中的思想，但是与之相同的是他们都坚持思维结构与存在逻辑的一致性及统一性。

而在以认识论为主要哲学研究任务的近代哲学发展史中，哲学家在反对中世纪宗教哲学中，分别返归和承袭了不同的古希腊哲学传统，形成了两条鲜明对立的哲学路线，即唯物主义一元论与唯心主义一元论。它们也都承认世界本原的统一性，但在世界统一的基础到底是物质还是精神、物质和精神何者为第一性的问题上，二者是根本对立的。

马克思主义哲学世界观克服了旧哲学中唯物论和辩证法、自然观与历史观的分离，实现了唯物论和辩证法、自然观与历史观的有机统一，特别是唯物主义历史观的建立，使马克思主义的唯物论成为彻底的唯物论，使马克思主义的辩证法成为彻底的辩证法。

纵观一元论在哲学史中的发展，各个哲学流派都站在不同的角度去思考世界的本原、存在和意识的关系、物质和精神的关系等哲学的基本问题，也都提出了各自的哲学学说，不断推动基本问题的发展，逐渐刷新人类对周围事物的认识和理解。从中我们也可以发现，虽然各学派的论述并不统一，但是也都潜在地或明显地将"万物具有统一性"当作核心观点。

2.物质与精神之间的整体性

一元论是一种主张一切事物没有独立部分的整体理论，它认为物质和精神本质上是一个相互作用、不可分割的整体。一元论的立场是反对笛卡尔及其学派的二元论，二元论的根本实体有二：一个为思维性的（thinking）实体，另一个为具有扩延性的（extended）实体，即通常所谓的精神与物质之二分。这种观点将物质与精神看作独立且毫不相干的两个实体，并且重点强调了精神的主导性，"我思故我在"便是最具代表性的唯心二元论观点。

在古希腊哲学中，各哲学流派将事物的单个或多个形态作为世界的本原，为了说明世界的统一性和多样性，从一元论向多元论发展，最终又回归到一元论的哲学思想路线中来，其实也体现出了一个潜在的观点，即便是世界具有统一性，物质与精神也是一个不可分割的整体。有些哲学家使用过"物心一元论"的概念，"物心一元论"认为，物质是寓含精神的物质，精神也是寓含物质的精神，二者是合二为一的。"物心一元论"的概念首先由英国的克特沃斯提出，后来的哲学家一直沿用。① 这无不强调物质与精神之间是密切联系、相互影响的，它们以一个整体的形式存在。

中世纪宗教哲学中的一元论以思维和存在的关系问题为主要研究课题，由于站在神学的思维之上，认为上帝是一切事物的主宰，进而形成了一切事物都是基于思维的基础之上的，存在也都是从思维当中推导而出，强调思维是第一性的哲学原则。这时的思想呈现出了一个特性，即对事物进行了主与次、第一性与第二性等高低等级的区分，但是并没有否定事物的整体性，也没有将其割裂成两个及以上的独立实体。因此，虽然对古希腊哲学当中的很多思想进行了较大的改造，但是也承袭了物质与精神是一个整体的原则。

除此之外，在身心关系问题中，近代哲学以及马克思主义哲学都主张的观点是：身体和心灵是一个不可分割的实体，强调身心的一元性，无论是认识世界还是改造世界，身心都是相互交融、相互促进，是一个合二为一的整体。虽然一元论承认存在不同维度的状况，这些不同的维度是不能相互分离的。例如，思维、感觉、行为和交流是交织在一起的，但都是同一实体的产物，都可以被认为是一体的。

一元论随着哲学的不断发展而逐渐显现出物质与精神之间关系的整体性观点，无论是从古代的宗教哲学、心灵哲学思维当中领悟出的事实与存在，还是从近现代的认知神经科学、心理学以及生物学等科学研究领域当中获得足够的论证，都说明了一元论坚持物质与精神是一个整体的主要观点。

3. 身体与心理之间的一元性

身体与心理之间的一元性也是一元论的核心观点之一。其实身心一元性观点的发展最具影响力的时期是身心二元论观点也处在一个顶端位置的

---

① 韩振峰：《一元论、二元论、多元论》，《天津师大学报》1986 年第 5 期。

时期，由于一元论思想主要是为了反对二元论的观点而提出的，所以不难看出，它们之间其实是以一种竞相发展的形式存在。人类的原始祖先在最初无法解释"梦"的现象，曾经认为梦是灵魂暂时离开身体的经验，于是就有了灵魂和肉体是分属于两个世界的身心二元论观点。[1] 在古希腊哲学中，柏拉图认为人存在着两个不同的世界，一个为理念世界，另一个为感性世界。理念世界是属于灵魂的，是区别于身体的一种理智能力，而感性世界则是人们通过自身的眼睛、耳朵、触摸等感官活动认识的。并且柏拉图一直坚持理念世界在本质上是高于感性世界的理论，认为身体是由灵魂统摄、理性高于欲望。但是，毕达哥拉斯从具体的物质形态中提出了"数"的概念，巴门尼德从具体的感性事物中抽象出"存在"，德谟克利特的"原子"概念等都是从物质本质一元论的角度来说明世界是统一的，反对存在着两个独立世界的二元论观点。

在柏拉图之后，中世纪的宗教哲学也是受到当时基督教会对于"灵魂不朽"的信奉和宣扬的影响，主张灵魂是人的本质，是不朽的精神实体，肉体毁灭之后，灵魂依然存在。直到近代笛卡尔将二元论的观点发挥到了极致，也在很长一段时期中主宰着人类的精神思想。而中世纪中主动思考"存在与思维"关系问题的认识论对宗教神学进行反对和抨击，近代唯物主义承认自然界的客观存在性，确定人及其精神都是自然界的一部分，也肯定了人能够认识客观世界的发展规律。其实这就间接说明了人不仅只是通过身体就能够去认识到客观世界的发展及其规律，而且还需要通过意识（精神）方面与其进行共同作用。这也说明一元论的哲学思想是将人的身体和心理看作一个相互影响的整体，充分体现了身心一元的哲学主张。

在马克思主义哲学中，关于人的身心关系问题，其在性质上并不属于

---

[1] 叶浩生：《身心二元论的困境与具身认知研究的兴起》，《心理科学》2011 年第 4 期。

认识论意义上的理论问题，而是属于人的存在境遇。在这种作为历史结构的身心关系中，认为没有"身"或"心"任何一端的缺席，只有身心关系组合的不同状态。无论是身心对立还是身心一体，都属于人的现实命运。马克思主义哲学也从历史唯物主义的角度揭开了身心一元论或身心一体论的科学内涵，认为只有当历史唯物主义把"身心一元"理解为人的身与心在时间中的历史统一性，人的身与心才走出本质主义思维下相互否定、非此即彼的理论困局，身心一元论才得以真正证成，而人的身体也才得以真正奠基，确立了自身不再被心灵否定的思想位置。[1] 马克思的历史唯物主义把人的身心关系的命题性质从本质主义思维下的认识、理论问题转换成为历史唯物主义视域下人的存在境遇问题，把人的身心一元理解为时间意义上的历史统一性。

随着哲学的不断发展，一些理论的创立和提出，都潜在地推动着某一思想的产生。身心关系的基本哲学问题便是基于存在与思维关系、物质与精神关系的哲学问题的提出而形成的。在身心关系的历史发展过程中，一元论一直围绕"身体与心理之间的一元性"这一思想主张从各个不同的角度提出相应的理论学说，反对扭曲了原本相互交融的身心关系、将二者分割对立起来的身心二元论。

（二）一元论对体育核心素养的启示

在新时代"立德树人"的教育背景下，在竞技体育人才培养的改革中应对体育核心素养进行重点关注。体育核心素养的有效培养是当下竞技体育人才培养当中的重要任务，而一元论作为国外体育素养理论的哲学基础，对我国的体育核心素养理论具有一定的借鉴和指导意义。

---

[1] 方英敏：《身体美学与身心一元论的证成——基于马克思历史唯物主义的一种解答》，《文艺理论研究》2020 年第 1 期。

1. 体育核心素养与其他核心素养同等重要

一元论的哲学思想主张世界万物是统一的，也就是说，人才培养想要实现学生体育核心素养的培养目标，就需要基于体育核心素养与其他核心素养同等重要的认识进行建构。万事万物都是统一发展的，不能只强调一方面的价值和作用，而忽略其他方面的协同发展的重要性。

在教育体系当中，正是因为过去的二元论思想，使得人们认为德育、智育等其他学科是精神层面的，而体育是身体层面的，于是导致对体育的认识发生了根本性的偏颇，使得体育在学校教育当中与精神层面的德育、智育等学科教育不在同等重要的地位，遭受了师生们的不重视。青少年竞技体育后备人才在一定程度上被误认为是"成绩不好"的群体。而一元论的思想告诉我们，世界万物皆是统一的，不能单独强调一方面的重要性，而忽视其他方面的作用和价值。根据世界万物的统一性观点，可以得出体育核心素养实际上和其他核心素养一样，只是它有自己领域独特的价值。因此，体育核心素养与其他核心素养同等重要，因而提醒我们在全世界构建各个核心素养的浪潮中，体育核心素养不仅不能缺席，更不能落后。

2. 体育核心素养的结构应该涵盖身心整体

根据一元论哲学身心一体的思想主张，要求核心素养应该是追求身心全面发展的一个整体。哲学中用多种元素来说明世界的多样性，由此可推出人的发展也要遵从人的多样性的特点，人是一个多方面因素交织在一起的结合体。身心一体的一元论立场，强调身体的价值与精神的价值都是第一位的，没有任何的主次、高低之分。因此，在形成体育核心素养时，就应该从身心一体的一元性角度出发，充分涉及身体的各个方面以及心理的所有领域，从而形成一个不可分割的完整整体。

但在现实的情况中，一些人长期受到二元论观点的负面影响，认为体育只是跑跑跳跳，仅仅只是身体的运动而已；认为体育学习所带给学生的效益只是身体的发展和技术的提升，是一种"低等级"的活动。而正是因为这种负面观点的影响，使得在国内外构建体育核心素养时，一些人对素养的结构要素存在误解，认为只要涉及身体方面的要素即可，在很大程度上忽略了心理、精神、社会等方面的素养要素。因此，根据一元论的观点，可以非常明确的是体育核心素养的结构一定要涵盖身心整体。

3. 体育核心素养的培育不能割裂

Margaret Whitehead 是英国贝德福德郡大学的客座教授，她经过专业的体育教学和学校教学的培训，曾在剑桥荷马顿学院和贝德福德郡大学工作，讲授教育学，并撰写了许多关于体育教学的书籍。她在从教多年的过程中，发现并提出了诸多关于为什么体育活动和体育教育相比德育、智育等其他领域不受重视等问题，于是她便在结合自身的教育学背景基础上开启了探索体育教育改革创新的发展道路，试图找出潜藏在背后的根本原因并提出相应的解决办法。而她针对这类问题的最初判断是，人们对二元论这一哲学观点的欣然接受。因为从西方哲学思想史看，二元论的哲学思想已在人们的观念中根深蒂固并影响至今。为了反对笛卡尔主张的二元论，于是 Margaret Whitehead 站在一元论的哲学立场上，将一元论作为支撑体育素养概念完整性的理论基础。一元论强调的是身体和心理是不可分离的整体，它们之间相互影响、相互作用。体育学科核心素养的形成也同样需要遵循"身心一体、协同发展"的一元性原则，无论是身体能力还是意志品质，都需要协调发展，不能只注重单一方面的体能的提高或者是坚强不息的毅力追求。

因此，一元论的哲学思想主张物质与精神之间的整体性，在培养学生的体育核心素养的过程中，不能将各方面的核心素养割裂开来对待，需要强调整体性。人才培养工作要实现将青少年培养成为具备体育核心素养的人的目标，就要强调核心素养的整体性培养。

然而，在过去的体育教学过程当中，所采取的是碎片化的教学方式，比如将身体技能的教授划分为一个板块，体育理论知识的教授划分为另一个板块，每个板块割裂开来进行教学。这对体育核心素养的整体性要求起到严重的阻碍作用，而一元论思想当中的整体性观点则强调不能将体育核心素养割裂开来进行教学，如一节课教身体技能，另一节课教体育品德等，其实每一节课都应该达成核心素养的多个方面的塑造，只是侧重点有所区别。

二、现象学与体育学科核心素养

（一）现象学的主要观点

1.关注"意向性"理论

"意向性"理论在整个现象学运动中具有突出位置，"意向性"指不仅要关注事物的现象，还要关注事物现象所蕴含的本质。胡塞尔为了研究一切科学的基础何在，提出了意向性理论，这也是胡塞尔哲学的出发点。

在意向性理论中，"客观活动、意向对象和意向活动"这三个关键词贯穿始终。客观活动即个体或者是世界所呈现出来的客观现象，具有客观实在性；意向对象即被个体的意识所指向，而呈现在个体意识里的东西，意向对象是一个不确定的事物，并非外部的客观实在；意向活动即意义给予和意义充实，也就是为意向对象赋予主观意义的过程。[1]

在胡塞尔的现象学观点中，"意向性"指的就是意识的指向性和构造性。意向活动的主体会构建特定的意义，通过意识活动赋予意向活动的客体，这个过程就是赋予意向客体意义，并使意识活动的主体和客体都统一于意识中。所以胡塞尔的意向性理论解析了意识的内在构造，将意向性作为意识的本质属性，即意识始终是关于某物的意识。[2] 例如，个体不会无

---

[1] 倪梁康：《胡塞尔现象学概念通释》，生活·读书·新知三联书店 1999 年版，第 251—252 页。

[2] 李媛媛：《胡塞尔群体意识形态研究》，硕士学位论文，华中师范大学政治学研究院，2012 年，第 9—13 页。

缘无故地开心或者难过，而总是因为某人或者某事开心或者难过。胡塞尔认为现象学的研究对象应当是"纯粹意识"，或者是"先验的自我要素"。

"意向性"理论还表示，意识具有指向能力和构造能力，它既指向外在对象，又指向意识活动本身。在胡塞尔的纯粹意识中，不仅要将自我作为意向活动的主体，还要有意向活动的对象，主体和对象共同构成意向活动，二者是相互统一、不可分割的。意向活动的对象也分为两类：一种是物质性的客观实在对象，例如桌子和花草树木，它们不以人的意志为转移，独立于人的意识之外；另一种是观念对象，例如动机、焦虑等，观念对象不是人主观臆造的结果，而是客观存在的，观念对象在不同的个体中可能会呈现出相同的特征。所以在意向行为中，意向对象不一定是物质性的客观存在，它们也可能是观念对象。① 这颠覆了传统意识对象必然是客观存在的观点。

2.重视现象中的"前理解"

"前理解"是海德格尔著作《存在与时间》中的一个重要概念，也是贯穿现象学发展历程的重要观点。"前理解"是个体分析、解释现象之前的存在状态，主要包括个体的价值观念、思维方式、生活宗教信仰和文化特征等方面。科学家的工作总是需要经历预先把握、预先洞见以及预先构想等步骤，所以前理解在科学活动中具有重要地位。个体观察、实验、研究和理解现象并非真正地从零开始，因为个体的心灵不是一片空白，在理解与解释现象之前，个体总是已经掌握了一些语言、观念和传统文化。个体总是以已知作为参照系，在已知基础上向未知领域探索，获取更多的知识和经验。② 脱离前理解去获得客观知识的机会是渺茫的，前理解可以看作连接过去和未来的纽带，它为个体理解具体现象提供了参照，推动着个

---

① 倪梁康：《现象学的始基》，中国人民大学出版社 2009 年版，第 115—117 页。

② 向修玉：《当代现象学——解释学科学哲学的基本观点》，《重庆电子工程职业学院学报》2008 年第 3 期。

体理解的不断积累。

前理解具有一定的客观性：首先，从内容上讲，虽然个体的经历、语言、情感、信仰和技能等方面存在一定的差异，但是这种差异并非是对立的，而是异中有同、可以交流的，个体间的前理解通过交流有可能达成一致。其次，从形成条件上看，前理解是联系过去与当下世界的纽带，形成前理解的社会历史条件具有客观性。在一定的历史时期，不同个体所经历的风俗、习惯、生活方式和社会风气是一致的。人们总是在同样的社会历史背景下做出决策，每一时期的社会历史背景不是个人能够改变的。最后，从存在状态来看，前理解是难以避免的，它是历史对人的固有影响。个体总是经历着历史影响下的各种决策，以不断丰富的前理解为支撑，进而判断是非、看待世界，个体认识就是在前理解的支持下不断展开的。

现象学的观点认为，科学研究活动同样是人类精神史的一部分，反映人类的精神发展历程。科学是人类精神世界发展的产物，科学活动同样受到潜在历史意识的支配，并深受前理解的影响。前理解不仅存在于认识发展过程中，而且是探索客观世界的必由之路，前理解是科学活动无法规避的事实。

3. 注重提升"实践"的地位

20 世纪的科学哲学习惯于把科学理论置于核心地位，20 世纪前半期主要关注科学理论的逻辑分析，后半期则关注科学进步以及理论变革的研究。从前期对科学理论的静态逻辑分析到后期对科学理论的动态描述是一项重大突破，但当时的科学哲学还是局限于可以用语言表达的规则、目标和信念，忽略了对技能、仪器等要素的关注，忽略了现实中的实践。

与 20 世纪传统的科学哲学不同，现象学认为实践比理论更加基本。首先，现象学重新定义了实践的概念：实践不是一种行为方式（将人看作主体，然后对某个对象或客体采取行动），而是一种存在方式（人通过实践的方式才能存在，没有实践就没有人类，也不会产生对象世界）。人类通过实践创造了自身，也通过实践创造了客观世界。实践使个体能够表现自我与展现自我，从而成为被他人所理解的现象。主体和客体都属于实践要素，而不是先于实践。实践将主体、客体和环境紧密结合在一起，最终构成现象。

其次，在理解科学的过程中，现象学家们更加关注科学实验技能以及操作等科学实践活动，他们认为实践比理论更能阐述科学的本质。现象学家们始终在不断强调实践的作用：基西尔从解释学的视角出发，重新界定了实践的含义；埃杰认为在实验操作进行和实验结果取得这两个阶段，只有观察和操作才能为理论提供坚实的基础，这是科学相对主义和怀疑论所不能企及的。由于人总是具有历史性，个体总会从先前经验出发来理解事物，或者说个体总是戴着有色眼镜去认识和解释现象。所以理论总是难以独立作为认识世界的工具，理论还须结合实践，以证明自身的客观性。

现象学从存在论的角度出发，将科学研究看作人类的一种实践活动，科学研究是以现实世界为基础的，是具体的、历史的，不仅仅是逻辑抽象和形式化的。科学革命不仅需要理论和方法上的变革，还需要实验仪器、技能、实践等现象上的转变。①

4.关注个体与"生活世界"的联系

"生活世界"是现象学中的一个重要概念，是胡塞尔在76岁时提出的。在早年间，胡塞尔认为现象学是严格的科学，不带任何偏见、没有任何前提。后来他认识到，没有前提的科学是不可能的，科学的最初前提就是"生活世界"。有学者认为，胡塞尔在生命的最后阶段抛弃了早先"本质哲学"的观点，意识到了人的意向活动和个体周围环境的联系。

"生活世界"的概念是胡塞尔的得意之作，一般来说，科学世界是指

---

① 向修玉：《当代现象学——解释学科学哲学的基本观点》，《重庆电子工程职业学院学报》2008年第3期。

近代以来，由于科学的发展而产生的，被高度客观化、规范化和概念化的世界。"生活世界"也可以称为日常生活世界，它更多是指没有经过科学概念化，由知觉实际给予，被个体实际体验到的世界。生活世界对于"科学世界"是一个重要补充，它没有特定的规范性，但仍是科学研究的重要参考点和意义基础。①

"生活世界"是一个动态概念，它处于永恒的变化之中，并且对于每个人来说都是开放平等的，生活世界有具体性和经验性的特点。胡塞尔还提出，科学世界向生活世界的渗透可能会导致现代危机，当人们用科学的思维方式来看待当今的生活世界，就可能会导致人类文明的危机。例如，资本主义生产将个体只看作劳动力，只将个体看作生产过程中的一种成本，资本家们广泛使用这一概念，所以可能会导致工人阶级受到空前的压迫。

现象学发展至今，变得愈加关注个体与"生活世界"的联系，有关"生活世界"的研究主要表达了以下几个观点：①不存在一个完全对立的"客观对象世界"与"主观认知世界"。个体与周围环境总是密切相连的，如果周围环境不存在，个体也就不存在，世界上的实体只有与个体发生关系时才有意义。②"个体"与"生活世界"产生联系后，就不同于这两个现象本来的意义。双方互动会不断产生新的现象，随着"个体"与"生活世界"交流的深入，新的意义会不断产生。② ③个体对"生活世界"的理解受到日常生活、文化习俗、社会状况、个人经历、物质条件、实验设备和技能等多种因素影响。个体总是生活在历史、文化环境中，因此不可能摆脱生活世界的影响。

---

① 倪梁康：《胡塞尔现象学概念通释》，生活·读书·新知三联书店1999年版，第511—513页。

② 杨美荣：《杜威教育思想的现象学意识》，硕士学位论文，首都师范大学比较教育学系，2005年，第13—15页。

（二）现象学对体育核心素养的启示

1.关注意向性理论，培养体育活动的动机

"意向性"理论是现象学运动的突出观点，也为体育核心素养提供了最直接的哲学基础，是体育核心素养概念内涵的直接来源。体育核心素养概念中具有明显的"意向性"特征，主要体现在以下几个方面：首先，意向性理论强调，要关注事物现象所蕴含的性质。因此体育核心素养将动机和信心等意向看作运动现象的基础，关注个体动机和信心的发展。其次，从意向性理论的角度来说，运动行为可以表达个体的运动意识，参与锻炼可以表现个体积极探索生活的意愿，还显示了个体追求卓越生活状态的意向。所以体育核心素养不是苛刻、严厉的技能要求，而是重视个体参与体育活动的行为。最后，根据意向性理论的观点，个体选择的运动项目可以展现个体的内心意向。例如，个体可能由于对坚强品质的追求而选择从事耐力运动；个体勇于克服生活中的困难，所以选择进行力量运动；个体追求卓越精湛，所以选择参与速度运动。因此体育核心素养也关注个体的全面发展，为个体提供多样的运动选择，促进个体发展完善的人格。

2.重视"前理解"概念，科学划分体育核心素养的发展阶段

"前理解"是现象学理论中的重要概念，它既是现象学关注的焦点之一，又对于体育核心素养有重要的指导作用。一方面，"前理解"概念倾向于积极构建早期观念，对个体今后发展产生良好影响。所以国际体育素养协会始终强调，在青少年时期形成良好的体育素养，将更有利于个体终身参与体育活动，获得高质量的运动体验，最终提高生活质量。[①]另一方面，"前理解"概念表明个体的各个生命阶段是互相联系的，这种

---

① Whitehead, M., "Definition of physical literacy and clarification of related issues", in *Icsspe Bulletin*, Vol. 65, No. 1.2（October 2013）.

不同的发展阶段划分既有利于明确体育核心素养的培养策略，又有利于做好各个阶段核心素养的衔接。所以现象学中的"前理解"概念为体育核心素养发展提供了重要参考，从而使得体育核心素养的结构能够更加科学合理。

3. 讲究身体活动"实践"，促进体育核心素养的整体发展

现象学主张提高"实践"的地位，这为体育核心素养的概念奠定了坚实基础。根据现象学重视"实践"的观点，体育核心素养也意识到，参与体育锻炼有助于提高身体活动能力，延长健康的寿命；参与锻炼的过程还有利于发展社交伙伴关系，有利于个体参与广泛的社会活动，促进情绪调控能力的发展；坚持锻炼有利于磨砺个体的精神品格，完成锻炼任务有利于发展个体的成就感，提高对于运动的感知理解。值得一提的是，加拿大的体育素养标准中提出，不主张过早地发展专项技能，要保持早期运动的多样化，扩展体育活动实践的范围。所以"实践"是体育核心素养的核心观点，符合现象学提高"实践"地位的要求。

4. 关心与"生活世界"的联系，关注多样环境下的运动

现象学重视"个体"与"生活世界"的联系，这也为发展体育核心素养提供了有效的指导，所以体育核心素养理论中一直在强调这种联系。首先，体育领域的核心素养理论主张个体成为积极健康生活的促进者，在学校、家庭和社区等不同环境中参与体育活动；其次，加拿大和澳大利亚等国家的体育素养标准中，均涉及了对水中、冰上、雪上等特殊环境的运动要求，目的是鼓励个体面对不同的运动环境，在发展技能的同时也加强与外部世界的联系；最后，体育领域的核心素养还鼓励个体采用大小不同的器材来发展运动技能，增强对外界不同器械、物体的适应能力，促进运动技能的快速发展。总体而言，现象学理论为体育核心素养体系奠定了重要的哲学基础。

三、存在主义与体育核心素养

（一）存在主义的主要观点

1.存在先于本质

存在主义所说的"存在"都是"人"的"存在"。第一，存在先于本质即意味着人不需要外界的设定，不需要他人的定义，从一开始就是"存在的"；而且一旦存在，即可决定自己的性质。换言之，你是谁是由你自己决定的。此外，只有先"存在"，才能进一步考虑与决定"存在成什么"的问题。存在主义认为，任何个人的生活不应该预先有任何规定性：你要怎样生活，就怎样生活；先生活下来，这是先决条件。你活着，也就是存在下来；有了存在，才有你自己。第二，海德格尔指出，"本质"是"存在"通过"去存在"来实现的。萨特进一步指出"存在主义的宗旨就是要使每个人自己来掌握自己，同时，要把每个人的存在的全部责任直接地放在他自己的双肩上来承担"。换言之，人的一切要由自己来支配。你自己应该为你自己的现有存在状况负全部责任。所以，存在不仅先于本质而且决定本质。第三，存在主义的观点认为，社会是复杂的、难以预测的"存在"，但人们可以通过决定自己的行为去创造更美好的生活，承担责任，不应该随波逐流埋怨社会。强调每个人应该成为自己生活的主人，存在主义的基本理念就是个体可以决定自己的生活。① 因此要以人为本，寻找生活的意义，反抗非人性的异化，强调每个人要从自己的需求出发，创造一个属于自己理想的生活家园。

2.行动是人的存在的先决条件

萨特是虚无主义的提出者，然而意识的虚无化并非是将某物消灭，

---

① ［法］让-保罗·萨特：《存在主义是一种人道主义》，周煦良等译，上海译文出版社 2005 年版，第 1—5 页。

而是首先在意识中寻求超越以越过它们现实的存在，从而达到一种真正的"存在"①。人的意识的虚无性，来源于人的存在本身。萨特认为，人无法消灭在他面前的现实事物。人所能做到的，只是改变人与外界事物的关系，就是使自己从周围现实世界的困扰中摆脱开来，使自己的存在陷入虚无之中。人真正的"存在"是拥有行动的自由，如果受到外界的阻碍就凭借自身去冲破阻碍，所以，什么是人呢？萨特回答说："除了他自己所造成的自己以外，人什么也不是。"正是因为人是"虚无"的，所以更显示出"行动"的重要性，因为人不仅有否定一切的消极方面，而且有创造一切的积极方面。个人的主观能动性、自身的行动力则是获得自由，成为真正的自己的前提。他的虚无主义是行动理论的温床，如果没有一个一穷二白的世界作为前提，又怎么会有创造世界、塑造自身的动力呢？萨特后来又将自身的存在主义理论与马克思理论相结合，在思想上更加的折中，他指出的实践的过程也就是把自己的主观设计加诸于客观对象的过程。当自己的主观动机与客观条件发生矛盾时，人类的历史就出现不平衡的状态，克服这一不平衡状态的唯一出路是实践。但是他也指出，马克思更加强调现实客观条件是行动的基础，而其则强调自身的努力与行动会决定自身的存在，人的实践是有目的的实践，具有改造世界的能力。②

3. 存在是具体的

由于存在主义研究的是人的问题，而且是更加现实中的问题，他强调过往哲学中研究的那些过于宏大的问题太过远离人们生活的社会，所以存在主义强调着眼于更加具体细微的层面，而且反对用抽象的方法研究"人"。首先，存在主义认为，要真正地把握人的生活，就必须把人生放在

---

① ［法］让-保罗·萨特：《存在与虚无》，陈宣良等译，生活·读书·新知三联书店 2007 年版，第 5—7 页。

② 高宣扬：《存在主义》，上海交通大学出版社 2016 年版，第 231—233 页。

它本身所固有的原始的和自然的状态中。而抽象的方法破坏了人的存在的原有状态，扼杀了人的存在所固有的生命力，淡化了人的存在的多样性，忽视了人的存在的具体性。按照形而上学的观点，每个人都是一样的，被剥夺了多样性、具体性与丰富性，他们身上的特殊性、与他人不同的特质被一扫而光。其次，在存在主义者眼中，连石头、树木、房屋等都是多样的、有差别的，具备多样的具体特性，那更不用说有血有肉最高级、最复杂的生物——人类了。就算是同一个父母所生的子女都拥有不同的长相和个性特点，那些散落在社会中的个体更具多样性、差异性，而且这些特性受到个人独特的经历以及外界因素等影响。最后，如何来保持人的存在的具体性呢？存在主义者提出，最重要的就是从"你的存在"入手，我的存在，自己的存在，即"我在"。何为"我在"，即你决定的行为，你通过亲身的体验去经历生活，在这个时间过程中的各个瞬间构成了你。抓住你自己的存在，体验你自己的此时此刻的存在，就是把握人生价值和人生真理的唯一方法。存在本来是具体的，任何存在都是不可代替的，重视人的体验与感情，情感体验是人类存在的证据。

4. 身体是感知世界的基础

在梅洛·庞蒂看来，人不只是主体，而且是"身体—主体"（body-subject）。人既不是主体，又不是客体，而是不分主客体的"身体—主体"。这是人与一切其他的存在不同的地方。他曾提出"没有内在的人，人是在世界中的；并且只有在世界中，他才会知道他自己"，人的这种复杂性决定了他们必须要在现实世界中认识自己，并且要通过身体的感知来认识这个世界。他否定笛卡尔的精神与身体分离的二元论，也不认同海德格尔等人说的"思想的存在"，他认为一个人必须是精神和肉体不可分离的统一整体，这样一个以肉体（有生命、有价值）为载体的人在这个世界中生存，才能产生知觉、获得价值。人的意识是完全自由的，也正是人的意识，才使人产生关于自己的肉体的感受，在他看来，身体应成为新的"我思"①。从"身体"作为一种存在出发，经验和感知都应该来源于身体在现实世界中的真实体验。由此，梅洛·庞蒂的存在主义比萨特的更加现实、脚踏实地，更多地强调满足肉体的需求。此外，他还认为自由并非没有边际，而是需要一些条件，通过对现实环境和条件进行评估，从而调整自己的行为，实现渐进的自由。②

5."绝对自由"是人生的基本目标

所谓绝对自由，就是真正的存在，它是存在主义者的最高生活理想。存在主义者所面对的矛盾是追求"绝对自由"的出发点，这种矛盾一方面是由人类对社会的无可奈何与另一方面又不满足于现实的存在，流露出超越存在的野心，这种现实限制和理想需求的矛盾充斥着人们的生活，越是期望摆脱这种矛盾就越是对"绝对自由"进行追求。萨特是存在主义者中唯一对"绝对自由"进行了较为透彻研究的人，他指出"绝对自由"有三重含义。首先，自由是"纯粹的意识"，即自我意识是唯一能摆脱外界，又能摆脱自己的过去和自己的将来的真正自由的存在，但在某种程度上又掉入了唯心主义的泥潭。③其次，自由就是"自为的存在"，萨特所说的"自为的存在"乃是有动机的存在；而所谓有动机的存在，就是预先考虑到后果，即考虑到哪些行动将来对自己有价值。然而，这就暴露了"存在"必须要以"理性"为指导，这种矛盾也充斥于存在主义始终，所以这些问题都将归于自己。④最后，自由就是自己控制自己，即人的自由就在于自己能选择自己的行动，自己能说明自己的行动出于何种动机。综上所述，存

---

①　高宣扬：《论梅洛·庞蒂的生命现象学》，《同济大学学报》（社会科学版）2010年第3期。

②　高宣扬：《存在主义》，上海交通大学出版社2016年版，第93—99页。

③　高宣扬：《存在主义》，上海交通大学出版社2016年版，第93—99页；高宣扬、闫文娟：《论萨特存在主义伦理思想》，《江苏社会科学》2019年第4期。

④　卢云昆：《自由与责任的深层悖论——浅析萨特"存在主义的人道主义"概念》，《复旦学报》（社会科学版）2010年第3期。

在主义一方面要以自我的存在为中心，另一方面又意识到客观世界的限制。

6. 自由与责任的辩证观点

由于人在创造自己之前并不存在道德，所以人有不被任何道德标准所约束的个体选择的"绝对自由"，是你的选择创造了你，由于没有道德的约束，所以你必须对你的自由负有责任。此外，人并非脱离社会而独立生活在真空中，即每个人都有选择的权利，每个人的选择都会影响别人、影响别人的选择，所以个人在为自己做出选择的时候也被迫受到来自外界因素的影响。[①] 因此，人不仅要对自己的选择和相应的自由负责，而且要在某种责任压力下被迫对他人与社会负责。拒绝或者回避就是在逃避责任，拒绝和逃避又在无形中否定了自己行动的价值。这两个观点并不相互矛盾，可以用一句话来概括：人生而自由，却无往不在枷锁之中。不管发生什么情况，每个人必须对自己的选择、行动和价值承担全部责任。也就是说，我们不仅对自己负责，而且要对一切人负责，这就是人的意义和价值。在这里，萨特把存在主义变成了一种人道主义。[②]

（二）存在主义对体育核心素养的启示

体育作为人才培养中的重要部分，具有重要的育人价值。通过培养学生的体育核心素养，能够促进其更具备在 21 世纪能适应个体终身发展和社会发展需要的关键品格与能力。体育核心素养主要由运动能力、健康行为和体育品德三大素养组成。[③] 体育核心素养并不具体指向某种体育学科

---

① 高宣扬：《存在主义》，上海交通大学出版社 2016 年版，第 93—99 页。

② 方丽华：《浅析萨特的存在主义哲学思想》，《重庆科技学院学报》（社会科学版）2010 年第 13 期。

③ 中华人民共和国教育部：《普通高中体育与健康课程标准》（2017 年版），人民教育出版社 2018 年版，第 5—6 页。

的知识与技能，也不会针对体育学科领域的具体问题进行规划，而是强调学生能够积极主动并且具备一定方法获得体育知识和技能的关键能力。①存在主义作为一种具有强大生命力的哲学，它鲜明的观点为我国体育核心素养的研究提供了理论背景和基础。

1. 回归培养"人"的本质

2014 年 4 月 25 日我国教育部印发了《关于全面深化课程改革落实立德树人根本任务的意见》（以下简称《意见》）。《意见》强调："立德树人是发展中国特色社会主义教育事业的核心所在，是培养德智体美全面发展的社会主义建设者和接班人的本质要求。"当前我国人才培养方方面面工作的改革正在如火如荼地进行，竞技体育人才的培养也应该发挥独特的育人优势，着眼于培养一个完整的人。与此同时，《意见》也首次提出了"核心素养体系"的概念。核心素养是素质教育的新起点，促进学生的体育核心素养发展是体育育人的终极追求。按照存在主义的核心观点，即存在是"人"的存在，存在先于本质，而且人具有很强的可塑性，能够通过行动来决定自己成为一个什么样的人，因此应该着眼于通过竞技体育人才的培养关注对人本身的培养，重视对人性的塑造，帮助学生树立正确的价值观，成为一个对个人、家庭、社会负责的人，充分体现体育育人的本质特征。体育核心素养是核心素养在体育领域的具体化表现，运动能力、健康行为、体育品德则是描述一个经过体育教育后的学生更加具体的个人画像，而且这些正确价值观、必备品格与关键能力会迁移到以后的生活当中去，成为人个体本身的一部分。

此外，存在主义强调应该注重体验的重要性，存在是具体的，任何存在都具备不可代替性。因此竞技体育人才的培养需要重视学习的过程，

---

① Chen, W., Hammond-Bennett, A. and Hypnar, A., "Examination of motor skill competency in students: evidence-based physical education curriculum", *BMC Public Health*, No. 17 (December 2017), pp.1-8.

聚焦于学生的身体、认知、精神、情感和社会等领域的体验，在身体活动中发展各方面的能力，为学生创造一个支持性的学习环境，鼓励反思性思维和行动，增强新知识的关联性，促进相互学习，与先前的知识与经验建立联系，为学习提供充足的机会，探究教与学的关系等。[①] 突出以人为本，关注学生的兴趣，让学生全身心投入到体育学习当中，享受运动的乐趣，也只有这样才能通过竞技体育人才的培养实现培养学生核心素养的目标。

2.重新定位身体的价值和作用

竞技体育人才的培养是一个以身体练习为基础的人才培养工作，具有很强的实践性，学生必须要在广泛的学、训、赛等活动的参与中发展自身的能力。存在主义者梅洛·庞蒂提出经验源于身体，身体是知觉的中心，强调任何学习过程都首先必须了解身体在其中所发挥的作用，即所谓的具身性。

这种具身性意味着：第一，认知不能离开身体。也就是说要有健康的灵魂，首先要有健康的身体，认知活动是建立在身体感知的基础之上。当前国家体育与健康课程改革中提出的"健康第一"的理念，强调促进个人的身体健康的重要性，通过身体活动为手段去感受生命的本质，在体育学习与运动过程中凸显人体的本质力量，并尊重和维护学生的健康尊严与生命价值，体现的是以学生为本的教育观念和导向，它还包含了体育认识、道德、能力、情感、意志、价值等内在体育素养的培育。[②] 此外，运动能力是其他体育核心素养（健康行为、体育品德）的基石，因此应该着重关注运动能力的发展。第二，知觉是身体的知觉，是身体与环境相互作用的

---

①　SHAPE America, *National Standards Grade-Level Outcomes for K-12 physical education*, Reston, VA : Author, 2013.

②　于素梅：《中国学生体育学科核心素养框架体系建构》，《体育学刊》2017 年第4 期。

产物。梅洛·庞蒂说："身体是我们拥有一个世界的一般方式。"[①] 通过身体与环境的互动，人们得以培养和展示其适应环境的各种能力，这就是身体活动的意义所在。当个人以身体为载体与环境产生互动时，人们所得到的不仅是身体层面能力上的提升，同时也会影响思维、情感、道德等方面的发展，使其成为一个全面发展的人。第三，具身认知的"embodiment"一词形象地揭示了身体不是孤立的，而是一种"嵌入式"的，是与外在环境相联系的身体，即身体具有情境性。[②] 因此，要注重在青少年运动员的教学与训练设计中的真实情境创设，关注个体在情境中的参与体验，以借助学、训、赛发展体育核心素养，共同促进运动能力、健康行为和体育品德全面发展。第四，身体和认知是统一整体，不可将其割裂。实践性是体育的独特性质，学生通过体育的学、训、赛活动强健体魄，然而在这个过程中依靠身体这一载体体验到了运动的魅力，其思维、情感、认知都依赖身体这一存在使"去存在"的过程得以发展。体育核心素养的构成要素，即运动能力、健康行为和体育品德也同样体现了这一观点，即不存在脱离身体的认知发展，而且身体和认知是共同促进的，只有依靠这些要素共同发力才能塑造成一个完整的人，因此三大素养同等重要，体育核心素养是一个完整的能力集合。

3. 注重内生性动因保持健康行为

存在主义认为，人具有强大的能动性，唯有人能决定自己的存在，决定自己是谁，决定自己的生活方式。换言之，首先，人只有具有基于强大的内生性的动因，才能维持自己的行为。以具身认知为依托，激发对于身体活动的兴趣，从个人兴趣出发来体验运动魅力，从而将参与身体活动的

---

① ［法］莫里斯·梅洛·庞蒂：《知觉现象学》，姜志辉译，商务印书馆2001年版，第135页。

② 王靖、刘志文、陈卫东：《未来课堂教学设计特性：具身认知视角》，《现代远程教育研究》2014年第5期。

动力源内置于活动者自身。其外在表现是人们积极参与各种身体活动，技能娴熟，轻松自如，具有良好的健康效益。积极的运动情感体验也有助于学生继续从事体育活动，减少运动退出行为，这有利于其健康行为的养成。其次，在学、训、赛活动中获得的体育知识也有助于学生了解参加体育的效益，因此他们就能去创造改变，寻求自主发展。通过发展个人体育核心素养能够更好地管理自己的学习和生活，挖掘自我价值，激发自身的潜力以有效应对复杂多变的环境，成就出彩人生，发展成为有明确人生方向、有生活品质的人。最后，依靠自己的身体力行将健康知识、健康的生活态度传递给身边的人，尤其要注重从学校拓展到赛场、社区、家庭等场域，进而促进整个社会的福祉，这是一种社会责任感的体现，这也与存在主义的"责任观"保持一致。

4. 培养具有高尚品德和责任感的人

存在主义代表人物萨特表示，人有决定自己行动的权力，但同时也必须在某一尺度中对自己的行为进行规范。人不是生存在真空中，而是在真实的社会进行生产活动，对"绝对自由"的追求也应该在一定的社会规范中。个体无论在顺境还是逆境中都应该保持对真善美的追求，处理好自我与社会的关系，成为一个具有高度责任感的合格的社会公民。

将这种观念放置于竞技体育人才培养当中，要求培养单位不仅需要培养强健的体魄、传授体育知识和竞技能力，更需要在身体这一基础上培养更高的精神追求。存在主义重视对人的德行的培养，这与体育核心素养中的三大关键构成要素之———体育品德保持高度一致。学生在体育这一场域中进行学习、训练、比赛，体育活动的互动性决定了学生们需要在该场域进行交流合作与竞争，在这个过程中就将学生放置在一个"微观社会"中，通过体育去培养学生的"社会性"，即培养学生的主动性和创造性，能够互帮互助、遵守纪律，具有集体荣誉感，这些都是学校体育发展学生所必备的核心素养。① 在体育运动中培养学生尊重自己与他人的情意和高度的社会责任感，养成规则意识，从而形成新时代中国青年必备的品格和正确的价值观。

① 于素梅：《中国学生体育学科核心素养框架体系建构》，《体育学刊》2017 年第4 期。

第二章　中外体育核心素养的构建与辨析

第一节　国外体育核心素养的构建

国外从不同维度提出了体育核心素养的构成要素，虽然内容不一，但是有几个关键要素均被各国列入其中，主要包括身体能力、心理状态以及认知领域等。

一、澳大利亚

澳大利亚自 2008 年颁布《墨尔本宣言》以来，将学习领域、通用素养（general capabilities，或称之为"通用能力"）和跨学科素养作为国家课程设计的基础，从此拉开了澳大利亚新一轮课程改革的序幕。2015 年 9 月，澳大利亚国家课程标准（F-10）颁布，而健康与体育课程则是澳大利亚国家课程的八大学习领域之一。同时，澳大利亚教育委员会也于 2015 年 9 月份颁布了《澳大利亚课程：健康与体育（F-10）7.5 版》。经过短时间的初步实施、反馈与修订，澳大利亚教育委员会于 2016 年 6 月通过了《澳大利亚课程：健康与体育（F-10）8.2 版》，该版本精简了整个课程标准的呈现方式，增强了对核心素养的关注，提升了课程标准本身的可操作性与管理性。①

---

① F，即 Foundation，中文可翻译为预备班，在澳大利亚指的是介于幼儿园和小学一年级之间的预备年级。刁玉翠等：《澳大利亚健康与体育课程标准解读》，《体育学刊》2018 年第 2 期。

在《墨尔本宣言》的指导下，澳大利亚非常强调通用核心素养和跨学科核心素养在体育中的渗透，因此，其体育核心素养的形成以通用素养和跨学科素养为指引。其中，通用学科核心素养包含读写能力、计算能力、信息与通信技术（ICT）能力、批判和创新思考能力、个人与社会能力、伦理理解能力、跨文化理解能力七个方面，而跨学科核心素养则包括原住民与托雷斯海峡岛民的历史文化、亚洲及澳亚关系、可持续性三个方面，由此而引出来的体育核心素养非常强调培养学生的健康素养，即体育核心素养要和其他的核心素养一起，共同为培养学生的通用核心素养和跨学科核心素养做出独特贡献。

二、英国

英国的体育核心素养主要受到通用核心素养的影响。[①] 英国的通用核心素养主要包括全纳性教育、计算与数学、语言与读写等三个方面。其中，全纳性教育包含两个方面：一是设置合适的挑战；二是满足学生的需要，克服潜在困难；计算与数学包括学生对数学的熟练程度、计算与推理能力、用数学解决问题的能力、数据分析能力等；语言与读写包括口语、阅读和写作、词汇发展等。

基于国家课程标准，英国提出了学生经过体育学习之后应该具备的四条能力性的目标：①发展多种身体活动能力；②保持长时间持续性的体力活动；③参与竞争性的体育运动和活动；④形成健康、积极的生活方式。这四条能力性的目标可以看作英国体育核心素养，即身体活动能力、体能、参与竞争、健康积极的生活方式。

---

① 董翠香等：《英国国家中小学体育课程学习纲要解读及启示》，《成都体育学院学报》2015 年第 2 期。

三、新西兰

新西兰与英国的情况非常类似，由于体育只是国家课程标准的构成部分，因此体育核心素养也要受到国家通用核心素养的强烈影响。新西兰的通用核心素养包括思考的能力、运用语言符号和文本的能力、自我管理的能力、与人相处的能力、参与奉献的能力等方面，而体育核心素养则聚焦于个人健康和身体发展、运动概念和动作技能、与他人的关系、健康的社区与环境等方面。

四、美国

20世纪90年代，美国国家运动与体育教育协会（NASPE）通过有关"结果项目"（Outcomes Project）的探索，对"受过良好体育教育的个体"的定义包含掌握能够展示多种体育活动所需要的技能、身体健康、有规律地参与体育活动、懂得参与体育活动的意义和价值、重视体育活动及其对健康生活方式形成的作用等。[1] 这一定义被拓展为更加详细的20条结果性陈述，之后又进一步发展为特定年级的参照标准样例。[2] 直到现在，美国体育教育界对学生体育学习结果的问题仍然在不断争执、探索和更新之中，而这些对学生体育学习结果的探讨则系统地体现在美国国家体育课程标准之中，因而进一步推动了美国国家体育课程标准的可持续发展。

在过去的二十多年中，NASPE于1995年、2004年和2013年先后3次颁布并修订了国家体育课程标准，分别是《面向未来：国家体育课程标

---

[1]　National Association for Sport and Physical Education, *Moving into the future: National Standards for physical education: A guide to content and assessment*, Reston, VA: Author, 1995.

[2]　National Association for Sport and Physical Education, *Outcomes of quality physical education programs*, Reston, VA: Author, 1992.

准（1995 年）》①、《面向未来：国家体育课程标准（第二版）（2004 年）》②
和《小学国家体育课程标准与各年级水平学习结果（2013 年）》。③ 在 1995
年和 2004 年版本的国家体育课程标准中，虽然呈现了学生体育学习的结
果，但并未明确体育核心素养的概念。直到 2013 年颁布第三版国家体育
与课程标准，才明确提出了核心素养概念，即从"具备体育核心素养的个
体应该如何"的角度出发，将核心素养融入了国家课程标准之中。美国
2013 年版的国家体育课程标准共有 5 条标准，这五条标准即可视作美国
当前的体育核心素养④（见表 2-1）。

表 2-1　美国体育核心素养

核心素养	具体描述
动作技能	具备体育核心素养的个体拥有展示多种多样的动作技能和运动形式的能力
知识	具备体育核心素养的个体能够应用与运动和表现相关的概念、原则、策略和战术类知识
体能	具备体育核心素养的个体能够达到并保持体育活动和体能的健康水平，展示出相应的知识和技能
个人与社会责任	具备体育核心素养的个体能够展示出尊重自己和他人的负责任的个人和社会行为
价值认同	具备体育核心素养的个体能够认同体育活动对健康、快乐、挑战、自我表现和 / 或社会交往中的价值

---

① National Association for Sport and Physical Education, *Moving into the future: National Standards for physical education: A guide to content and assessment*, Reston, VA: Author, 1995.

② National Association for Sport and Physical Education, *Moving into the future: National Standards for physical education（second edition）*, Reston, VA: Author, 2004.

③ SHAPE America, *National Standards Grade~Level Outcomes for K-12 physical education*, Reston, VA : Author, 2013.

④ 付凌一、孙铭珠、尹志华：《从国家体育学科核心素养到课时学习目标：美国俄亥俄州的案例与特点分析》，《体育教学》2020 年第 1 期。

五、法国

体育是法国中小学阶段的重要组成学科之一。但由于在法语中，并没有中文广义层面上的"大体育"与狭义层面上的"小体育"概念的区别，而只有狭义上的体育和运动的概念，且分别对应 education physique 和 sport。法国中小学有关体育课程的指导性文件是"体育与运动课程纲要"（以下简称《课程纲要》）。《课程纲要》于 2005 年 4 月 23 号颁布（2005—30 号法令），之后进行了修订。目前法国最新的《课程纲要》于 2010 年颁布，划分为小学阶段、初中阶段与高中阶段，分别具有不同的主旨与内容体系。①

在法国的体育课程纲要中，无论是小学阶段还是中学阶段，都非常注重对学生身体能力和品德等方面的培养。其中，身体能力涉及基本动作技能、专项运动技能等方面，而品德培养涉及团队意识、社会参与、道德品质等方面。实际上，法国的体育课程纲要中并未明确提出核心素养的概念，但对体育学习结果的描述来看，大部分指向体育领域的核心素养，因此可将法国体育核心素养总结为运动技能、个人德行两个方面。

六、俄罗斯

20 世纪 90 年代初苏联解体之后，俄罗斯在社会政治、经济、文化等各个领域开始了全方位改革。其中，最有影响力的事件就是普通教育《国家教育标准》的制定和颁布，它取代了以往苏联时期全国统一的教学大纲

---

① 高强、季浏：《从身体技能到个人德性——法国中小学体育与运动课程大纲评述》，《成都体育学院学报》2015 年第 1 期。

和教学计划，并受到了俄罗斯联邦法律的保障。

2004 年，俄罗斯颁布了第一代普通教育《国家教育标准》。第一代标准主要包括三部分内容：教育目标、各学段基础教育纲要必修内容的最低限度、对毕业生培养质量的要求。其在联邦法律水平上保障了学生获取知识的标准。从 2006 年开始，俄罗斯启动了第二代标准的修订工作，与第一代标准将小学、初中、高中合在一起的模式不同，第二代标准按照小学、初中和高中三个学段进行单独设计。2011 年开始在小学开始推行新的教育标准，2012 年开始在初中推行新的教育标准，2013 年开始在高中推行新的教育标准。

俄罗斯在国家层面只颁布宏观的《国家教育标准》，而各个学科的课程标准则由学者制定。比如，体育的课程标准又称之为《体育课程综合示范纲要》。当前，在俄罗斯普通中小学体育学科中，大多数学校使用的是俄罗斯教育科学院利亚赫博士主持编写的《1—11 年级体育课程综合示范纲要》（以下简称《综合示范纲要》）。该《综合示范纲要》包括体育课程任务、体育课程内容与学时、毕业生体能应达到的标准等几个部分，先后进行了多次修订。

在《体育课程综合示范纲要》中，无论是初等普通教育（1—4 年级）、基础普通教育（5—9 年级）和中等（完全）普通教育（10—11 年级），均非常强调学生在运动认知与理解、运动知识与技能、健康监测与健康行为等方面的学习结果。比如，在小学阶段的学习结果目标：①初步形成体育能够增进身体、社会与心理健康的认知，了解体育对人的发展（身体、智力、情感、社会）的积极影响，知道体育是促进学业水平和社会化发展的积极因素；②学会各种运动项目和体育锻炼技能，包括日常体育锻炼、晨练、休闲娱乐活动和运动竞赛等，养成健康和安全的生活方式；③能够观察和监控自己的身体状况（身高、体重等）、运动负荷和主要的体能（力量、速度、耐力、协调性和灵活性等）。初中和高中阶段也聚焦于这些方

面，只是侧重点和要求程度有所区别。^①

俄罗斯目前尚未明确核心素养的概念，主要使用"能力"的概念，但从对学生体育学习结果界定来看，已经表达了体育核心素养的意思。因此，可将运动认知与理解、运动知识与技能、健康监测与健康行为视为俄罗斯的体育核心素养。

七、日本

日本基础教育的《学习指导要领》相当于我国的课程标准，大约每10年修订一次。^②面对21世纪新的挑战，日本最近两次对《学习指导要领》的修订分别是1998年（面向2010年）和2008年（面向2020年）。目前，日本针对体育学科的《学习指导要领》已经分别于2011年（小学体育）和2012年（初高中保健体育）正式实施，由此拉开了日本新一轮体育课程改革的序幕。《学习指导要领》中关于体育教育的内容，决定着日本近10年体育课程改革的基本走向和发展趋势。为持续提供高质量的学校教育，日本政府又于2017年3月完成《中小学体育科学习指导要领》的修订工作并告示全国。^③

在日本的中小学学习指导要领中，贯穿整个中小学的总体指导方针是"培养学生终身增进健康、丰富运动生活的能力。加强对学生体育和保健知识的学习指导，促进学生身心健康发展。根据学生生长发育的不同阶

---

① 李琳、周泽鸿、季浏：《俄罗斯普通教育体育课程标准解读及其启示》，《成都体育学院学报》2015年第1期。

② 阎智力、王世芳、季浏：《日本小学的体育学习指导要领》，《体育科研》2012年第3期。

③ 刘世磊、黄彦军：《日本〈义务教育体育科学习指导要领〉运动技能课程内容设置对我国的启示》，《体育学刊》2020年第2期。

段，合理培养学生在社会生活中实际运用所学知识的能力"①。由此可见，日本将"能力"已经完全贯穿于中小学体育课程之中，这种"能力"实际上就是素养的另外一种表达。总体而言，从日本中小学体育课程学习结果的表述来看，非常注重引导学生"热爱运动、增进健康、提高体力"，而这可以看作日本的体育核心素养。

八、韩国

自"二战"结束至今，韩国的体育课程方案已经历了7次修订。1988年，在韩国第五次课程改革中，体育、美术、音乐被合并为《愉快生活》课，1、2年级的体育教学融合在音、体、美综合教材中②，并一直持续至今。2007年、2009年和2015年，韩国分别对第7次课程改革形成的体育课程方案进行了修订，韩国教育部分别将这三次称之为2007年修订时期、2009年修订时期和2015年修订时期。2015年，韩国教育部告示（第2015—74号）颁布了最新版《体育教育课程标准》，其整体课程结构与基础教育改革中的规定和要求一致，包括共同教育课程（3—9年级，即义务教育阶段）③和选修教育课程（10—12年级，高中阶段）。④

在韩国的体育课程标准中，提出了学生的体育学习结果性目标应该聚焦于健康管理能力、身体锻炼能力、竞技运动执行能力和身体表现能力四

① 季浏等：《日本基础教育体育科〈学习指导要领〉评述》，《成都体育学院学报》2015年第2期。

② 孙启林：《韩国基础教育课程改革述评》（上），《课程·教材·教法》1993年第10期。

③ 朱春山等：《韩国〈体育课程标准〉中共同教育课程解读及启示》，《北京体育大学学报》2016年第12期。

④ 杨秋颖等：《韩国〈体育课程标准〉中选修教育课程解读》，《体育学刊》2017年第1期。

个方面，通过提升这四个方面的能力，从而不断提高生活质量。其中，健康管理能力是指谋求个人身体、精神和社会环境健康相协调的能力。身体锻炼能力是指在了解自身身体素质的基础上，通过持续积极地努力实现新目标的能力；通过身体活动提高身体素质，面对困难无所畏惧，以更加高涨的热情面对挑战，不断提高自身的能力和自信心。竞技运动执行能力是指在以游戏、体育等活动为基础的竞争中，以适当的战略和技能达成个人或团体共同目标所具备的能力，主要包括比赛所需的身体技能、策略以及解决相关问题的执行力和判断力。身体表达能力是指以身体和动作为媒介表达自身所想所感所需要的能力，即通过身体动作积极表达内在的感情和想法，使他人产生共鸣的能力，不仅包含以动作为媒介展示具有创意和审美情趣所需要的能力，还包括以身体表达审美、批判所需要的能力。韩国体育课程标准中对四种能力的表述，即可视作韩国体育核心素养的四个方面。

第二节　国内体育核心素养的构建

一、体育核心素养的构建机制

机制是指各要素之间的结构关系和运行方式，而体育学科素养的构建机制则是指如果要形成某一领域的核心素养，应该要考虑的、与各类要素之间的关系和相应的运作原理。在构建体育核心素养的过程中，应主要从体育在人类全生命周期中应发挥什么作用，体育如何落实国家有关人才培养的各类政策，体育到底应该培养什么样的人，体育的核心素养与整体的核心素养体系是什么关系这几个问题出发分析其构建机制。

（一）体育在人类全生命周期中的作用

随着社会的发展，全生命周期一词被频繁提及。例如，2016 年，中共中央、国务院印发的《"健康中国 2030"规划纲要》多次提及全生命周期。由此可知，在国家总体宏观战略层面对全生命周期给予了高度关注。所谓全生命周期，其有广义和狭义之分。狭义层面是指本义，即是生命科学术语，指生物体从出生、成长、成熟、衰退到死亡的全部过程；广义层面是本义的延伸和发展，泛指自然界和人类社会各种客观事物的阶段性变化及其规律。对于生活在社会中的人类个体而言，全生命周期的概念不仅要涉及生命科学层面的生老病死的全过程，同时也要涉及在各个生命阶段的身心成长与变化规律。因此，人类在一生发展的过程中，不仅包括多个阶段，而且每个阶段都会遇到不同的影响因素。如果要保持人类全生命周期高质量发展，就需要不同阶段共同发力，综合各类因素发挥共同作用。

众所周知，教育在人类全生命周期成长中发挥着重要作用，而竞技体育后备人才的培养也属于教育领域，尤其是儿童青少年时期的运动员培养，更是与学校教育不可分割。李政涛指出：对于个体生命而言，无论如何，教育始终是需要他去承担的重负，换句话说，教育就是生命的重负。① 实际上，正因为教育是人类生命的"重负"，才使得教育在人类生命成长中发挥着独特的作用。体育作为教育的重要组成部分，在人类全生命周期中到底应该发挥什么样的作用？对于这一本质问题的探索，长期未形成明确的答案。

个体从进入幼儿园开始，到接受并完成高等教育的时间区域内，基本上都要学习学校的体育课程。因此，体育作为一种兼具理论滋润与实践体验的要素，一定会在个体的成长中发挥作用。从体育学的本体出发而将体育在人类全生命周期中的作用价值阐述清楚是关键问题。如果说体育工作

---

① 李政涛：《教育与生命的重负》，《人民教育》2010 年第 12 期。

者自己都未弄清楚这一问题，那又何谈"他者"意识到体育课程的重要价值？这不仅会造成"他者"对体育课程价值的忽视。基于此，从核心素养的本质出发，通过构建体育核心素养，厘清体育的独特价值，回应在既短暂又漫长的人类全生命周期中应该发挥的重大作用，将会极大地凸显体育学科课程的生命意义。

（二）体育教育应落实国家有关人才培养的各类政策

对于一国而言，宏观层面的国家教育政策实际上是国家意志的集中体现，是国家作为一种整体的治理机器所反映出来的价值取向，对国家教育发展起着明确的导向作用，对青少年运动员的培养工作也有重要的指导意义。对于教育政策而言，既关乎理论问题也涉及实践问题，但其最核心问题是教育政策的价值问题。教育政策价值是指教育政策的主体需要与客体属性在实践基础上统一起来的一种特定的效应关系。主体需要、客体属性和实践活动是教育政策价值概念的三个基本范畴，它决定了教育政策价值研究的基本思路。教育政策的主体需要是主体利益的一种外在形式，是教育政策主体追求教育政策价值的现实力量，是评价教育政策价值的内在尺度或"人的尺度"。教育政策的客体属性是教育政策价值的物质承担者或物质基础，是评价教育政策价值的外在尺度或"物种尺度"[①]。教育政策的实践活动则指政策实施所关涉的各类具体行动，通过实践活动的过程使教育政策的主体需要和客体属性得以实现。

简单而言，教育政策的主体需要主要是指国家或政府希望通过该政策达到什么样的目的或目标，而教育政策的客体属性则主要是指社会对政策的政治性与公共性、合法性与合理性等的相应看法。政策的实践活动，则

---

① 祁型雨、李春光：《我国教育政策价值的反思与前瞻》，《现代教育管理》2020年第 3 期。

以落地的方式使政策得以实施。

在我国多年来颁布的各类教育政策中，不同时代的政策对国家希望培养什么样的人提出了带有明显时代烙印的要求。比如，1957年的最高国务会议提出要"让受教育者在德育、智育、体育几方面都得到发展，成为有社会主义觉悟的有文化的劳动者"；1978年的《中华人民共和国宪法》提出"教育必须为无产阶级政治服务，同生产劳动相结合，使受教育者在德育、智育、体育几个方面都得到发展，成为有社会主义觉悟的有文化的劳动者"；2001年的《基础教育课程改革纲要》强调要"形成积极主动的学习态度，使获得基础知识与基本技能的过程同时成为学会学习和形成正确价值观的过程"；2013年的十八届三中全会提出要"坚持立德树人，加强社会主义核心价值观教育，完善中华传统文化教育，增强学生社会责任感、创新精神、实践能力"；习近平总书记在2017年党的十九大报告中强调要"落实立德树人根本任务，发展素质教育"，并在2018年的全国教育大会上进一步旗帜鲜明地指出"培养什么人，是教育的首要问题。……我国是中国共产党领导的社会主义国家，这就决定了我们的教育必须把培养社会主义建设者和接班人作为根本任务，培养一代又一代拥护中国共产党领导和我国社会主义制度、立志为中国特色社会主义奋斗终身的有用人才"[①]。

通过以上这些教育政策可以看出，党和国家的教育目标集中在规定学生完成基础教育之后所必须掌握的知识、技能，以及情感、态度、价值观的状况，进一步来说，党和国家的教育目标实质是对学生需要达到的能力和素养的规定，是核心素养的重要指导思想。然而，党和国家的教育目标较为宏观，缺乏结构性，而学生通过教育要达到的能力和具备的素养需要按学生发展规律，形成特定结构并逐步细化才能够被教育实践所应用，而落实到教育实践领域。学生的核心素养的建立就是要架起宏观教育目标与

---

① 《习近平著作选读》第二卷，人民出版社2023年版，第195页。

教育实践中培养学生能力的桥梁。[①] 换言之，即这些典型的教育政策虽然比较宏观，但却代表了国家对教育应该培养什么样的人的价值取向，而这些政策的实践落实则需要所有学科来共同承担。

对于体育而言，学生通过体育学习所获得的成长，与通过其他方面的学习所获得的成长共同构成了自身的全面发展。竞技体育后备人才培养的实践工作不可能脱离国家的政策范畴，势必要基于国家教育政策而进行。换而言之，脱离了国家政策的竞技体育后备人才培养实践是不科学的，是不被允许的。因此，包括体育在内的所有教育工作都需要在所有的实践活动中积极回应国家教育政策对人才培养的要求。在这一过程中，既要考虑国家教育政策的主体需要（国家需要什么），又要考虑客体属性（社会的期望是什么）。构建体育核心素养，是在当今核心素养导向的教育改革大趋势下对国家政策关于人才培养的积极回应。

（三）体育到底应该要培养什么样的人

自党的十八大提出要把"立德树人"作为教育的根本任务以来，我国教育改革与发展的任务已经非常明确，即落实"立德树人"的根本任务，所有学科的教育都应该围绕这一核心任务而开展。这一根本任务的确立，也是对我国古代优秀教育思想的继承与传扬。竞技体育后备人才培养，也要将"立德树人"作为根本任务。

立德树人由"立德"和"树人"两词合并而成，其基本内涵大致可以分为立德与树人两个层次，"立德"为确立品德、树立德业，"树人"为培植成长、培养成才。"立德"出自《左传·襄公二十四年》，书中立德、立功、立言被尊为"三不朽"，即"大上有立德，其次有立功，其次有立言，

---

① 辛涛、姜宇、刘霞：《我国义务教育阶段学生核心素养模型的构建》，《北京师范大学学报》（社会科学版）2013 年第 1 期。

虽久不废，此之谓不朽"。"树人"出自《管子·权修》中"一年之计，莫如树谷；十年之计，莫如树木；终身之计，莫如树人"。立德树人是偏正结构，立德是为了树人，树人需要立德，通过立德方能实现更高层次上的树人。①"立德树人"的理念，实际上在中国古代早已存在，这可从数千年中华民族史和人类文明传统中找到跌宕起伏的线索。"立德树人"是中华民族和人类教育理想的共同追求，是中国共产党对人民教育事业的一贯主张，是新世纪中国教育事业的崇高历史使命。而把"立德树人"作为教育的根本任务，充分体现了党和人民对教育的殷切期望，集中反映了中国特色社会主义教育理论与时俱进的创新。②

　　实际上，"立德树人"主要涉及两个问题，即"培养什么样的人"和"如何培养人"。对前一个问题的回答，即意味着各个学科要非常清晰地知道本学科培养的人"应该长什么样"，而对后一个问题的回答则意味着基于"所要培养的人才的模样"探索有效的培养路径。通过构建体育核心素养，能够真实地回答体育应该"培养什么样的人"的本质问题。之所以要回答这一问题，除了"立德树人"的教育改革的总体要求之外，也与我国体育教育长期以来"只见物不见人"有着紧密的联系。竞技体育后备人才培养，尤其是青少年运动员的培养，也是从最初的学校体育课程开始的。在传统的观念中，学生体育的学习，对于教师而言是完成基本的教学任务，传授教材中安排的教学内容；对于学生而言，是上完课程表中安排的体育课，学习一些运动技术。但是，这些看似按部就班且合情合理的体育课程运行方式，只是在机械地完成一项工作，体育教师并不关注体育课程对人的培养，并且他们也不知道通过体育课程学生应该成为什么模样，因为教学大纲和教材只是告诉教师应该教授哪些运动知识与技术，对人的关

---

① 季浏等主编：《普通高中体育与健康课程标准（2017 年版）解读》，高等教育出版社 2011 年版，第 76 页。

② 张力：《纵论立德树人——教育的根本任务》，《人民教育》2013 年第 1 期。

注极度缺乏使得体育学科课程缺乏"生命感"。在这样的情况下，学生只能被动地接受知识与技术，他们对体育课程的体验主要停留于身体的活动和技术动作的学习，他们很难感受到自己在体育课程中是"如何被塑造成完整的人"。

在"立德树人"的理念引导下，通过构建体育核心素养，实实在在地提供了体育的"育人画像"，即将党的教育方针进行了具体化表征，将领域化的教育目标转化为了具象的个体发展目标，明确了在体育领域社会主义建设者和接班人的基本特征。这一"画像"为学生对自己体育学习之后的成长提供了参照，为体育教师开展体育教育应达成的目标性结果提供了参考，为社会各界消除对体育的误解与偏见并正确理解体育课程对人的发展的多维价值提供了逻辑指引。

（四）遵循核心素养体系形成的内在逻辑链

体育核心素养具有浓厚的中国特色，其脱胎于中国学生发展核心素养，是学生发展核心素养的具体化。也就是说，体育和其他的核心素养一起，共同为培养学生的发展核心素养贡献出本领域独有的贡献。其来源遵从从上到下、从宏观到微观的过程。

首先，在素养层面，素养是指个体在宏观层面应该具备的观念、能力和品格等。一个人在一生中如果要在社会上顺利地生存与发展，需要具备很多种不同类型的素养。但在众多的素养中，有的素养是相对而言更加重要的、基础的、关键的，如果缺少了这类素养，个体将无法顺利地完成某些任务，这类素养可以称之为核心素养。与之相对应，有些素养是否具备并不影响个体的生存和发展，因此可称之为非核心素养。但是，个体所具备的核心素养虽然有很多共性，但同时也因为职业等方面的差异存在很大的差异性。比如，对于科研工作者而言，敏锐的问题意识、流畅的文字写作能力和深邃的思考能力是基本的核心素养，但这些对于一个职业运动员而言并不一定是必备素养，即不一定是职业运动的核心素养。相反，对于一个职业运动员而言，高超的运动技战术水平、快速的应变能力、对常见运动伤病的处理能力是其获得有效竞争力的基础，这类素养毫无疑问是他们的核心素养，但却不一定是科研工作者应该具备的核心素养。

其次，在核心素养层面，虽然核心素养是指个体应该具备的那些关键的、主要的观念、能力和品格，但人的一生要跨越几十年，在全生命周期中的不同阶段所需要具备的核心素养差别很大。换言之，在幼儿阶段、少年阶段、青年阶段、中年阶段、成年阶段和老年阶段，由于个体的身心发展、人生阅历、学习或动作需求、角色担当等存在很大差异，对核心素养的要求并不一样。比如，对于幼儿而言，必须要具备基本的爬行和滚翻能力等才能生存，但不一定要具备阅读、写作、听说等能力；作为成人而言，如果缺少了读写听说的能力，在现代信息化社会根本就无法生存，所以他们的核心素养既有作为人的共性，也有较大的差异性。基于此，在人的一生的发展过程中，在学校接受教育时段内所形成的核心素养即为学生发展核心素养，但在学生发展核心素养之前和之后，还有相应的幼儿发展核心素养、成年人发展核心素养和老年人发展核心素养等，这些针对不同阶段的核心素养共同构成了人类的全生命周期核心素养体系。

最后，由于中国学生发展核心素养的形成需要依赖于具体的教育教学，即需要将学生发展核心素养具体化，从而形成不同学科、不同领域的核心素养，这些不同的核心素养通过发挥本领域独特的育人价值，从而共同为学生形成中国学生发展核心素养做出贡献。因此，基于学科的差异形成了很多不同的核心素养，如语文核心素养、数学核心素养、英语核心素养、体育核心素养等。需要指出的是，不同的核心素养纵然有共性之处，但更多是依据本学科而形成的独特学习结果，因此具有唯一性和排他性。比如，体育对人的运动能力的培养是其他学科无法完成的，而语文对人的古文言文阅读素养的培养也是其他学科无法完成的。正是因为这种学科的独特性，从而彰显了不同领域核心素养存在的可能性和必要性。

二、体育核心素养的构建思路

基于体育核心素养的构建机制，随之而来的即是形成体育核心素养的构建思路。构建思路是研究、分析和形成我国体育核心素养的基本操作指向，思路是否全面和科学在很大程度上决定着所构建的体育核心素养是否被社会所接纳和认同。总体而言，我国体育核心素养的构建，既考虑到了理论指导，又考虑到了实践需求；既考虑到了历史经验，也考虑到了现实问题；既考虑到了宏观层面的顶层设计，又考虑到了中观和微观层面的操作路径；既考虑到了学生体育学习的内在发展规律，也考虑到了体育本身的特点。总之，我国体育核心素养的构建是一个集思广益的集体结晶。

体育核心素养的构建思路除了要探寻体育核心素养的理论基础，结合体育核心素养的国际经验，梳理国内外体育核心素养研究文献以外，还要分析国家有关政策文件，遵循学生全面健康发展的内在规律。

（一）分析国家有关政策文件

国家有关政策文件是党和政府处理体育与教育领域相关问题的各种宏观或微观政策规划的总称，受社会环境等多种因素的影响，其总是处于不断发展变化之中。体育核心素养反映的是学生经过体育的学、训、赛等活动之后应该具备的正确价值观、必备品格与关键能力，是一个综合性的构成体系，其中必然要体现国家层面政策对学生体育的精神和要求。

目前，我国与青少年运动员培养工作相关的政策文件有《关于深化体教融合　促进青少年健康发展的意见》等，其中与青少年足球运动员培养工作相关的有《中国青少年足球联赛赛事组织工作方案（2022—2024 年）》《2022 年全国青少年校园足球工作要点》等。现有各种与青少年运动员培养工作相关的政策文件和国家体育教育相关政策共同构成了构建体育核心素养的政策依据。如《关于深化体教融合　促进青少年健康发展的意见》提出，要推动青少年文化学习和体育锻炼协调发展，促进青少年健康成长、锤炼意志、健全人格，培养德智体美劳全面发展的社会主义建设者和接班人。①《2022 年全国青少年校园足球工作要点》提出，要贯彻落实习近平总书记强调的通过足球运动增强青少年体质，培养爱国主义、集体主义、顽强拼搏的精神，提高中国足球竞技水平；实现学生在体育锻炼中享受乐趣、增强体质、健全人格、锤炼意志。② 这些政策文件中所提及的核心素养要素，包括身心健康、坚强意志、健全人格、优秀品德、爱国主义、顽强拼搏等，为构建完善的体育核心素养提供了启发。

（二）遵循学生全面健康发展的内在规律

作为面向青少年的体育核心素养，其构成必须要符合青少年全面健康发展的内在规律，如果核心素养要求与青少年的身心发展不匹配，就不会对青少年的体育发展产生实际指导作用。身体的发展是指机体正常发育和体质的增强，其中机体发育正常使体质增强，而体质的增强又有助于机体的健全发育，两者互为作用；心理的发展是指认识能力和个性特征的发展。其中，认识包括感觉、知觉、记忆、思维等；个性包括需要、兴趣、情感、意志等，两者密不可分。认识的发展可以促进人的个性的形成与发展；而个性的发展又促使人在实践活动中加深对自己的认识。

---

① 体育总局、教育部：《关于印发深化体教融合　促进青少年健康发展意见的通知》2020 年 8 月 31 日，见 https://www.gov.cn/zhengce/zhengceku/2020-09/21/content_5545112.htm。

② 全国青少年校园足球工作领导小组：《2022 年全国青少年校园足球工作要点》2022 年 4 月 19 日，见 http://www.moe.gov.cn/srcsite/A17/moe_938/s3273/202205/t20220506_625209.html。

　　众所周知，每个年龄段的学生都有各自的身心发展特点，在体育教育中，教师和教练员能否根据特定年龄段学生身体、心理等方面表现出的特点进行教学与训练设计，对于能否促进学生健康发展有着至关重要的影响。比如，与小学阶段相比，中学阶段的学生正值青春发育期，其身体、心理等发展方面都较小学阶段的学生有了更大的变化。为此，体育教师在教学过程中，就有必要了解不同学段学生在身体、心理方面表现出的特点，有针对性地实施教学、训练和比赛，以促进学生身心健康发展。但前提是体育教师要知道不同身心发展阶段学生的体育核心素养有什么要求，才能在此基础上开展相应的教学设计与教学实施。

　　不同年龄段学生的身心发展规律存在很大的区别，体现在神经系统、运动系统、内分泌系统和生殖系统、氧运输系统、供能系统、认知水平、情感和意志、个性与社会性的发展等方面。比如，以情感发展为例，小学低年级学生时常表现出学前儿童那种容易冲动、外露、可控性比较差的情感特点，其情感带有很大的情境性，容易受具体事物、具体情境的支配，并且其喜、怒、哀、乐会明显地表露出来。总体而言，小学生的情感内容会随着年龄的增大而日益丰富和深化；初中生的情感特点表现为情绪高亢，充满热情和激情，活泼向上；情感活动两极性明显，表现强烈、转化迅速；情感社会性变得越来越深刻，道德感、理智感、美感的内容与水平日益丰富和提高；情绪活动比较外露，随着年龄的增长会变得越来越复杂而且隐蔽；高中生的情绪表现更为丰富，情绪的变化幅度大，而且不稳定，容易走向极端，并且会让他们在很长的时间内停留在某种情绪之中。此外，高中生个人的性生理和性心理的需求与社会规范要求和个人自我约束机制出现了冲突，这容易导致他们情绪不稳定。①

---

　　① 汪晓赞、田雷主编：《中学体育与健康课程与教学》，华东师范大学出版社 2018 年版，第 64—66 页。

以上学生在不同阶段的身心发展特点，不仅存在年龄差异，而且也体现出学科差异，即不同的身心发展特点对不同学科的影响并不一样，而体育学科的特点又与其他学科有很大差别，这便决定了对学生体育学习的期望值不仅存在年龄段差异，也存在学科差异。总之，通过分析学生的身心发展规律，为体育核心素养的构建提供了身心发展的依据，从而使得所构建的体育核心素养能够最大限度地符合学生的身心需求。

（三）解析国家已有的体育教学大纲或课程标准

体育核心素养既是学校体育教育改革的目标指向，也是青少年运动员培养的重要依据。青少年运动员培养工作不仅是单纯的竞技体育领域的工作，更是学校体育领域的工作，尤其是实施"体教融合"战略的背景下，为拓宽竞技体育后备人才培养的目标人群，学校体育承担着重要的培养任务。因此，学校体育固有的教学大纲或课程标准当中已经涉及体育核心素养的部分，也是必须要考虑的。教学大纲或课程标准是国家课程的纲领性文件，是国家对基础教育课程的基本规范和质量要求，同时也是编写教材、教学、评估和考试命题的依据，是国家课程管理和评价的基础。它反映国家对不同阶段的学生在知识与技能、过程与方法、情感态度与价值观等方面的基本要求，规定了课程的性质、目标和内容框架，提出了教学和评价的建议。由于课程教学大纲或课程标准规定的是国家对学生在某个方面或某领域的基本素质要求，无论教材、教学还是评价，最终都是为这些基本素质的培养而服务的。① 基于此，探索国家已有的体育教学大纲或课程标准中所蕴含的核心素养要素，对于构建体育学科核心素养能够起到奠

---

① 林崇德主编：《21世纪学生发展核心素养研究》，北京师范大学出版社2016年版，第183页。

基作用。现有的体育教学大纲或课程标准，都对学生经过体育学习之后应该达成的目标进行了详细描述，这与体育核心素养本质是相同的，可以看作体育核心素养构建的依据。

例如，在《普通高中体育与健康课程标准（实验）》中，与核心素养相关的要素提及频次如下：沟通与交流能力（4次）、团队合作（14次）、信息技术素养（2次）、学习素养（26次）、独立自主（2次）、计划组织与实施（7次）、自我管理（8次）、创新与创造力（4次）、问题解决能力（4次）、主动探究（5次）、社会参与和贡献（4次）、尊重与包容（1次）、科学素养（6次）、健康素养（22次）、国际意识（1次）、生活管理能力（2次）、自信心（2次）、生涯发展与规划（2次）、反思能力（1次）、适应能力（4次）、情绪管理能力（13次）、环境意识（8次）、法律与规则意识（2次）、安全意识与行为（2次）、国家认同（4次）、实践素养（3次）、伦理道德（2次）、价值观（3次），总计共提及158次。[1] 这些体育教学大纲或课程标准中所提及的核心素养要素，为构建完善的体育核心素养提供了启发。

（四）调研当前体育教育的现实需求

体育核心素养是为青少年学生的体育学习而服务的，因此在构建体育核心素养过程中也要充分考虑当前我国学校体育发展的现实需求。而与学校体育发展密切相关的人士主要包括主管领导、体育教师、学生、家长和其他社会人员等，通过对他们进行调研，能够从多维角度了解大量信息，从而为体育核心素养的构建提供直接依据。

针对主管领导，主要包括全国各省市教育行政部门体卫艺处的负责

---

[1] 林崇德主编：《21世纪学生发展核心素养研究》，北京师范大学出版社2016年版，第91—194页。

人，他们长期负责本地区学校体育工作的顶层设计和宏观指导工作，对学校体育应该培养什么样的学生能够进行准确的把握。基于此，主要调研主管领导对国家教育政策和学校体育政策中对学生体育学习相关要求的精神的理解、如何在各地区的学校体育中有效贯彻国家相关政策的精神、本地区对推进国家政策采取了哪些措施、本地区学生的体育学习存在哪些特殊要求、当前学生的体育学习效果如何、在新时代背景如何改进本地区的学校体育推进策略、如何通过体育课程与教学培养适应本地区经济社会发展需求的青少年学生等方面。

针对体育教师、教练员，主要包括全国各省市的体育教研员和各学校的一线体育教师、教练员，他们长期处于教学、训练、比赛实践的最前沿，与学生紧密接触，对学生的体育学习、训练和比赛情况有着充分的了解。基于此，主要调研体育教师、教练员对国家和地方学校体育相关政策的了解与执行情况、学校体育课程与教学的价值和基本理念、学校体育课程体系的整体设计与实施情况、学生体育学习效果（如运动技能水平、体质健康水平、体育学习兴趣、情意表现与合作精神、健康行为等）、学生在体育学习过程中所面临的典型问题和相应的解决策略、学生体育评价方法手段等方面。

针对学生，应涵盖小学、初中和高中等不同学段接受过体育课程的在校学生，以及学校运动队成员，他们是学校体育的实施与服务对象，是体育学习效果的亲身实践者，对学校体育工作的开展情况有着深刻的了解。基于此，主要调研学生对体育的基本认知、对学校体育工作体系完善程度的整体感受、对学校体育环境的感知、对自身接受体育教育之后的效果评估（如体能水平、运动项目的技战术水平、参与体育比赛的情况、健康知识与技能的掌握情况、体育锻炼习惯的养成情况、体育品性培养等）、学校体育教育存在的典型问题与改进策略等方面。

针对家长和其他社会人士，他们是青少年学生的监护人，对于学生身心健康发展状况和存在的问题有着清晰的认知，是学校体育的监督者，他们的观点代表着全国广大普通民众对学生体育学习的广泛期待。基于此，主要调研家长对学校体育价值的基本认知、学校体育实施情况和改进策略、学生身心健康水平的情况与面临的问题、学生体育学习的开展状况与需要改进之处、学生在接受体育学习之后应该在哪些方面有所收获、不同学段的学生体育学习侧重点如何与身心健康规律实现有效匹配、学生参加校内外体育训练与比赛的情况和成果等方面。

第三节　我国体育核心素养跨学科研究与辨析

体育核心素养及其他几个相关概念的提出，以及它们之间的区别，与学者从不同学科研究的视角切入进行梳理和分析有关。我国体育核心素养的跨学科研究，主要涉及体育学、教育学、生理学、心理学、社会学等多个学科，这些不同学科的研究视角交叉、相容，形成了已有研究对体育核心素养的理解和应用思路。然而，出于不同学科研究视角的不同，我国体育核心素养在跨学科的问题研究方面，可能存在一些问题，应对其加以辨析。

一、体育核心素养的概念最初具有跨学科内涵

体育核心素养是来源于西方国家的概念。国外体育核心素养具有跨学科内涵，即相关要素与其他学科教学内容相串联，强调各学科知识的贯通而并不凸显体育学科的教学内容。

国际经合组织的 DeSeCo 研究项目在制定核心素养体系之初，就已提倡"核心素养"应具备"跨学科的性质"，是需将所有课程学习有机归并

的，这一点在核心素养的"使用交互式工具"要素上已有所体现。① 西班牙提出核心素养必须体现各学科领域、各类型教学内容的融合，是体育核心素养跨学科理解的典型，其体育核心素养包括"语言交流素养""数学素养""数字化运用素养""基本科学技术素养""社会品德素养""文化和艺术素养"等。②

二、我国体育核心素养跨学科研究不宜凸显非体育的一般性要素

我国体育核心素养中，体育要素与健康要素的关系结构与国外不同。例如，体育与健康课程中健康教育的课时在总学时 216 课时中仅占 18 课时，而其余皆归为体育课课时，体育课占有相当大的主导地位。在国内体育核心素养作为我国体育教育内容的概括体现的背景下，如果过分强调体育与健康等其他相关学科领域的跨学科研究，过分关注其他与体育不相关的健康要素，重点彰显非体育的一般性健康要素，就与我国体育教育中以体育教育为主，以健康教育为辅的教学安排不一致，从而形成教学任务与内容相矛盾的困境。③ 为此，在开展体育核心素养跨学科研究时，除了与体育要素相关的生理学、心理学、社会学等学科的要素以外，与体育要素关联性不强的其他学科要素不应过多地纳入考虑范围之内。

---

① 肖紫仪、熊文、王辉:《辨误与厘正:体育素养、体育学科核心素养在我国学校体育的引入与应用审视》,《武汉体育学院学报》2022 年第 6 期。

② Halász, G. and Michel, A., "Key Competences in Europe: interpretation, policy formulation and implementation", *European journal of education*, Vol. 46, No. 3（September 2011）, pp.289-306.

③ 肖紫仪、熊文、王辉:《辨误与厘正:体育素养、体育学科核心素养在我国学校体育的引入与应用审视》,《武汉体育学院学报》2022 年第 6 期。

第三章 青少年足球运动员核心素养的培养取向研究

第一节 青少年足球运动员核心素养培养的社会化取向

一、社会化与青少年足球运动员体育核心素养形成的关系

在我国，培养青少年足球运动员凸显出青少年培养的社会本位取向。青少年足球运动员参与各种学习、训练、比赛活动，不仅是为了获得个人的发展，实现个人价值，更是为了祖国的足球事业做贡献。因此，培养青少年足球运动员要采取社会化的价值取向。为实现这一点，应深入解读国家层面关于培养青少年足球运动员的政策文件，分析青少年足球运动员培养的现实需求，为解决培养青少年足球运动员的理论与实践问题寻求思路，例如《中国足球改革发展总体方案》《中国青少年足球联赛赛事组织工作方案（2022—2024 年）》（以下简称《联赛方案》）等。

根据近年来相继颁布的《中国足球改革发展总体方案》《关于加快发展体育产业促进体育消费的若干意见》《关于深化体教融合促进青少年健康发展的意见》等国家级的政策文件，可以看出在国家层面，全民健身、足球运动和青少年体育是未来体育事业发展的三大主旋律，其中，青少年体育的发展方向之一是体教融合。结合 2015 年已经颁布的《关于加快发展青少年校园足球的实施意见》可知，足球运动是青少年体育实现体教融

合改革发展的重要载体。该意见指出，校园足球要起到育人的功能，不仅要有基础性的教学工作和完善的体制机制，还要做好竞赛这一关键的工作，青少年足球竞赛同其他学校体育工作一样，要实现"四位一体"的培养目标。在 2020 年颁布的《关于全国青少年校园足球八大体系建设行动计划》之后，青少年足球竞赛受到进一步的重视，该行动计划提出由教育部、体育总局和中国足协三大主体共同构建基于体教融合战略的青少年足球竞赛体系，这一竞赛体系具有开放性，涵盖教育、体育、足协、社会足球等领域的主体。同样地，2021 年的"十四五"发展规划也强调了青少年足球竞赛工作的重要性，指出其对国家、对社会、对青少年发展的多方面的价值。随着教育部、体育总局和中国足协三大主体在 2022 年联合颁布《联赛方案》，青少年足球竞赛工作上升为国家战略层面的工作，对未来青少年足球竞赛工作提出了明确的计划和要求。可见，在当前和未来一段时间的工作中，国家政策文件对青少年足球竞赛工作高度重视，这为培养青少年足球运动员提供了依据。积极推进青少年足球竞赛，通过一体化、开放性的青少年足球竞赛体系来培养竞技足球后备人才和推进学校体育育人功能的发挥，是青少年足球运动员核心素养培养的社会化取向的反映，其已经成为新时代我国教育和体育事业发展的战略诉求。①

二、青少年足球运动员体育核心素养社会化的培育策略

（一）完善顶层设计

1. 搭建常赛平台，明确权责分工

青少年足球竞赛体系的建立涉及教育部、体育总局、足球协会三大

---

① 赵亮、韩炜、刘志云等：《我国青少年足球竞赛体教融合发展的时代诉求与推进路径》，《山东体育学院学报》2022 年第 4 期。

主体，各主体的权责界限应清晰明了，避免出现交叉重复或遗漏。首先，教育部以学校体育为主要推手，校园足球是学校体育推进体教融合工作的首要载体，校园足球应致力于做好足球运动的推广普及工作。为了提高广大青少年学生对足球运动的热情，校园足球竞赛要转变理念，拓宽思路。校园足球竞赛不以选拔、评价为目的，而以普及推广为目的，因此学生的参与度应当最受关注，至于竞赛成绩则放在其次。要想方设法让学生参与到足球运动中来，在各式各样的足球竞赛中展示自己、提升自己。其次，体育总局的主要任务是选拔和培养精英运动员，职业足球竞赛是其开展工作的主要形式。通过与校园足球竞赛和社会足球竞赛的互联互通，职业足球竞赛更好地发挥精英运动员的挖掘和培养功能。最后，社会足球主要作为校园足球和职业足球的补充，使青少年足球竞赛的时空范围更加扩大。"双减"政策颁布之后，学生的校外学业负担大大减轻，空余时间有所增加，社会足球应借此良机，大力推动各类社会足球竞赛的举办，丰富青少年学生的课余生活，避免家长和学生盲目用不科学的文化课补习填补时间上的空白。同时，社会足球竞赛可以在分层竞赛上有所设计，竞赛形式要有趣味性、娱乐性、健身性、竞技性等多种类型，更好地满足不同足球水平学生的竞赛需求。不论是校园足球竞赛、职业竞赛，还是社会足球竞赛，都应根据当地实际情况将竞赛分为基础性、区域性和国家性等层级，为青少年足球爱好者和特长生提供更广阔的展示自我的平台。此外，要注意做好校园足球竞赛、职业竞赛和社会足球竞赛这三个相对独立的竞赛体系之间的互联互通，实行一体化建设和发展，对此，各方主体都要承担好自身的责任，彼此取长补短。除了教育部积极推进校园足球的宣传和普及，体育部门主抓青少年竞技能力的提升以外，教育部和体育部还要做好校园足球竞赛、职业竞赛与社会足球竞赛的资源共享，而政府要统筹规划，让渡部分政府职能，充分发挥社会力量的衔接作用。

2.提升竞赛乐趣，践行核心价值

与传统强调足球运动的竞技性的观念不同，当前，无论是"立德树人"根本任务，"体教融合"战略思想，"四位一体"培养目标，还是"五育并举"育人思想，都强调对青少年足球运动员身心健康全面发展的重视和社会主义核心价值观的培养。为了能够全面发挥足球运动对青少年足球运动员的育人效果，使育人效果稳定、持续，要真正落实"享受乐趣"的培养目标。要着力提升足球竞赛的趣味性，这不仅需要按不同竞技水平将竞赛加以分层分级，还需要丰富的专业资源支持各层各级竞赛的开展，尤其是一些面对更广大青少年群体的创新形式的竞赛。对此，教育部门一是要组织做好专业资源建设和共享平台的建设工作，使校园足球竞赛、职业竞赛与社会足球竞赛都能获得丰富的智力支持；二是要面向社会开放学校的场地设施。体育部门一是要做好师资培养和共享工作，创造专业教练员和学校体育教师紧密交流的机会；二是要加强裁判员队伍建设。社会力量一是要广泛投入到各方面资源的建设工作中，尤其是师资建设，使有特长的社会体育教师、教练员等加入青少年足球竞赛工作中；二是要加大场地、设备等有形资源的建设力度，使青少年足球竞赛工作的开展具备更加良好的客观环境。有了各方面资源的保障，丰富多彩的青少年足球竞赛工作开展的条件更加完备，青少年在足球竞赛中享受乐趣的可能性就更大。在此基础上，各方主体还要牢记落实"立德树人"根本任务，将培养青少年足球运动员社会主义核心价值观视为青少年足球竞赛工作的关键作用和功能。同样地，实现青少年足球竞赛的育人功能，也需要坚实的专业资源基础，对青少年足球竞赛的具体环节加以设计，使竞赛活动的开展能够遵循青少年心理、社交发展的规律。教育部、体育总局要联合有关学科的研究机构，共同编制青少年足球竞赛规程，列明具体的操作步骤，供广大体育教师、教练员参考，从而真正将培养社会主义核心价值观融入实际工作中。

（二）引导社会力量参与

1. 规范青训市场，建立退出机制

投入到青少年足球竞赛工作的社会力量中，足球培训机构占比较主要的地位。为了规范青训市场，教育部和体育总局必须建立一定的认定标准和相应的退出机制。结合认定标准，可批准一批社会足球品牌青训机构，鼓励更多的社会力量通过这一渠道投入到青少年足球竞赛工作中。退出机制要以一定的监管机制为基础，教育部和体育总局必须保证培训机构评价指标体系的细化程度和可操作性。此外，教育部和体育总局要联手搭建职业足球俱乐部和足球青训机构互通的桥梁，在兼顾各方主体利益的前提下，及时发掘优秀的竞技足球后备人才。

2. 健全协同机制，推动多元办赛

青少年体育多元主体共治是世界青少年体育发展的趋势，青少年足球竞赛工作也应当建立健全多元主体协同合作机制。首先，教育部门要充分调动起青少年家长的积极性，要建立线上线下相结合的师资培训体系。成年人的积极态度能在很大程度上影响青少年对足球运动的态度，一方面，家长的鼓励能使青少年更加意识到体育运动的重要性，逐渐转变重智轻体的传统观念，能使足球变成一种爱好、习惯，甚至变成专业和职业；另一方面，更多的师资参与有助于学校和社会创造更加浓厚的足球文化氛围，体育教师和教练员专业能力的提升也有助于激发广大青少年对足球运动和竞赛的兴趣，以及青少年足球运动员对自身专业、职业发展的热情。其次，足球协会要大力挖掘能够投入青少年足球竞赛的社会力量，除了已有的足球青训机构以外，也应当通过开放平台的建设，不断吸引体育教育专业大学生、体育训练专业大学生、职业俱乐部退役足球运动员等人才，这不仅有助于建设一支高质量的足球竞赛教练员、裁判员队伍，提升竞赛质量，也从一定程度上帮助解决足球专项毕业生的就业问题和退役足球运动员的职业发展问题。

第二节　青少年足球运动员核心素养培养的能力化取向

一、能力化与青少年足球运动员体育核心素养形成的关系

符号互动理论指出，符号化的互动行为必须建立在双方具备必要能力条件的基础之上。体育核心素养各组成要素的最终落脚点也要站在青少年良好"体育能力"形成的基础之上。

（一）体育品德是青少年体育核心素养能力化的坚实基础

青少年足球后备人才培养改革要求以青少年为本组织学校体育教学，突出了青少年在足球教学与训练工作中的中心位置，良好的品德在体育的育人过程中显得非常重要。[①] 在体育教学与训练过程中，促进青少年的情感体验，将青少年的品德教育与体育育人的特性结合起来，与社会需求和青少年自身发展的需求有效地结合起来，挖掘足球在身体素质方面的培养价值，将其与学校的人文教育价值融合在一起，有利于体育核心素养理念贯穿于青少年运动员足球学习与训练过程的始终，为青少年身心全面发展提供不竭的思想动力。

（二）运动能力是青少年体育核心素养能力化的根本指向

经历了多年的改革历程，青少年足球后备人才培养的基本要求并没有发生质的变化，促进青少年学习与掌握足球运动的基本知识、技能和基本方法，是确保足球运动"实践性""基础性""综合性""健身性"的前提。

[①] 张亭、唐景丽：《新中国基础教育体育课程改革走向的回顾与反思》，《武汉体育学院学报》2016 年第 10 期。

运动能力作为体育核心素养体系构建的根本所在，关键在于保障青少年在体育学习过程中的主体地位，使青少年将通过体育习得的体育技术技能、运动方法技巧、健身训练方式等能够科学合理地应用到自己发展的过程中，使这些要素能够有助于青少年提升自己的运动能力。

（三）健康行为是青少年体育核心素养能力化的广度延伸

完整的健康行为作为培养青少年体育核心素养的延伸能力，是依据国家各年度颁布的《国家学生体质健康标准》和《国家学生体质测评制度》的要求而确定的，在青少年时期，青少年运动员的身份不仅是运动员，也是学生。完整的健康行为与习惯是促进学生体育核心素养形成的重要激励与促进方式，它借助学生体育健康测试与评价的平台，增进学生的健康水平，发展学生的身体素质与能力，使学生更加积极地参与到体育锻炼中去，进而培养学生良好的体育锻炼习惯与行为。完整的健康行为，既涵盖必要的运动营养知识，也包括全面的学校体育安全隐患及其规避常识。

二、青少年足球运动员体育核心素养能力化的培育策略

在体育核心素养的视域下，应将培养具有健康体魄、能服务于祖国建设、适应时代发展需求、具有旺盛生命力和身心健康的下一代作为足球后备人才培养的目标与指导思想，贯穿于足球后备人才培养改革的始终，对青少年的体育学习、训练等策略与方式应透视对体育核心素养能力化过程的多方面要求。

（一）遵循足球后备人才培养改革整体规划，展示足球后备人才培养目标的实现力

青少年足球运动员的培养过程中，需要遵循足球后备人才培养改革整

体规划，对足球后备人才培养目标的设计，需要依据学段、学年、学期、单元、课时等层级，详细分解教学目标并逐步逐级落实，以实现最终目标为追求。

按照足球后备人才培养改革的要求，通过整体规划足球后备人才培养目标，可以解决体育核心素养培育过程中的现实路径与虚拟路径的对立关系，虚拟为现实服务，是解决这种关系的重点思路。核心素养对于足球后备人才培养目标而言，可以视为一种虚拟的指向性表达，这种导向需要通过实际的足球后备人才培养工作来实现。例如，在足球后备人才培养中，青少年体能训练是进行足球学习的基础，但训练的次序应该依据培养目标事先形成较为明确的安排，先练什么、再练什么，着眼于青少年体育学科素养发展的序列和需要。足球后备人才培养目标的实现力，可以依据足球运动自身序列和学科内部的关系，将学生足球学习与训练和生活密切联系起来，使体育核心素养的培育与足球后备人才培养目标设计之间存在固定的张力。

（二）优化足球后备人才培养改革层级次序，提升足球后备人才培养内容的运行力

如果说足球后备人才培养目标是展现体育核心素养的主要形式，那么就可以这样理解，目标性的要求只是对青少年足球学习、训练等行为的一种结果的预期，它在转化为具体行为时必须依赖一定的介质，介质的选择和抽取在某种程度上会影响足球后备人才培养目标的有效实现，进而影响体育核心素养的培育进程。在足球后备人才培养领域，这种介质一般被认为是足球后备人才培养的内容，由于体育涉及的教学介质异常繁复，因此在选择与足球后备人才培养目标相匹配的介质时显得更为复杂。通过优化足球后备人才培养改革的层级次序，协调处理国家培养项目、地方培养项目、学校培养项目三级培养次序之间的内部关系，洞悉它们在足球后备人

才培养内容选择范围中的结构组成，可以提升足球后备人才培养内容的运行力，使体育核心素养涉及的知识和技能体系更加具体，对于选择什么样的内容，如何选择这些内容，选择这些内容将要干什么、如何干等问题的回答和解决，可以内化为青少年体育核心素养培育过程中的经验图式。依据青少年现有的足球学习、训练等活动的经验和特点，优化足球后备人才培养内容的组织次序，判断青少年在足球学习、训练过程中的差异和问题，可以进一步优化足球后备人才培养改革的层级次序，使足球后备人才培养内容的运行过程实现更有效的"纠偏"和"立正"，从根本上提升足球后备人才培养内容在学生体育核心素养培育过程中的运行力。

（三）修复足球后备人才培养改革薄弱区域，完善足球后备人才培养整体的组织力

在足球后备人才培养改革进程中，足球后备人才培养作为一个整体，有着清晰的主线，其组织需要按照"有目的、有规划、有意义、有条理"的原则开展。从我国足球后备人才培养改革的实际状况来看，仍存在一定的薄弱区域，在足球后备人才培养的整体组织方面表现得尤为明显，尤其是针对广大普通中小学在校学生群体，足球教学的基础素养部分本应该是呈递进层次，但实际状况仍然是延续着大量的低效重复，而且对学生的要求为在短时间内需要掌握和理解。对于这些模糊、短期内不能够及时显现效果的足球后备人才培养整体组织形式需要下大气力进行改造和修复。

按照体育核心素养的框架和体系，在足球后备人才培养内容整体组织形式的选择上，需要对具体教学内容做出意义层面的解读，指导和引领青少年体育核心素养体系的构建与训练，同时加强青少年对足球后备人才培养内容整体的理解与内化。体育核心素养的培育需要围绕足球后备人才培养整体的组织而展开，依赖足球运动相关知识与技能的特性、能力训练及其序列组织。青少年足球运动相关知识的积累、技能的掌握、能力的提升

都需要在有效的组织与管理下逐层推进，渗透在足球学习、训练经验的积累和能力的练习过程中，使体育核心素养不断拓宽和延展学生的足球学习、比赛能力，并且实现递进和循环。通过这些有效的组织方式，可以解决足球后备人才培养整体运行过程中的系列问题，使一些简化重复、次序不清、序列不明的组织形式得到彻底更新和改善，修复足球后备人才培养的薄弱环节，实现体育核心素养与足球后备人才培养整体有机结合的预期和目的。

（四）凸显足球后备人才培养改革中心环节，彰显足球后备人才培养过程的生命力

足球后备人才培养改革的中心环节集中在足球后备人才培养内容转化为学生的足球运动能力上，这是整个足球后备人才培养过程中最具生命力的环节。足球后备人才培养内容转化得如何？是否达到与实现了足球后备人才培养改革的预期目标，为青少年的发展做出了哪些服务，这些问题同样是体育核心素养研究关注的重点问题，对于这些问题的解决过程，需要配以合理精准的评价机制。足球后备人才培养过程直接影响学生的足球学习、训练的方式、效果和未来继续足球生涯的可能。体育核心素养则是在体现足球后备人才培养评价需要的基础上，为青少年的身心发展图式和特点提供框架和指导，使青少年在足球运动的有关知识与技能方面的沉淀更加稳固和显著，使青少年在复杂的体育学习环境中形成更加合理和有效的体育学习能力与素养。

足球后备人才培养评价的质量可以凸显足球后备人才培养改革的中心，在以足球运动相关知识、技能为基础的前提下，依据体育核心素养的体系和框架来约束与规范足球后备人才培养活动，使其能更准确和系统地扩充青少年的体育学习经验，提升青少年的足球学习、训练、比赛的能力与水平。安排适合青少年体育核心素养形成的足球教学、训练、比赛活动，优化足球后备人才培养过程的整体思路，使足球后备人才培养过程能

够提供给青少年量足质优的学习信息、训练方法和进步方案，引领青少年在足球学习、训练、比赛过程中进行思考、理解、评判和反思的能力。体育核心素养指向全面发展的青少年，足球后备人才培养过程本身充满无限的生命力，其育人手段和方式决定了育人的效果，需要在一个个鲜活生命个体的身心发展中去检验育人的指向，在这一过程中，需要及时发现问题、反馈问题和解决问题，并且根据育人过程的实际状况，去调整和修正现有的足球后备人才培养目标、内容、实施和评价的全程，尊重青少年在足球后备人才培养中的个体生命力，只有这样，才能实现体育核心素养与社会需求、青少年的个人发展相协调和统一，才能达成足球运动的育人价值与青少年个体生命力的有机融合。

第三节　青少年足球运动员核心素养培养的专业化取向

一、体育核心素养与专业化取向的体育课程

体育的专业化课程模式是多种多样的，如运动教育模式、体适能教育模式、动作教育模式、人的真谛模式等，青少年足球运动员培养的具体工作中，足球课程也有这些多种多样的专业化模式。

（一）专业化课程模式对体育核心素养的阐释

在概念架构及对体育核心素养的解释方面，运动教育模式着重在运动结构及操作表现，强调运动参与及游戏的重要性，希望能增加青少年参与运动竞赛的机会；体适能模式则着重在健康体适能培养及运动行为的改变上，培养青少年拥有健康体适能的知识、态度及行为；动作分析模式着重在人体动作的学科知识上，增加动作的相关知识，进而提升动作的效益及

成绩；发展模式着重在个人发展的特色、形式及步骤上，希望通过许多的机会进行发展，进而达到全人的发展；人的真谛模式着重在参与者潜在意义的寻找，课程特色包括人生意义的寻找、过程技巧中必要的内容、在社会背景下学习及个人天赋、创造能力、长期目标及满意度的重点上。

（二）专业化体育课程对体育核心素养整体架构的影响

体育核心素养的架构是体育课程决定的概念性架构，系统性地描述体育课程模式或结构定义、内容及方法，对体育课程决定有很大的帮助，可以当作课程指引的来源，让课程规划者通过系统化的过程，进行课程发展及规划教学计划。除此之外，还具有几项特色：体育核心素养的目标建基于个人发展、环境周遭及社会互动；体育核心素养目标过程架构，提供课程内容的选择，每位学习者可以选择活动目标，发展个人的职业能力与水平；课程决定的目标，可以应用在地区性的范围，优于其他的课程概念架构。体育核心素养过程架构是唯一的课程概念架构，除提供课程目标选择外，更提供活动过程的选择，如同体育课程的决定过程一样。体育课程的过程决定，包括一系列的动作，如一般性动作、分类性动作及创新性动作。[①] 优化体育核心素养过程架构，主要着重在个人动作与环境的互动，体育课程目标过程架构包含两个取向，包括目标取向及过程取向。

1. 精熟目标取向

体育核心素养整体架构的目标取向方面，可分为个人发展、环境适应及社会互动等 3 个关键概念，其中包括生理效益、整体心理健康、空间定位、物体操作、沟通、团队互动及文化参与等 7 个主要概念。

（1）个人发展：通过参与运动，可以发展人类的潜能，包括生理效

---

① Kretschmann, R., "What do physical education teachers think about integrating tech-nology in physical education", *European Journal of Social Sciences*, Vol. 27, No. 3（2012），pp.444-448.

益和整体心理健康两个方面。生理效益通过参与运动，可以改善或维持机能性能力，包括心肺循环效益、生物力学效益及神经肌肉效益。

心肺循环效益：通过参与运动，可以促进或维持心肺循环功能。

生物力学效益：通过参与运动，可以促进或维持关节柔软度及有效运用身体动作的能力。

神经肌肉效益：通过参与运动，可以改善或维持运动的机能。

心理健康：通过参与运动，可以达到个人整合，包括运动乐趣、自我了解、自我知觉、净化及挑战。

运动乐趣：通过参与运动，可以感受知觉经验或对环境的敏感性来得到乐趣。

自我了解：通过参与运动，可以获得自我知识。

自我知觉：通过参与运动，可以提升自我形象及自我效能。

自我净化：通过参与运动，可以纾解压力及挫折感。

自我挑战：通过参与运动，可以测验自我的能力和勇气。

（2）环境适应：通过参与运动，可以适应及控制自我的身体环境，包括空间定位及物体操作。空间定位通过参与运动，可以了解学生与三度空间的关系，包括察觉、位置改变及关联性。

身体感：通过参与运动，可以清楚了解身体和姿势在空间的概念。

位置感：通过参与不同的运动，可以学习如何推进和抛掷，如助跑投掷标枪。

关联性：通过参与运动，可以调整位置与环境中的物体与人之间的关系。

（3）物体操作：通过参与运动，可以学习控制投掷物体的力量或吸收物体的力量，包括重心转换、物体投掷及物体传接。

重心转换：通过参与运动，可以学习支撑、抗拒或搬移力量，如摔跤、角力、柔道。

物体投掷：通过参与运动，可以学习如何施与不同物体动力和控制其方向，如标枪、投球或铁饼。

物体传接：通过参与运动，可以学习如何减少或制止物体动力，并拦截其物体，如接球或担任捕手。

（4）社会互动：通过参与运动，可以建立与他人的人际关系，包括沟通、团队互动及文化参与。

沟通：通过参与运动，可以与他人分享观点及感觉，包括表达、澄清及模拟。

表达：通过参与运动，可以传达观点及感觉。

澄清：通过参与运动，可以提升其他沟通方式的意义。

模拟：通过参与运动，可以学习增加策略性的优势。

团队互动：通过参与运动，可以学习在团队中与他人和睦相处，包括团队协作、竞赛及领导。

协作：通过参与运动，可以学习与他人一起合作，达成共同的目标。

竞赛：通过参与运动，可以与其他表演者 / 竞赛者互动，考验能力。

领导：通过参与运动，可以学习领导团队成员，达到团队共同的目标。

（5）文化参与：通过参与运动，可以参与构成社会重要的体育活动，包括参与、运动欣赏及多元文化敏感性。

个体参与：通过参与运动，可以提升参与社会体育活动的能力。

运动欣赏：通过参与运动或表现性活动，可以对体育运动和表现性运动方式具有相关知识，并具有欣赏力。

文化交融：通过参与运动，可以了解、尊重及欣赏文化的多元性。

2.精熟过程取向

体育核心素养整体架构的过程取向方面，可分为一般性活动、分类性活动及创造性活动等 3 个关键概念，其中包括理解、形式、适应、精制、变化、即兴及创作等 7 个过程概念。

　　一般性活动：动作的操作及有效动作模式的发展过程，它们都属于典型的探索性操作。[①] 学习者在活动时必须接受或获得这些信息，如理解、形式。理解：察觉个体身体与动作的关系，通过身体姿势或动作活动，可以证明身体的察觉能力，这些能力将对身体重量及四肢动作非常敏感，也可以通过定义、重新认知及差异性进行认知的证明。形式：安排或使用身体的部分，成功地达到动作形式及技巧，这个过程依赖先前的操作表现或经验。

　　分类性活动：分类性活动的过程，包括组织、精制及产生技巧性的活动，这个过程直接趋向知觉动作能力的组织，进而解决特别动作目标及需求，包含适应和精制两部分。[②] 适应：借由动作形式的修正，符合外在任务的需求，包含在不同情境下，特别动作的调整和产生。精制：通过空间及时间性精熟关系，可以产生流畅的及可控制的动作形式和表现，这个过程包括在复杂的情境下，操作表现的达成及习惯。

　　创造性活动：操作表现包含创造或创新的过程，可以提供个体学习的目标，整个过程将直接趋向探索、整合、摘要、理想化及创作。变化：在操作表现上，创新及建构个人特殊的动作，在特殊动作受限的情况下，表现出不同的动作行为表现。即兴：即兴的个人动作或结合不同的动作，这个过程包括一个外在刺激，尽管表演者缺乏事先的准备。创作：结合所学的动作，产生个人特殊动作的动作设计或动作形式的创新，学习者将会创新一个动作，换句话说，个人对动作状态的新诠释。

---

　　① Varol, Y.K., "Predictive power of prospective physical education teachers' attitudes towards educational technologies for their technological pedagogical content knowledge", *International Journal of Progressive Education*, Vol. 11, No. 3 (October 2015), pp.7-19.

　　② 殷荣宾：《基于学生的我国基础教育运动技能课程内容选择研究》，博士学位论文，华东师范大学体育与健康学院，2018 年，第 9—11 页。

体育核心素养整体架构具有系统化的概念性，描述体育课程的模式及结构，体育核心素养架构包括两个部分：一为目标取向，另一为过程取向，前者包括个人发展、环境适应及社会互动等 3 个关键概念，也包含 23 个课程目标，分别为：心肺循环效益、生物力学效益、神经肌肉效益、运动的乐趣、自我了解、自我知觉、净化、挑战、察觉、位置改变、关联性、重心转换、物体投掷、物体传接、表达、澄清、模拟、团队合作、竞赛、领导、参与、运动欣赏及多元文化敏感性；而后者包括一般性活动、分类性活动及创造性活动等 3 个关键概念，也包含 7 个动作的过程概念，分别为：理解、形式、适应、精制、变化、即兴及创作等，体育教师如能对上述的目标及过程概念更加了解，可以更有效地进行体育学科核心素养的理解与把握，进而提升教学的质量及学生的效果。

二、体育核心素养导向的足球课程专业化发展策略

体育核心素养导向的足球课程改革面临许多问题，包括教师、家长、行政、教科书、师资培训等问题，其中又以教师的因素最为重要，应该通过相关的策略解决这个问题。

（一）体育核心素养导向的足球课程改革整体规划

体育核心素养强调与学校课程进行衔接，但在衔接上出现很多的问题，如能在进行足球课程改革时，将小学、中学的体育课程进行整体性及系统化的规划，就不会有片面的、不协调、无法相容的足球课程出现。[①]未来应将足球课程做一个整体性的规划，才能有效地达到足球后备人才培

---

① 唐炎、李传奇、赵岷等：《体育与高考——体育在线学术论坛网友讨论摘登》，《体育学刊》2013 年第 2 期。

养改革的目标。

（二）体育核心素养导向的足球课程改革应强调发展体适能

体育核心素养导向的足球课程强调全人的发展，即使是为了选拔、培养青少年足球运动员，在各地中小学体育教育工作中的足球课程教学，也要注重教学对象的全员性，尤其是当前世界范围内竞技体育人才培养反对过早进行专业化训练的理念之下，足球课程应同其他体育项目的课程一样，重视所有学生的发展。为此，足球课程改革就应当强调身体适能的部分。近年来，国内学生体适能与健康水平逐渐降低，中小学学生在柔软度、肌力、肌耐力及心肺耐力有退步的情形。中小学学生的体适能与健康水平亟待提升，而体育课程的改革扮演着重要的角色，足球课程的执行及推动值得我们关注，如学生参与足球运动的机会、时间、强度及频率等，都需要我们的重视，学生如具有强健的体魄，才能应付快速变动的社会，提升国家竞争力。

（三）体育核心素养体系中核心能力及分项指标应更具体

体育核心素养目标延伸出核心能力、分项指标及指标内涵等内容，但当前体育课程修订的时间有限，造成课程改革内容并非完整，课程改革的内容还有改善的空间，尤其是核心能力及分项指标等内容。分项指标的内涵还可以更具体，因为这些指标说明学生应达成的标准，也指引着体育教师课程设计。未来也可参考英美等国家的足球训练与比赛内容，使我国足球课程的培养目标中，关于体育核心素养的内容更具体、更完整。

（四）体育核心素养导向的足球课程改革配套措施

体育核心素养导向的足球课程改革要成功，必须要有一套严谨的计划及相关的配套措施，先前所提的问题，如教师能力的提升、行政的协助、教科书的编撰、师资培训单位的参与、学校场地设施及经费等，样样都会影响足球课程改革的成功与否，因此，在实际执行足球课程改革前，应思考哪些因素会影响足球课程改革的成效，针对各因素进行评估，并拟定解决的策略，才能更有效地推动足球课程改革。应该办理相关的研习活动或在职进修课程，提升教师足球课程设计的能力。学校必须设立足球课程发展委员会，并进行足球课程的发展。教科书对第一线教师和教练员实施教学和训练工作是很重要的，因此，教科书编写的好坏直接影响第一线教学和训练工作。教科书必须依照课程标准目标和体育核心进行编撰，供第一线教师、教练员参阅。体育核心素养导向的足球课程改革，强调以现有的场地设备进行足球课程设计，如能增加或更新学校场地设备，可以增加青少年参与足球运动的动机及机会，可能提升青少年的体适能及健康水平，因此，教育主管部门应在能力范围内，增加学校足球场地设备及经费，这对推动体育核心素养导向的足球课程改革将有积极的作用。

第四节　青少年足球运动员核心素养培养的价值化取向

一、体育核心素养的具身价值解析

立德树人是教育的根本任务，核心素养这一理念正是连接立德树人与学科教学的桥梁，在此背景下，如何将学习目的由掌握命题性的知识转向素养的培养；学习时空由局限于课堂转向对自然和社会的观察和思考；个体角色由学生转向现代公民等都是值得人们思考和探索的主题。作为当代认知科学新发展的具身认知理论提出，认知基于身体，具有实践性、活动性等特征。具身学习正是通过身体的感觉运动系统与周围环境的互动，促使学习者的认知、心理和情感水平发生变化。在具身学习的视角下，学习的主体是全部的"我"而不只是意识的"我"，是本体的"我"而不只是主体的"我"，这一视角对学习方式的转型有重要的应用意义。

（一）具身学习通过丰富学习方式，适应学生成长的时代特征

第二代认知科学强调认知是通过身体体验及其活动方式形成的，体验是一种亲身经历和实践过程中获得的独特感受。我们要不断创造条件，鼓励学生通过多种感官训练手段用体验、探索、实践、感悟、迁移以促成真正意义上的体育学习，这也是体育学科核心素养追寻的价值。

当前社会发展处于急剧变化的转型期，学生成长独立性、选择性、多变性、差异性等特征明显增强，对书本的依赖越来越小，要将学生体育学科核心素养的培养落到实处，教学和学习方式必须做出相应的改变，是体育学习方式由离身迈向具身的体现和探索。

（二）具身学习通过建立与经验的联系，促成深度体育学习的实现

将体育知识和技能的学习与学生的经验建立联系，通过学生在真实情景中体验各种经历，并由此将体育知识以及其他的各种可能转化为自身的经验，实现自身的变化。这些经验可以确定问题所在，解释、阐明问题，但不能提供现成的答案，强调学习者要想真正掌握体育知识，就要通过参与生活真实情景中的活动，立足已有经验，进行设计、筹划、发明、创造，"创新，以及有发明意义的筹划，乃是用新的眼光来看这种事物，用不同的方法来运用这种事物"，而这正是深度体育学习的体现。

（三）具身学习通过实现本我的回归，达成体育学习过程的知情意统一

与传统认知主义把身体和心智视为对立的二元所不同，具身学习理

论强调学习过程的知、情、意统一原则。在这一视角下的体育学习具备身心一体、心智统一的特征，体育学习过程是由认知、意志、行为、情感共同构成的，身体力行是促进心智发展的有效方式。这一原则有利于走出单一的认知性教学误区，使体育学习目标在情感、态度、价值观领域得以落实。

二、体育核心素养的足球课程价值架构

为达到具身学习，应遵循由单一的"看中学"转向重视体验的多感官参与的体育学习，由直接给予的结论转向帮助学生体悟体育学习过程，由机械学习转向关注创造反思，培育正确的价值观的原则，据此搭建体育核心素养的足球课程价值架构。

（一）选择单元主题和筛选足球课程价值概念群

选择单元主题是进行足球课程设计的第一步，单元主题决定了课程内容范围，可以是话题、概念、动作设计等。单元主题可来自已有的足球课程文件，也可来自现实世界的挑战、学生的兴趣等，同时有指向的匹配体育核心素养的相关内容。单元主题的重点应该放在相对较少的、有针对性的足球课程价值概念群及其之间的联系上，同时将其他内容推到背景之中。可以通过高频概念、连续追问、组合配对、归纳总结、专家征询的方式进行足球课程价值概念群的筛选。

（二）确定关键概念

关键概念包括要素理解和视角知识两个方面。要素理解是指每一个关键概念都是由一个要素体系来进行支撑的，确定和定义这个支撑体系才能更好地实施足球课程价值概念；视角知识是指体育教师、教练员不仅需

要了解足球体育课程价值概念需要什么样的知识与技能基础，同时还要知道目前教授和训练的足球课程价值概念与青少年未来可能遇到的情境的关联。

（三）识别基本问题

主要问题介于足球课程价值概念与关键概念之间，其功能就是要整合各个不同的关键概念，并提出一个主要的问题，凝聚学习、训练的方向，成为足球课程活动的中心，进而深化青少年对足球课程价值概念的学习和理解。通常情况下，主要问题是学习、训练内容的体育核心问题，一般三到四个为宜，同时以学生容易理解的语言进行表达。

（四）编写单元目标

比较简单的方式是依据所分析出来的主要问题进行单元目标的设定。一节课本身不会让青少年对足球课程价值概念有深入的理解，需要围绕主要问题以及单元目标组织学习活动让青少年主动讨论和探索从而建构自己的足球运动知识结构。为了更好地开发学习、训练活动，可使用多种思维工具帮助青少年对足球课程价值概念的深入理解和学习。

（五）开发学习、训练活动

学习、训练活动包括初级活动、核心活动、探索活动以及合成活动等。初级活动主要是向青少年介绍单元主题，可以通过简短的陈述、网页、视频等让他们熟悉足球活动任务的背景，保证足球学习、训练活动是基于青少年现实体育知识和经验的延伸，了解青少年是不是达到了开始此项挑战任务的"最低先决条件"。核心活动以学生小组形式展开，在核心活动的每个阶段结束时，使用针对性会议、演示、讨论以及汇报等活动进一步提升足球学习、训练活动的知识建构效果，帮助学生成为越来越有成效的体育学习和解决问题的人。探索活动是为了帮助青少年运用足球课程价值概念超越思维局限，需要设计结构相似的活动，在不同的活动中，青少年需要注意到相似性和差异性，建立足球课程价值概念在不同案例之间的认知联系。合成活动是在足球学习、训练活动结束阶段进行的，其主要目标是进行总结讨论，让青少年使用足球课程价值概念进行思维超越和学习迁移，为知识的进一步发展服务，合成活动可以通过教师、教练员主导来进行有效促进。

（六）设计评价方案

评价工具的设计应该与足球课程价值概念课程单元隐含的教学框架是一致的。可以收集青少年在给定任务过程中的作品，用于记录进展情况，包括阶段总结等；可以给青少年提供展示的机会，包括对足球技术动作的介绍，足球练习方案及过程的描述，达成解决方案的理由等；可以由学生利用外部表征生成工具对足球课程价值概念和足球学习、训练活动过程的理解程度进行外部呈现；可以使用观察、访谈、测试、比赛等工具确认青少年对足球课程价值概念理解和足球学习、训练过程的理解程度。

第四章 青少年足球运动员核心素养的培养内容

第一节 青少年足球运动员的运动能力

一、青少年足球运动员的体能

体能是运动能力核心素养中的第一个构成要素，在运动能力形成中起着最基础的奠基性作用，但当前体育界不同研究领域对体能的理解存在较大差别。

（一）体能的内涵

1. 个体自身的体能水平

关于体能，在竞技体育领域主要指的是"力量、速度、耐力、协调、柔韧、灵敏"等 6 项身体素质，因为竞技体育的目的主要是追求运动成绩，而运动成绩又主要与这些身体素质关系密切。但对于实施"体教融合"战略背景下，拓宽竞技体育后备人才培养目标群体范围而言，学校体育工作的主要目的还是在帮助学生掌握体育与健康的基本知识和技能的基础上，养成良好的体育锻炼习惯，形成健康的生活方式，增进身心健康，再在此基础上选拔出能够成为竞技体育后备人才的学生。虽然学校体育也需要重视运动成绩，但不是主要的目的。

2. 个体促进体能发展的水平

个体促进体能发展的水平一是指个体测试和评价体能的水平。学生能否熟练地对体能水平进行测试和评价，是自身素养的一个重要方面。二是指个体所掌握的体能练习方法的情况。课堂上主要是掌握常见的体能练习方法，方法掌握后就可以在课外进行体能练习。学生掌握的体能练习方法越多，就越有可能提高体能水平。三是指个体制订和实施体能锻炼计划的水平。只有将锻炼计划中的目标真正落到了实处，才能有效提升个体制订和实施体能锻炼计划的素养水平。

（二）体能与青少年足球运动员运动能力的关系

1. 体能是青少年足球运动员运动能力的外在表现之一

运动能力作为体育核心素养的一个方面，是一种内在的复杂结构。如果要清楚地了解青少年足球运动员运动能力，则需要通过青少年足球运动员具体的外在行为表现来呈现，而青少年足球运动员的体能状况则是运动能力的这种具体表现之一。

2. 体能是评判青少年足球运动员运动能力的一种方式

如果要判断青少年足球运动员运动能力的高低，那么体能则是非常重要的方式之一。体育教师、教练员可以从体能重要性认知、体能锻炼计划和评价、体质健康水平等方面来评价青少年足球运动员的体能素养。

3. 体能是提升青少年足球运动员运动能力的基础

改善体能有助于提升青少年足球运动员的体质健康水平。虽然青少年足球运动员的体质健康水平不纯粹是体育课程能够解决的问题，但体育课程作为青少年足球运动员在校期间与体质健康关系最为密切的课程之一，也应该要承担起提升青少年足球运动员体质健康水平的重任。

良好的体能是学好足球运动技能的前提条件。根据多年的实践经验来看，足球运动技能掌握好的运动员，一定是体能水平很高的运动员。青少年足球运动员具备了高超的体能水平，掌握足球运动项目技能的速度会很快，这充分体现了体能在足球运动项目学习中的基础性。

二、青少年足球运动员的运动认知

与体能状况、技战术应用和体育比赛等表现形式具有明显的"身体实践"外显行为特征相比，运动认知这一运动能力的核心素养具体表现形式具有内隐的特点。

（一）运动认知的内涵

运动认知注重具体运动行为中的认知过程，如运动中的各类知觉，运动的瞬时、短时和长时记忆，运动中的决策等，更多发生在真实的运动实践之中，要以具体的运动体验为依托。运动认知主要包括体育认识、运动知觉、运动记忆和运动思维四个方面。

关于体育认识，涉及大量的与体育概念、体育本质、体育目的、体育过程与规律、体育途径、体育手段、体育评价、体育科学、体育文化、体育体制和体育发展趋势等相关的内容。运动知觉需要视觉、听觉、肤觉、平衡觉、机体觉、运动感觉等多系统的参与，一般包括本体运动知觉、客体运动知觉和专门化运动知觉三类。运动记忆可以将运动记忆分为瞬时记忆、短时记忆和长时记忆三种类型。运动思维主要包括操作思维、运动战术思维和运动直觉。

（二）运动认知与青少年足球运动员运动能力的关系

1.运动认知对青少年足球运动员运动能力形成起着奠基作用

如果个体从内心对某件事情不重视，那么我们就很难奢求个体能够在此事上有所作为。因此，应该要大力促进青少年足球运动员对体育认识水平的提升，让学生正确理解足球运动的意义和重大价值，深刻意识到足球在促进自身健康水平提升、促进社会发展与和谐、促进国家认同感提升等方面的独特作用。只有具备了正确的体育认识，即具备了思想基础，才有可能提升运动能力。

在运动知觉、运动记忆和运动思维方面，则更多与青少年足球运动员的系列心理活动和部分生理活动有关系。如果我们将体育认识比作运动认知的"软基础"，那么运动知觉、运动记忆和运动思维则可以看作运动能力的"硬基础"。比如，如果青少年足球运动员的运动记忆功能很差，总是无法形成运动动作、方位、习惯等方面的长时记忆，那么就很难形成连贯的动作技术，这不仅很难提升运动水平，甚至会在比赛中造成重大失误，长此以往，就会持续打击青少年足球运动员参与足球训练、比赛的自信心和勇气，造成习得性无助感。

2. 运动认知是青少年足球运动员运动能力的一种相对隐晦的表现形式

我们通常只能看到青少年足球运动员具备较高的运动技能水平，但实际上在这背后青少年足球运动员的运动认知起着重要作用，因为低水平的运动知觉、运动记忆与运动思维是很难产生高水平的运动能力的。在基层的一线足球教学、训练中，体育教师、教练员要善于挖掘青少年足球运动员的运动认知表现，这不仅是评价体育核心素养的表现性指标之一，而且也有助于教师、教练员从运动认知的角度出发来培养青少年足球运动员的核心素养。

三、青少年足球运动员的技战术运用

正确认识技战术运用的内涵，了解体育核心素养背景下对技战术运用的要求，对于广大体育教师、教练员开展技战术教学并大力提升学生的运

动能力核心素养非常关键。

（一）技战术运用的内涵

技战术运用并不仅仅只是对技术和战术的运用，它实际上涵盖了技术、战术和运用三个方面。

1. 动作技术

（1）理解动作技术的内涵

从国际公认的动作技术的本质来看，可以将动作技术看作一种知识，只不过这种知识不是我们传统观念中的语言文字等，而被称之为"默会知识"。只要是从事过体育运动的人都有这样的经验，即在运动中有大量的动作技术概念、要点描述、动作技术的学习经验（如协调配合、动作发力）等很难用语言明确地阐述清楚，而需要学习者通过长期的感受、揣摩和体验才能掌握。[1] 因此，可以明确的是动作技术的确是一种知识，但不是一种"明言知识"，而是"默会知识"。

（2）动作技术的范围

动作技术的范围主要包括基本动作技术和组合动作技术。

2. 战术

体育比赛中的战术，通常是指运动者在实战与比赛过程中，合理使用技术动作，并运用智慧快捷顺利地获取有效技术分的方法。

3. 对技战术的运用

仅仅掌握动作技术和战术的基本知识、原理和方法还远远不够，如果不会在实践中运用技战术，即不会将客观的技战术转化为主动实践的过程，那么学生在体育学习和锻炼中也很难获胜。对技战术的运用涉及技战

---

[1]　覃立、李珏：《高尔夫技术教学中"关键帧"法的运用探究——基于默会知识的视角》，《体育成人教育学刊》2017 年第 3 期。

术运用的思维与时机选择和技战术运用效果的考量。

（二）技战术运用与青少年足球运动员运动能力的关系

1.技战术运用是青少年足球运动员运动能力最典型的外在表现

技战术运用作为青少年足球运动员运动能力的典型外在表现，将足球与其他竞技项目进行了区分；而反过来，青少年足球运动员的运动能力又区分了足球运动的技战术运用和其他竞技项目的技战术运用，二者相辅相成，将足球运动的特点体现得淋漓尽致。

2.技战术运用是评判青少年足球运动员运动能力的客观指标

与其他几个方面相比，足球技战术运用是非常客观的青少年足球运动员运动能力评判指标。也就是说，青少年足球运动员所掌握的足球技术水平、战术水平和运用技战术的水平，评判起来清晰可见、一目了然。

3.技战术运用是青少年足球运动员运动能力提升的关键核心载体

首先，与体能、运动认知、体育比赛等其他几个运动能力核心素养的表现相比，技战术运用在提升青少年足球运动员运动能力的过程中起着关键作用，具有核心地位。离开了技战术的运用，体能和运动认知虽然可以存在，但却会缺乏核心支柱，体育比赛更是无法进行。

其次，技战术的运用需要丰富的情境做载体。对于足球这种对抗性项目而言，技战术的运用情境主要是指双方的对抗性比赛。离开了情境提供的平台和载体，青少年足球运动员就无法进行运用，那么也就很难将客观的技术和战术转化为技战术运用的能力。

四、青少年足球运动员的体育比赛

与运动能力核心素养的其他表现相比较，体育比赛将体育运动的魅力展现得淋漓尽致，从美学的角度而言，体育比赛的吸引力在本质上是"美的体现",包括身体美、运动美和精神美等多个方面。[①] 但可惜的是,体育比赛在传统的体育课堂教学中未受到足够的重视,却又是培育和展现学生体育核心素养最关键的途径之一。

（一）体育比赛的内涵

1.体育比赛的项目针对性

体育比赛实质上是学生对所学运动项目的综合运用过程。对于足球而言,学练者自身的动作表现与展示水平不是关键要素,只要能够尽量命中、投准或制胜而取胜即可。

2.体育比赛的表现维度

（1）比赛的意愿

一般而言,如果要让学生具有强烈的参与体育比赛的意愿,至少要具备两个方面的基础:一是学生对所学运动项目有着强烈的兴趣,如果学生对所学运动项目缺乏兴趣,就谈不上具有强烈与他人进行比赛的欲望了;二是在学习中体会到了成功感。如果他们在前面几个阶段的学习不断体会到成功的感觉,那么学生就希望能够进行更深一步地运用。

（2）比赛的状态

在体育比赛中,学生体现出来的状态包括身体状态和心理状态两个方面。所谓身体状态,是指学生在身体形态、身体机能、身体功能等方面体现出来的外在表现。所谓心理状态,主要是指学习者在参加体育比赛过程中所体现出来的"精气神",具体与兴趣、动机、情绪、气质、性格等因素密切相关。由此可知,学生在进行体育比赛过程中,如果在上述身体和心理指标方面处于好的状态,那么就为高质量的比赛获胜打下了坚实的基础。

---

① 　万星、李冬勤、唐建忠:《体育美的内涵释义与魅力展现》,《体育文化导刊》2018 年第 11 期。

（3）比赛的表现力

与综合运用时侧重于展示的运动项目相比，表现力对那些综合运用时侧重于比赛的项目影响较小，因为人们关注的更多是胜负或者分数的高低。但表现力可能给观众留下深刻的印象，而观众的喝彩又进一步增强了个体的自信心，这非常有助于学生体育学习的开展。

（4）比赛的结果

对于在综合运用中侧重于体育比赛的项目而言，结果主要体现在胜负上。比如，篮球、足球等项目关注是否命中。

（二）足球比赛和青少年足球运动员运动能力的关系

1. 足球比赛实现了青少年足球运动员运动能力几个表现的串联

在足球比赛过程中，运动能力核心素养几个表现的综合运用相互联系。首先，体能状况为足球比赛的进行提供了体能基础，包括一般体能和专项体能；其次，运动认知为足球比赛提供了思维基础；最后，技战术运用是足球比赛中的核心，也正是因为青少年足球运动员通过运用运动技战术，使得足球比赛变得丰富多彩。

2. 足球比赛是不断直面问题的过程

首先，足球比赛为青少年足球运动员提供了全面发现问题的机会。如何获胜这个问题过于庞大，可以进一步分解为很多小问题。对于青少年足球运动员而言，重要的是能够学会发现这些存在的小问题，这就对青少年足球运动员敏锐的洞察力提出了相应的要求。

其次，足球比赛激发了青少年足球运动员分析问题的需求。当比赛进展不顺利时，现实的需要迫使青少年足球运动员开始不断分析导致问题的原因并寻找相应的解决方法。

最后，足球比赛为青少年足球运动员提高解决问题的能力提供了实践土壤。为了保证比赛顺利进行并最终获得好的成绩，青少年足球运动员在发现问题和分析问题的基础上，必须要尽全力解决问题，而足球比赛又为问题解决能力的提升提供了实践平台。

3.足球比赛是青少年足球运动员运动能力提升的终极载体

足球比赛是对运动能力综合运用的过程，那么也可以说只有通过比赛，才能完整全面地提升青少年足球运动员运动能力核心素养。因此，足球比赛的这种终极作用使得整体提升青少年足球运动员的运动能力成为可能。因此，体育教师、教练员在教学和训练实践中要高度重视足球比赛的进行。西方国家的青少年足球之所以开展得好，与其中小学体育课重视足球竞赛密切相关。如果青少年足球运动员缺乏在比赛过程中的实践运用，掌握再多的动作技术也没有价值。在重视开展比赛的基础上，足球教师、教练员还要注重开展形式的多样化，如小组比赛、班级内比赛、班级间或年级间比赛、校内或校际比赛等。只有丰富了形式，才能更好地激发青少年足球运动员参与比赛的兴趣。

第二节　青少年足球运动员的健康行为

一、青少年足球运动员的身体健康行为

青少年足球运动员的身体健康行为往往通过一定的健康教育来培养，它建立在对自身健康意识的基础上，表现为各种健康的行为习惯。"健康第一"是学校体育的指导思想，是实施"体教融合"战略的重要依据之一。健康行为对于培养学生的体育核心素养意义重大。学生应了解一定的体育与健康知识，学会关注自己的健康和生活，在运动锻炼中学会自我保护，树立正确的体育观念和良好的体育学习态度，树立正确的健康观。

（一）健康的基本知识

青少年足球运动员同广大青少年学生一样，应掌握健康的基本知识、增进健康的原则与方法，形成良好的锻炼习惯和健康文明的生活方式。应在充分理解体育、锻炼、健康关系的基础上掌握科学锻炼的方法和规律。应学会科学的运动与健身方法，进行有规律的体育锻炼。

（二）合理健康的饮食

青少年足球运动员应掌握健康饮食金字塔的概念，懂得合理膳食、平衡膳食的要求。应认识到不良饮食习惯对身体的危害。应在掌握与健康相关的饮食和营养的基础之上，养成科学健康的饮食习惯。

（三）预防疾病

青少年足球运动员应掌握传染性疾病，如艾滋病、性病、结核病等的传播途径和预防措施。应掌握非传染性疾病，如肥胖、糖尿病、青少年高血压、青少年抑郁症等的知识和预防措施。

（四）预防损伤

青少年足球运动员应了解运动损伤发生的原因，在运动中尽可能避免运动损伤的发生。应通过对体育保健知识的了解，懂得一些自我保护的方法，树立安全防护的意识。应了解和掌握一些常见的运动损伤的预防、判断、简单急救的措施和处理方法。

二、青少年足球运动员的情绪调控

青少年足球运动员应掌握情绪调控方法。体育运动心理学家马启伟和张力为总结了体育运动中常见的一些情绪调控方法，如表情调控是有意识地改变自己面部和姿态的表情以调控情绪的方法。如在运动中感到紧张焦虑时，可以有意识地放松面部肌肉，不要咬牙，或者用手轻搓面部，使面部肌肉产生放松感。宣泄调控是指以适当的方式及时和充分地宣泄自己内心的痛苦、忧愁、委屈和遗憾等控制情绪的方法，包括倾诉、痛苦和写日记等方式。如体育教师倾听学生在运动中所受的委屈。① 这些方法可供体育教师、教练员在足球教学、训练、比赛中帮助青少年足球运动员调控情绪或引导青少年足球运动员自主进行情绪调控，从而帮助青少年足球运动员在足球学习、训练、比赛中保持积极的情绪状态。

除了上述情绪调控方法本身之外，也有研究表明，体育学习或锻炼的地点也对情绪调控至关重要。如与室内运动相比，室外运动可以调节紧张、困惑、气愤和抑郁等负面情绪，增强活力、满意感和幸福感，但同时也发现，减少户外运动可以使个体获得平静感。② 因此，这便启示体育教师、教练员要注意足球教学、训练地点对青少年足球运动员情绪调控所产生的影响。

三、青少年足球运动员的社会适应

（一）人际交往环境的适应

在足球学习、训练、比赛的过程中，青少年足球运动员适应除了要面对变化较小的自然环境之外，更要面对复杂多变的社会环境，这比自然环境的适应难度更大。在社会环境中，人与人之间的交往构成了最核心的表达方式，而交往的过程则是互动的过程，足球学习、训练、比赛也是如

---

① 马启伟、张力为：《体育运动心理学》，浙江教育出版社1998年版，第178—187页。

② 高淑青、张连成：《锻炼心理学研究的生态化运动》，《体育成人教育学刊》2018年第3期。

此，其核心在于足球运动中个体之间的交往过程，只不过这种交往既可能是语言的有声交往，也可能是纯粹肢体语言之间的无声交往，后者是由体育运动动作技术的"默会性"所决定的。[①] 青少年足球运动员必须能够对足球运动中的这种无时不在的人际交往环境快速适应，并主动地与同伴进行交往，以提高社会环境的适应能力。

（二）遇到矛盾与冲突时的解决

在足球学习、训练或比赛中遇到矛盾和冲突不可避免，因此青少年足球运动员对社会环境适应的另外一种表现就是能够解决体育中的矛盾与冲突。首先，应该尽量避免矛盾和冲突的发生，在活动或比赛前做好充分的准备工作，将矛盾和冲突扼杀在摇篮之中；其次，当矛盾和冲突已经出现时，青少年足球运动员应该要在应对变化和复杂矛盾与冲突时表现出随机应变的能力。

（三）对合作与竞争关系的处理

对抗性是足球运动的魅力所在，对抗使得人的身体摆脱了被压制或是约束的状态，是对身体的解放。[②] 激烈的对抗则又蕴含着大量的合作与竞争，如果青少年足球运动员要想在对抗中获胜，就必须要和同伴通力合作，同时又必须要和对手积极竞争。

要正确处理好合作与竞争的关系，一方面要树立正确对待胜负的意识，另一方面在体育活动与比赛中也要在遵守规则的前提下主动积极地进行合作与竞争。青少年足球运动员在比赛中要积极地与队友互相鼓舞、主

[①] 尹志华：《论核心素养下技战术运用与运动能力的关系》，《体育教学》2019年第4期。

[②] 李丽君：《体育教育中身体美学的理论诠释》，《体育成人教育学刊》2018年第6期。

动合作，同时也要在竞争的过程中给予对手应有的尊重，以表现出良好的合作行为和公平竞争的意识。

第三节　青少年足球运动员的体育品德

一、青少年足球运动员的体育精神

足球运动的体育精神可以说无处不在，激励了一代又一代的中国人，不仅是体育领域应该学习的体育精神，也是各行各业人们信仰的时代精神。

（一）体育精神的内涵

体育精神是一种体现时代需求的，具有内在思维意识形态和外在表现相结合特征的高级产物。体育精神有历史性、时代性、传承性和结合性。体育精神由自尊自信、勇敢顽强、积极进取、超越自我等方面构成，具有导向作用、激励作用和调节作用。但需要指出的是，这并非说体育精神只包含这几个方面，只是说对于青少年，尤其是青少年足球运动员而言，这几个方面的体育精神更加关键。

（二）体育精神与青少年足球运动员体育核心素养的关系

体育精神为青少年足球运动员体育核心素养的养成提供了强大的动力。体育精神，作为个体赖以提高精神境界的重要手段，其作用是毋庸置疑的。青少年足球运动员参与足球学习、训练、比赛，不仅是满足国家对足球后备人才培养设置的硬性规定，更是在精神层面满足了青少年足球运动员在社会发展过程中自我的觉醒。个体如果具备了良好的体育精神，可能在某种程度上就具备了良好的生活世界和精神支柱，这不仅彰显了体育的魅力，更会对青少年足球运动员体育核心素养的形成产生强大的动力。

体育精神是评判青少年足球运动员体育核心素养水平的指标之一。但需要指出的是，应通过赋予相应的分值，从而将体育精神进行量化，以减少体育核心素养评判的模糊性，进一步提高其科学性和精确性。

二、青少年足球运动员的体育道德

体育道德凸显了对学生经过体育学习之后应该形成行为准则与规范的关注。在国内外重大体育比赛中，不仅要根据比赛胜负评出各类奖项，同时还会评出"体育道德风尚奖"，这足以说明体育道德的重要性。

（一）体育道德的内涵

体育道德是基于思想观念的行为规范和制约关系的行为准则。体育道德有存在性、社会性、目的性和个体性，能够塑造人的体育理想与信念，规范人的体育行为，形成"向善的体育"。体育道德包括遵守规则、诚信自律、公平正义等方面。实际上，如果在竞技体育比赛中，可能体育道德的构成范畴又会有所区别。

（二）体育道德和青少年足球运动员体育品德的关系

体育道德为青少年足球运动员体育品德养成奠定了"生活实践经验"。体育道德是青少年足球运动员体育品德的重要组成部分，而品德作为一个宽泛的概念，必定无法离于具体的生活情境。因此，体育道德源自青少年足球运动员运动生命的体验，从而将体育品德从抽象的概念引向了具体的实践，以使得体育品德不再悬于空中。

体育道德是评判青少年足球运动员体育品德水平的指标。对此，祝大鹏总结了针对运动员体育道德水平的评价工具，提出目前对于运动员体育道德的测量主要有 3 类工具：体育道德量表、体育比赛中的亲社会行为与反社会行为量表和多维体育精神定向量表。① 这些量表可以被足球教师、教练员运用到青少年足球运动员的体育道德测评之中。

三、青少年足球运动员的体育品格

人作为社会存在的个体，无论是普通生活中的与人相处，还是在体育运动情境中的与人交往，都带有浓厚的个人品格特征。学校体育教学作为"培养人的教育活动"，帮助学生养成良好的体育品格更加关键。

（一）体育品格的内涵

与中文语境中品格一词对应的英文是 character，而 character 来源于古希腊语 karacter，其原意是烙印，即在硬币上刻下标记或印盖的封印等。② 在古英语中，character 具有"不朽的符号或痕迹"的意思；而在当代语言学中，对 character 作为名词的含义与用法高达 17 种。③ 但不论如何解释，目前学界基本上统一将 character 翻译为品格。体育领域对体育品格的关注不多，这可能与学界将体育品格与体育道德、体育精神等词混淆或者混用有着密切关系。实际上，这三者并不一样。其中，体育精神侧重于对人的精神塑造，体育道德侧重于伦理规则，而体育品格则侧重于品性。体育

---

① 祝大鹏：《运动员体育道德：概念、测量、影响因素与展望》，《武汉体育学院学报》2013 年第 7 期。

② 郑富兴：《现代性视角下的美国新品格教育》，人民出版社 2006 年版，第 35 页。

③ 李华驹主编：《21 世纪大英汉词典》，中国人民大学出版社 2002 年版，第 433 页。

品格具有可塑性、主体性、积极性。体育品格能够帮助个体判断对错与好坏，从而帮助个体在体育运动中指明正确的方向。体育品格能够激励个体养成好的行为，对于降低体育运动场上的冲突，提高管理效率，维护安定和谐具有关键的作用。

体育品格涵盖了文明礼貌、相互尊重、团队合作、社会责任感、正确的胜负观等方面。中国是有着五千年悠久文明的历史古国，也是闻名于全世界的礼仪之邦。可以说礼仪文明是中国优秀传统文化的重要组成部分，对人民生活和社会历史发展产生了广泛深远的影响。文明礼貌的行为，不仅能够给参与比赛的双方营造和谐的气氛，缓解比赛的紧张，更重要的是彰显了个体的修养。相互尊重是共存的根本，尊重是与他人进行交往的基础，是人际交往中最起码的要求。尊重别人的同时也就意味着尊重自己，这样在交往的双方之间架起了一座沟通的桥梁。对于学生的体育学习和锻炼而言，相互尊重涉及尊重自己、尊重队友或对手，尊重裁判、尊重工作人员。每个个体的力量总是有限，而当多个个体集合在一起就形成了一股强大的力量，培养学生在体育学习团队合作中的契约精神至关重要。社会责任感主要体现在两个方面：一是学生在体育学习中要具备良好的责任感，二是能够将体育学习中具备的责任感迁移到日常生活中去，从而产生良好的社会行为。每个学生都应该要树立正确的胜负观，将输赢当作体育运动中的正常现象，不将比赛结果看得太重，而是重在分析比赛结果背后获胜或失利的原因，为后续比赛做好准备。

（二）体育品格和青少年足球运动员体育品德的关系

体育品格为体育品德养成奠定了青少年足球运动员"作为人的基本素养"。做事是一个短暂的过程，但做人是一个跨越人生全过程的事业，但我们经常却说"做事之前先学会做人"。如果青少年足球运动员在做人方面存在问题或瑕疵，就不能够被原谅，因为这是青少年足球运动员"成为人"的基本要求。

体育品格决定了青少年足球运动员回应运动处境的基本方式。足球训练场或比赛场上也是一个小型社会，青少年足球运动员不可能对其中发生的很多事情视而不见，选择的回应方式可能千差万别。足球教师、教练员应该要注意培养青少年足球运动员的体育品格，让青少年足球运动员具备积极回应运动处境的有效方式。青少年足球运动员所养成的这种品格，不仅对于完成足球学习、训练和比赛至关重要，更关键的是为他们成长为热心、善良、乐于助人的个体并在今后的社会生活中获得他人的认可奠定了坚实的基础。

体育品格是评判青少年足球运动员体育品德水平的指标。足球教师、教练员在评价时要针对体育品格的表现设置相应的情境，如足球场上裁判判罚产生异议时的处理等，通过采用观察、自评、互评、情景模拟等多种方法进行综合评价。

第五章 青少年足球运动员核心素养的理论元素

第一节 青少年足球运动员的相关人文学科课程

一、青少年足球运动员人文学科课程的开发思路

（一）以奥林匹克思想为主的人文教育

法国男爵皮埃尔·德·顾拜旦将人文主义思想融入世俗超验主义，创立了奥林匹克思想。与许多风靡一时而后销声匿迹的思潮所引领的社会运动或活动不同，奥林匹克运动经历百年而愈加蓬勃兴旺。奥林匹克思想寻求对现代体育竞赛进行更深入的教育和伦理的定义，其融合了启蒙时代的思想，如进步主义、崇尚个性、尊重和接受文化多样性、自由、世俗化等。因此，奥林匹克思想既包括古希腊奥林匹克的现实元素，又包括启蒙时代明显的人文主义的元素。① 人文教育倡导道德和精神价值观的优先地位，有学者指出，运用奥林匹克理念来开展教育，是实现人文教育的途径之一，对运动员培养具有积极的作用。②

---

① Patsantaras, N., "Olympic Messages: Olympic Ideology and Olympic Social Reality", *Choregia*, Vol. 4, No. 1（June 2008）.

② Shcherbashyn, I.S., "Olympic education as a method of humanistic elevation of students. Pedagogics", *psychology, medical-biological problems of physical training and sports*, Vol. 18, No. 4（April 2014）, pp.68-73.

顾拜旦受到古希腊体育观的影响，试图赋予奥林匹克体育一词以教育性质。他的兴趣不集中在作为体育项目的奥运会上，而是集中在体育与教育学的交叉点。顾拜旦认为，奥林匹克主义作为一种教育概念，通过其体育组成部分，激励着对人体的力量，把人从堕落、腐朽中拯救出来。毫无疑问，对顾拜旦来说，顾拜旦试图将奥林匹克思想作为一种普遍接受的社会和道德价值观，用以激励人类行为。

（二）奥林匹克人文教育的内容基点

奥林匹克精神内涵丰富，有着庞大的内容体系。身心健全、积极的生活态度、健康的生活方式、竞争与合作、尊重和同情等，既是人类的价值观，也是奥林匹克精神的内容。奥林匹克精神是一种基于民主、人文、自由主义和全人类共同伦理道德的社会文化现象，因此奥林匹克精神有助于教育、个人成长和社会文化发展。[①]

从哲学视角下价值体系的最基本层面来考虑，集体主义与个人主义的均衡、公平竞争是奥林匹克人文教育的核心，奥林匹克思想的其他内容都是这两大基点的延伸。

1. 集体主义与个人主义的均衡

奥林匹克思想在很大程度上采用了古希腊唯心主义的实用主义版本，不仅追求善与美，更追求对善有益、对美有用。由此，逻辑和个人的良知决定了个体的利益应从哪方面加以考量。由于集体的发展是个体发展的前提，而个体的发展又承担着集体发展的责任，因此，一方面，个人脱离了集体就什么都不是；另一方面，个人的自由又决定了这些思想是否能实现。顾拜旦的奥林匹克思想正是本着这种精神，致力于在有利于个人和有

---

① Shcherbashyn, I.S., "Olympic education as a method of humanistic elevation of students. Pedagogics", *psychology, medical-biological problems of physical training and sports*, Vol. 18, No. 4（April 2014），pp.68-73.

利于社会之间达到适当的平衡。奥林匹克思想所持有的观点与慈善主义教育学理论不谋而合，即人性的力量源自社区或社会，特别是每个个体的人性的力量。在这一时代背景下，奥林匹克思想可以被理解为一种由集体代表的、利益主导的个人主义形式。①

2. 公平竞争

顾拜旦将奥林匹克活动定义为建立社会关系的道德价值观的载体，这些活动有利于实现社会团结，具体表现在体育合作、团队精神、体育竞赛等方面。对手不是用来获得胜利的工具，对个体来说，对手应该是一个"共同的行动主体"②。对此，公平竞争原则是核心、是关键，这是奥林匹克活动的最高道德原则。公平竞争不仅仅意味着对规则或条例的遵循，对于个体来说，他们在奥林匹克运动中遵守规则并不仅仅因为规则本身的权威性，更是因为将对手作为一个与自己一样的人来看待，这被视为真正的道德正确。

（三）奥林匹克人文教育的载体

顾拜旦时代流行的教育模式认为，青年的道德力量可以通过他们在体育活动中的个人经历来培养和发展，即在他们的社会行为中激活其内在道德力量。③对顾拜旦学说的系统研究表明，他提倡现代体育教学法，认为这是解决他那个时代许多关键问题的一种手段。尽管顾拜旦一开始并没有使用奥林匹克教育这个术语，而是提倡普通的体育教育，但他研究了通过

---

① Patsantaras, N., "Olympic Messages: Olympic Ideology and Olympic Social Reality", *Choregia*, Vol. 4, No. 1（June 2008）.

② Patsantaras, N., "Olympic Messages: Olympic Ideology and Olympic Social Reality", *Choregia*, Vol. 4, No. 1（June 2008）.

③ Eichberg, H., "Sport und Kultur. Körperkultur, Kulturrelativität, Sportexport". *Zeitschrift für Kulturaustausch, Tübingen*, Vol. 27, No. 4（1977）.

体育赛事（如奥运会）实现教育目标。奥林匹克思想、奥林匹克教育和奥林匹克体育之间存在着联系。在此基础上，根据顾拜旦的观点，奥林匹克教育应该在一个有意义的空间中寻找其组成元素，这个空间由努力和和谐所构成，它是无休止的、有纪律的身体、精神和智力共同努力的结果。在此概念基础上，可以认为，顾拜旦理想中的奥林匹克教育每四年就会出现一次，他由此构建了自己的教育模式，并首次使用奥林匹克教育（Educationgie Olympique）一词，将奥林匹克思想视为奥林匹克教育的基础和组成要素。[①]

有了这个愿景，顾拜旦想在世界上所有的城市建立运动空间，以实施奥林匹克教育。此外，他还强调体育俱乐部在社会民主化中可以发挥的重要作用。[②] 由此可知，体育竞赛和体育活动都是奥林匹克人文教育的载体。奥林匹克运动的使命不仅限于建立起国际体育比赛的体制，还包括建立所有公民都可以使用的体育教育中心。顾拜旦的愿望是利用体育活动作为一种全人类共同教育的手段，这种教育将建立在个人责任、个人道德和价值观的发展基础上，最终目标是世界各国人民的和平共处。[③]

"奥林匹克教育"一词出现在 1970 年之后的体育教育学和奥林匹克研究中。[④] 奥林匹克教育以体育活动为载体，具有明显的伦理教育的特征。在欧洲各国教育世俗化的背景下，教育与宗教教条逐渐分离，使得人们对人的价值进行了新的解读，人的价值既在于人发展为具有完整人性的人，

---

① Coubertin, P., "L'Olympisme à l'école. Il faut l'encourager", *La Revue sportive illustrée*, Vol. 30, No. 2（1934）, p.28.

② Patsantaras, N., "Olympic Messages: Olympic Ideology and Olympic Social Reality", Choregia, Vol. 4, No. 1（June 2008）.

③ Kamberidou, I., "Promoting a culture of peacemaking: Peace games and peace education", *International Journal of Physical Education*, No. 4（November 2008）, pp.176-188.

④ Patsantaras, N., "Olympic Messages: Olympic Ideology and Olympic Social Reality", Choregia, Vol. 4, No. 1（June 2008）.

也在于国家和社会的繁荣。奥林匹克教育作为培养道德价值观的一种手段，被视为一种多层面的教育工具，旨在对人性的身体、思想等各个方面施加影响。① 作为一种教育模式，它追求人性构成要素的和谐，同时追求自然与宇宙的和谐。奥林匹克教育试图激活人们心中的奥林匹克思想，传达积极向上价值观，是一种面对所有人的教育。

二、青少年足球运动员的相关人文学科课程的开发策略

培养青少年足球运动员要落实立德树人根本任务。以奥林匹克思想为主的人文教育就是为了塑造青少年足球运动员具有创造性和流动性的人格，使其能够与自己和世界和谐相处，同时成为社会主义现代化的建设者和接班人。近几十年来，在人类活动的各个领域，尤其是在教育学领域，人们逐渐开始关注奥林匹克运动理论和实践的哲学、社会学和文化学方面的问题，基于奥林匹克思想的奥林匹克教育是学者关注的重点，已有研究表明，奥林匹克人文教育可运用于体育后备人才、运动员的培养和训练工作中。② 为开展我国青少年足球运动员的人文教育，应开发相关人文学科课程。具体来说，可以采取如下策略。

（一）教学内容和形式的创新

内容上，首先，青少年足球运动员的相关人文学科课程可设置增进运动员对奥运会的认识的内容，包括奥运会的起源、奥林匹克口号、中国奥

① Kamberidou, I., "Promoting a culture of peacemaking: Peace games and peace education", *International Journal of Physical Education*, No. 4 (November 2008), pp.176-188.

② Shcherbashyn, I.S., "Olympic education as a method of humanistic elevation of students. Pedagogics", *psychology, medical-biological problems of physical training and sports*, Vol. 18, No. 4 (April 2014), pp.68-73.

林匹克发展史等；其次，可开展一些认识、理解和践行奥林匹克精神内容的课程，据此设计教学任务，例如，如何理解"公平竞争"、举出践行奥林匹克价值观的例子等。此外，可讲授奥运会奖牌获得者的生平和比赛表现，尤其是来自中国的奖牌获得者，以榜样作为载体传达奥林匹克精神。

形式上，除了设置一定的人文学科课程的课时外，更重要的是结合体育活动、运动训练和体育竞赛开展奥林匹克人文教育。正如顾拜旦的观点一样，人们必须通过体育运动来实现奥林匹克教育，体育运动是实施这种教育的载体。没有青少年足球运动员亲身参与体育活动、运动训练和体育竞赛，就没有对奥林匹克精神的深切体会和切实践履。为了达到奥林匹克人文教育的效果，在体育教师和教练员开展各项课程教学、运动训练和体育竞赛等活动时，不可单纯为了开展这些活动而开展，而要将奥林匹克精神融入教学和活动组织工作中，通过口头教育、及时总结、表扬鼓励等方式，提高奥林匹克人文教育的效果。

（二）强调师生互动

教师、教练员的职能不仅仅是传其道解其惑，教授学生知识，同时还应该通过自身良好的素养和修为濡染学生，使其能从教师的言行举止中感受到人文精神的魅力。孔子曰："其身正，不令而行；其身不正，虽令不从。"教师、教练员首先必须是奥林匹克精神的践行者，教师、教练员的"为道"对青少年足球运动员所起的榜样力量不可忽视。人文教学相较于专业学科而言，同样需要注重青少年足球运动员的反馈和互动，良好的课堂气氛是热烈而有序或沉静而不沉闷的，青少年足球运动员在教师、教练员的引导下，不仅仅是成为接受者，同时还应当成为主体。作为竞技体育专业的学生，青少年足球运动员缺少的就是整段的、集中的时间和空间学习的机会，但是零碎的时间和空闲如果加以合理利用，同样能取得良好的效果。

（三）创设人文氛围

除了融入奥林匹克思想的课程教学、运动训练和体育竞赛等活动之外，还要为青少年足球运动员创设相应的人文氛围，培养其良好的人文素养，将人文类活动变成青少年足球运动员喜闻乐见的业余活动的一部分，最终形成具有人文氛围的校园文化。一方面，教学部门应该充分发动各个竞技体育系团委和学生社团的宣传组织作用，每月分别由各个竞技体育系来举办一次人文专题类的活动；另一方面，教学部门可以通过教室布置，包括陈列一些宣传图片和名言警句，以及寝室文化的建设，使青少年足球运动员在日常的学习和生活中时常能够耳濡目染人文经典，从而由被动到主动地汲取人文知识。①

第二节　青少年足球运动员的运动生理生化课程

一、青少年足球运动员的运动生理营养课程

当前，青少年足球运动员的培养工作并不重视运动生理营养课程的开发和实施，但是，体育核心素养视域下，了解有关运动生理营养的知识，又是青少年足球运动员所必需的。青少年足球运动员的运动生理营养课程可涉及营养学这一学科体系的基本内容。

机体摄取、消化、吸收和利用食物中的养料以维持生命活动的整个过程称为营养。研究人体营养过程、需要和来源，以及营养与健康关系的科学称为营养学。机体进食食物以后，经过口腔、咽、食管、胃、小肠、大

---

① 陈柔、林雅：《人文课程在竞技体育人才综合素质培养过程中的价值体现》，《戏剧之家》2014 年第 14 期。

肠的消化道（8～10m），通过唾液、胃液、胆汁液、胰脏分泌的消化酶液、小肠液等消化液对食物进行消化，然后对消化产物进行吸收，吸收的营养物质通过血液运输送到机体各组织器官，组织器官根据生理活动需要对这些营养物质进行利用，整个过程就叫营养。所以营养是一个过程，一个复杂的过程。食物中对机体有生理功效的成分称为营养素。营养素的构建必须具备下列两个条件：（1）有生理功效。这是构成营养素的基本条件。（2）为身体进行正常物质代谢所必需，这是构成营养素的必要条件。营养学家目前发现，人体所需的营养素可分为糖、蛋白质、脂肪、维生素、矿物质、水、食物纤维7大类共40多种。蛋白质、糖、脂肪、维生素、矿物质、水是构成机体组织的必需成分；糖、脂肪、蛋白质是人体活动能量的提供者，被称为三大热源质；水、维生素、矿物质、食物纤维主要是调节人体生理机能。

目前为止，人类还没有发现自然界哪一种天然食物，可以满足人们所需的营养种类及数量。每一种食物都有其营养成分特点，另外，营养素的功能有些是不能替换的，许多营养素必须经常从食物中得到补充。所以青少年足球运动员需要经常同时食用多种食物，以获得足量的各种营养素。为此，青少年足球运动员应当对各种营养素有基本的了解。

（一）蛋白质

1.组成与分类

蛋白质主要由碳、氢、氧、氮4种元素构成，有的还含有硫、磷等元素。这些元素先构成氨基酸，许多氨基酸小分子再构成蛋白质大分子，所以氨基酸是构成蛋白质的基本单位。

构成人体蛋白质的氨基酸目前已知20多种，可分为两类。

（1）必需氨基酸

人体不能合成，或合成速度较慢不能满足机体需要，但它又是维持机体生长发育，合成机体蛋白质所必需的，这些必须由食物蛋白质供给的氨基酸称为必需氨基酸。

人体所需的必需氨基酸有 8 种，即赖氨酸、色氨酸、苯丙氨酸、缬氨酸、亮氨酸、异亮氨酸、苏氨酸、蛋氨酸。此外，对于婴儿，组氨酸为必需氨基酸。资料表明，组氨酸对成人亦属必需氨基酸。由于酪氨酸和胱氨酸分别由苯丙氨酸和蛋氨酸转变而来，主要依赖于必需氨基酸，所以把这两种氨基酸称为"半必需氨基酸"。

（2）非必需氨基酸

人体体内可以合成，而不是必须由食物蛋白质供给的，称为非必需氨基酸。

非必需氨基酸通常有 13 种，即甘氨酸、丙氨酸、丝氨酸、胱氨酸、半胱氨酸、精氨酸、天门冬氨酸、天门冬酰胺、谷氨酸、谷氨酰胺、酪氨酸、脯氨酸和羟脯氨酸。

饮食中对于蛋白质的需要，实际上就是对氨基酸的需要。食品中的蛋白质通过消化分解为氨基酸，然后被吸收并通过血液分布到机体细胞中，机体细胞利用这些氨基酸重新建造机体蛋白质。

各种不同的氨基酸有秩序地联结在一起形成肽和蛋白质。一个氨基酸的氨基同另一个氨基酸的羧基结合形成一个肽键，当几个这样的肽连接在一起时就形成一个多肽分子。多肽一般含 50～1000 个氨基酸。

蛋白质的合成，机体必须获得合成所需的所有氨基酸，如果缺少其中的一种，则合成过程就不能完成。合成过程是按一定数量和比例来进行的，当一种特定的必需氨基酸缺乏或相对比例较低时，这种必需氨基酸就被称为限制性氨基酸，因为它限制着蛋白质合成的效率数量。植物性食物中的赖氨酸、蛋氨酸、胱氨酸、色氨酸和苏氨酸含量不足。赖氨酸对很多谷物来说是限制性氨基酸，而蛋氨酸是豆类的限制性氨基酸。动物蛋白质，如蛋、乳制品和肉类可提供适于人体生长和维持生命所需要的氨基酸种类及数量。

食物中各种必需氨基酸的相互比例称为氨基酸构成比例或相互比值，亦可称为氨基酸模式。与人体需要完全相符的氨基酸模式被称为理想氨基酸模式。

鸡蛋蛋白质和人奶是已知营养价值最好的蛋白质。每种蛋白质至少由10种以上氨基酸构成，根据食物蛋白质的氨基酸组成情况，营养学将蛋白质分为3类。完全蛋白质含必需氨基酸种类齐全，比例适当，不但能够维持成人健康，并能促进儿童生长发育。属于这类蛋白质的有奶中的酪蛋白，蛋类中的卵黄蛋白和卵白蛋白，肉类中的白蛋白和肌蛋白，小麦中的麦谷蛋白，大米中的米蛋白，玉米中的谷蛋白等。半完全蛋白质含必需氨基酸比例尚齐全，但含量比例不当，可维持生命，但不能促进生长发育。属于这类蛋白质的有小麦中的麦胶蛋白。不完全蛋白质含必需氨基酸的种类不全，既不能促进生长发育，也不能维持生命。属于这类蛋白质的有玉米中的玉米胶蛋白，动物结缔组织和肉皮中的胶蛋白，豌豆中的豆子球蛋白等。

2. 营养功用

（1）构成机体组织

蛋白质是一切细胞组织如骨骼、韧带、头发、指甲、皮肤和软组织（包括器官和肌肉）的主要成分，是生命的物质基础，蛋白质是维持机体生长、更新和修补组织的必需材料，它占细胞内固体成分的80%以上，蛋白质约占体重的18%。

（2）调节生理机能

蛋白质具有酶的催化作用，激素的生理调节作用，血红蛋白与肌红蛋白的输氧与贮氧作用等。

（3）增强机体的抵抗力

蛋白质是保护机体免受细菌和病毒侵袭的一种必要物质。如流行性感冒、病毒性肝炎、伤寒、百日咳、麻疹的抗体形成，都与丙种球蛋白有关，高蛋白膳食可以增强肝脏对侵入机体的某些毒素的抵抗力。

（4）供给热能

蛋白质的主要功用不是供能，将其作为热能来源是不经济的。但是当糖和脂肪供给的热能不足或摄入氨基酸过多超过体内需要时，蛋白质供给热能。此外，体内蛋白质更新分解代谢中，破损细胞组织中的蛋白质也放出热能，每克蛋白质产热 4kcal。

3. 食物蛋白质的营养价值评定

食物蛋白质营养价值的高低主要由食物中所含蛋白质的数量、质量及人体对其消化吸收率等因素来综合评定。蛋白质的质量指的是食物中提供各种必需氨基酸之间的比例与人体所需的比例相接近的程度。

（1）食物中蛋白质含量

食物中蛋白质含量的多少是评定其营养价值高低的基础。含量越高，提供的蛋白质越多，其营养价值就越高。

蛋白质含量较高的食物主要是动物性食物，含量在 15.5%～20%，牛奶中蛋白质含量虽然不高，但由于牛奶摄入量较大，能够获得较多的蛋白质数量。植物性食物中大豆、花生含蛋白质的数量较高，大豆中蛋白质含量可达一般动物性食物中蛋白质数量的一倍以上。

螺旋藻中蛋白质含量可达 55%～70%，是已发现的天然食物中蛋白质含量最高的食物，结合其所含的其他营养成分，螺旋藻被称为自然食物中营养价值最高的食物。

（2）消化率

蛋白质消化率是指蛋白质可被消化酶分解的程度，亦反映摄入的蛋白质被机体吸收的程度，消化率越高被吸收得越多，机体可利用的也就越多，故其营养价值也就越高。

① 植物蛋白质的消化率（平均为 78%）低于动物蛋白质（平均为

92%），主要是植物蛋白质被植物纤维包裹，妨碍与消化酶充分接触。

②有的食物含有妨碍蛋白质消化率的因子。如大豆的抗胰蛋白酶、蛋清中的抗生物素、鱼中的噻氨酶、牛奶中的酪素钙可使蛋白质的消化吸收率降低，加热可破坏这些因子，提高消化率。

③食物颗粒的大小与消化吸收有关。颗粒越大，消化率越低。

④烹调方式与消化吸收也有关。蒸煮的食物一般可提高消化率，而高温煎炸的食物不仅会降低消化率，还会破坏氨基酸，降低营养价值。

（3）蛋白质生物价

生物价是评定食物构成蛋白质中各种必需氨基酸被人体利用的程度指标，它表示食物蛋白质在机体内真正被利用的程度。生物价越高，营养价值越高。生物价是评定蛋白质营养价值最常用的方法。

食物蛋白质的生物价取决于其必需氨基酸含量的相互比值。某种食物中所含必需氨基酸种类和数量是一定的，必需氨基酸之间构成一定的比例。因为构成人体各组织蛋白质的氨基酸是有一定比例的，所以从食物中摄取的各种必需氨基酸与人体比例一致时，被机体充分利用的效率才越高，其生物价也越高。即食物蛋白质含必需氨基酸的比例越接近人体需要，其生物价越高。

鸡蛋和牛奶的生物价最高，说明鸡蛋和牛奶蛋白质中提供的必需氨基酸的数量比例很接近人体所需的数量比例，人体对其蛋白质的利用率很高。

几种蛋白质食物混合食用时，由于各种蛋白质所含氨基酸互相配合，取长补短，改善了必需氨基酸含量的比例，从而使混合蛋白质的生物价提高，这种现象被称为蛋白质的互补作用。

粮食类蛋白质中赖氨酸较少，限制了其生物价。如大豆中含赖氨酸较多，蛋氨酸含量较低，玉米中蛋氨酸含量较高，两者互补生物价可提高。总之，食物多样化，粗细粮搭配，动物蛋白质合理地分配于各餐，适量食用豆制品，可以较好地发挥蛋白质的互补作用。两种食物摄入的时间以不超过 5 小时为好，若间隔时间过长，互补作用将会降低。

根据食物中蛋白质营养价值的高低，通常将肉类、鱼类、蛋奶类、豆类食物称为优质蛋白质食物；谷类（大米、面制品）、杂粮称为普通蛋白质食物；水果、蔬菜称为低蛋白质食物。

（二）脂类

1. 组成与分类

脂肪是由碳、氢、氧 3 种元素构成的有机化合物。广义的脂肪(脂类)包括中性脂肪与类脂质；狭义的脂肪仅指中性脂肪。脂肪由一甘油分子和三脂肪酸分子结合，称为甘油三酯。

（1）类脂质

有的类脂质还含有磷和氮，包括磷脂（脑磷脂、卵磷脂等）、固醇（胆固醇）、糖脂、脂蛋白等，结构复杂。大多数类脂质是人体组织的构成部分，是一种在人体饥饿时也不会减少的组织脂肪。

（2）中性脂肪

包括动物性和植物性两大类油脂。如猪油、牛羊油、鱼肝油、奶油、鸡油、豆油、花生油、菜油、麻油、茶油等。这是一类在人体饥饿时即会减少储藏量的脂肪。

（3）脂肪酸

根据构成脂肪的脂肪酸不同，可将其分为饱和脂肪酸和不饱和脂肪酸两类。饱和脂肪酸是指脂肪酸上的键是饱和键；不饱和脂肪酸是指脂肪酸上至少含有一个不饱和键。不饱和脂肪酸又可分为单不饱和脂肪酸（含一个不饱和键）与多不饱和脂肪酸（含两个不饱和键）。在多不饱和脂肪酸中，亚油酸（十八碳二烯酸）对人体最为重要。它不能在体内合成，必须从食物中摄取，称为必需脂肪酸。

2. 营养功用

（1）中性脂肪

① 供给热能

脂肪是高热能物质，每克脂肪在体内完全氧化可供热能 9kcal，产热量高于糖和蛋白质一倍多。皮下脂肪是体内脂肪储存的主要组织，一个体重 65kg 的成人，含脂肪约 10kg。在供氧充足的条件下，脂肪是人体运动时的"燃料库"。

② 构成机体组织

脂类也是构成人体组织的重要成分。细胞膜含有由磷脂、糖脂和固醇组成的类脂层，脑和外周神经组织都含有磷脂，固醇是体内合成固醇类激素的重要脂质。脂肪组织分布于皮下及心脏周围起着热垫和保护垫的作用，其既可防止热量散失保持体温，又可对机械撞击起缓冲作用，保护心脏和肌肉免受损伤，还可防止皮肤干裂、毛发脆断等。

③ 提供必需脂肪酸

必需脂肪酸具有促进发育，增进皮肤微血管的健全，预防其脆性增加，保护皮肤的作用；有降低血中胆固醇，减少血小板黏附性，调节脂质代谢等生理机能的作用。人体缺乏必需脂肪酸，使维持细胞功能的重要条件受到影响，产生皮肤病、发育反常，从而危及人体健康甚至生命。

④ 促进脂溶性维生素 A、D、E、K 的吸收

有的脂肪含脂溶性维生素，脂肪是膳食中脂溶性维生素的溶剂，脂肪刺激胆汁分泌有助于脂溶性维生素的吸收利用。

⑤ 增加食物香味与饱腹感

由于烹调用油本身的香味及在加热过程中食物芳香性物质的溶出，使得用油烹调的食物具有可口的香味，增加食欲。同时脂肪能使食物浓缩、体积缩小，消化时间较长，使人不易感到饥饿。

（2）二十碳五烯酸和二十二碳六烯酸

EPA 和 DHA 是多不饱和脂肪酸，具有提高血液流动性的作用，其作用要高于亚油酸。EPA 和 DHA 进入细胞膜时，可降低血小板凝聚，降低血脂进而降低血液黏度，改善血液的流变性，减少血栓的危险性。EPA 和 DHA 还具有降低胆固醇，预防冠心病，以及预防和抑制癌症的作用。DHA 对神经细胞，特别是神经轴突的生长，网络的形成极为有利，对提高记忆力、判断力和防止大脑衰老有特殊功能。鱼油中含 EPA 和 DHA，尤其深海冷水鱼中含鱼油量较多，金枪鱼、鲫鱼、金花鱼、鳝鱼、沙丁鱼及鱼卵中 DHA 含量约为 1%。

（3）磷脂

卵磷脂是构成原生质的重要成分，因其分子中带有胆碱，有防止脂肪肝形成的作用，还能提高机体对缺氧的耐力。脑磷脂与血液凝固有关，凝血活酶由脑磷脂与蛋白质组成。神经磷脂在神经系统的组成上占有重要的地位。

（4）固醇

固醇是构成胆固醇、维生素 D、性激素和肾上腺皮质激素的原料，胆固醇是不饱和脂肪酸的运输工具，其代谢失常与动脉硬化有密切关系。

3. 食物脂肪营养价值的评定

食物脂肪营养价值评定主要取决于脂肪中所含脂肪酸的种类与含量、脂肪的消化率、脂肪中维生素含量、脂肪的稳定性等因素。

（1）脂肪酸的种类与含量

含必需脂肪酸的油脂营养价值较高。植物油一般含不饱和脂肪酸较多，动物脂肪含饱和脂肪酸较多，饱和脂肪酸与胆固醇形成脂，易在动脉内膜沉积发生动脉硬化。

（2）消化率

消化率与其熔点有关。含不饱和脂肪酸越多，熔点越低，消化率越高。凡熔点高于体温的消化率就低，如牛、羊脂。植物油熔点低于一般室温（20℃~26℃）消化率就高，黄油和奶油虽含不饱和脂肪酸不多，但属乳融性脂肪消化率也较高。

（3）维生素含量

动物的储存脂肪中几乎不含维生素，而肝脏中的脂肪含维生素 A、D，奶与蛋黄中也含有维生素 A、D，部分植物脂肪含有维生素 E。

（4）脂类的稳定性

脂类的稳定性大小与不饱和脂肪酸及维生素 E 的含量有关。不饱和脂肪酸易被氧化、不稳定；维生素 E 有抗氧化作用，可防止脂类氧化酸败。

奶油的营养价值高，因为它含维生素 A、D，脂肪酸种类也较完全，消化率较高。猪油的消化率虽高，但不含维生素，脂肪酸质量较差，故营养价值不高。牛、羊脂肪的营养价值更差。植物油的消化率高，含必需脂肪酸多，维生素 E 较丰富，而且不含胆固醇，所以营养价值很高，特别适于中老年人食用。

（三）糖

1.组成与分类

糖又称碳水化合物，由碳、氢、氧 3 种元素组成，因其每两个氢原子有一个氧原子，这个比例与水相同，故名碳水化合物。按其分子结构的简繁可分为以下 4 种。

（1）单糖

单糖是指分子结构中含有 3~6 个碳原子的糖。如五碳糖的阿拉伯糖、核糖、木糖等。六碳糖如葡萄糖、半乳糖、果糖、甘露糖。食品中单糖主要以六碳糖为主。蜜糖主要是由葡萄糖和果糖及少量蔗糖构成的混合糖。

所有的单糖都可被吸收，但它们的吸收速率不同。单糖吸收较快，多糖吸收较慢。如以葡萄糖吸收速率为 100，则半乳糖为 110，果糖为 43，甘露糖为 19。

（2）双糖

双糖是由两个单糖分子缩合失去一分子水而形成的化合物。双糖不能直接被人体所吸收，必须经过酸或酶的水解生成单糖后方能被人体所吸收。

食品中常见的双糖有以下 3 种：

① 蔗糖。甘蔗、甜菜中含蔗糖最多，果实中也有，作为食品原料中的白砂糖、方糖、冰糖、红糖就是蔗糖。蔗糖易于发酵，并可产生溶解牙齿珐琅质和矿物质的物质，它被牙垢中的某些细菌和酵母作用后，在牙齿上形成一层黏着力很强的不溶性葡聚糖，还能产生作用于牙齿的酸，引起龋齿。

② 麦芽糖。食品工业常用大麦作为酶的来源，将其作用于淀粉得到糊精和麦芽糖的混合物，即为饴糖（麦芽糖占 1/3）。

③ 乳糖。存在于哺乳动物的乳汁中，人乳约含 7%，牛乳约含 5%。乳糖是婴儿主要食用的糖类物质。食用后，在肠道中可将乳糖分解为葡萄糖和半乳糖的乳糖酶活性急剧下降，甚至在某些个体中几乎降到 0。因而成人食用大量乳糖不易消化，食物中乳糖含量高于 15% 时可导致渗透性腹泻。

（3）低聚糖

低聚糖（又称寡糖）是由 3—10 个分子单糖以糖苷键聚合而成的多糖类碳水化合物。如低聚乳糖、低聚半乳糖、低聚果糖、大豆低聚糖等。易溶于水，其溶液渗透压低，25% 浓度的低聚糖渗透压仅相当于 5% 葡萄糖的渗透压，故可提供低渗透压高热量的液体。低聚糖甜味低，吸收均衡。

（4）多糖

多糖是由许多单糖分子缩合构成的大分子化合物。其中包括可被消化吸收的淀粉、糊精被消化吸收的纤维素、半纤维素、木质素、果胶、树胶及海藻胶等。

① 淀粉，主要来自谷类和薯类。煮熟的淀粉往往可全部消化。

② 糖原，包括肝糖原和肌糖原被称为"动物淀粉"，是机体的重要热源质。

③ 果胶、海藻胶被广泛地应用于食品工业中作为增稠剂，但它们都是不被人体吸收利用。

2. 营养功用

（1）供给热能

糖是最主要、经济及快速的能源物质。

机体60%的热能均由糖提供，凡短时间大强度运动时的热能绝大部分由糖氧化供给；而长时间小强度运动时，则首先利用糖的氧化供给热能，待可利用的糖耗竭时才动用脂肪以糖供能时氧的效价是最高的。氧化1g糖时耗氧量为0.83L，脂肪和蛋白质的耗氧量分别为2.03L和0.97L。消耗同样量的氧，糖类的产能效率比脂肪高4.5%，虽然差别不大，但在比赛时可成为决定胜负的关键。

糖除在氧气充足条件下进行有氧氧化供能外，在无氧条件下仍然可通过糖酵解提供能量ATP（三磷酸腺苷），这是脂肪和蛋白质所不及的。糖完全氧化的最终产物是二氧化运和水，不会增加体液的酸度。

（2）供给中枢神经系统所需要的热能

脑组织中无能量储备，全靠血糖氧化供给能量。糖是大脑的主要能源，每天需要100~120g葡萄糖。血糖水平正常才能保证大脑的功能，血糖降低脑功能即受影响，会发生疲劳、头晕、昏厥等低血糖症。人体血糖降低到一定程度，就会产生饥饿感。

对于大脑能量消耗较大的竞技项目，如围棋、射击、射箭（对注意力要求高）等运动项目，必须保证运动员维持较高的血糖。

（3）维持脂肪正常代谢

脂肪在体内代谢所产生的乙酰基必须与草酰乙酸结合进入三羧酸循环中才能被彻底氧化燃烧，草酰乙酸的形成是葡萄糖在体内氧化燃烧的结果，所以脂肪在体内的正常代谢必须有碳水化合物的存在。

（4）节约蛋白质作用

机体内的糖充足时，糖首先被利用作为能量的来源，因此其对蛋白质有保护作用。

（5）保护肝脏

糖可增加肝糖原的储存，保护肝脏免受某些有毒物质（如酒精、细菌毒素等）的损害，如葡萄糖醛酸参与解毒作用。

（6）构成机体

细胞膜中的糖蛋白，结缔组织中的黏多糖，神经组织中的糖苷脂等，都由糖参与构成。

（四）维生素

维生素是维持人体正常生理功能所必需的一类低分子有机化合物。维生素种类繁多，目前从食品中已发现有60多种，但最重要的仅有10余种，理化性质各异，基本上可分为水溶性维生素和脂溶性维生素两大类。

脂溶性维生素包括维生素 A、D、E、K。

水溶性维生素包括维生素 B_1（硫胺素）、B_2（核黄素）、B_6（吡哆醇）、B_{12}（钴胺素）、C（抗坏血酸）、PP（尼克酸）、叶酸、胆碱、生物素、泛酸等。

维生素具有以下共同特点：

（1）维生素或其前体都在天然食物中存在，但是没有一种天然食物含有人体所需的全部维生素。

（2）维生素在体内不提供热能，一般也不是机体的构成成分。

（3）人体正常发育和生命活动的维持都必须要求一定数量的维生素，

需要量极少，一般以毫克或微克计，但是绝对不可缺少。

（4）维生素一般不能在体内合成，或合成的量极少不能满足机体需要，必须经常由食物供给。

（5）食物的选择不当或食物在储存、加工、烹调过程中可能造成维生素的破坏与丢失，引起维生素摄入量不足。

当机体缺乏某种维生素时，就会导致新陈代谢在某些环节的障碍，影响正常的生理机能，甚至引起某种特殊的疾病，形成维生素缺乏症。早期轻度缺乏尚无明显临床症状时，称为维生素不足症；若长期轻度缺乏，并不一定出现临床症状，但可使运动能力下降，抵抗力下降。

脂溶性维生素在体内排泄效率不高，摄入过多可在机体内蓄积以致产生有害影响（中毒）；水溶性维生素在体内排泄效率较高，一般不在体内蓄积产生毒性。

1. 脂溶性维生素的营养功用

（1）维生素 A

① 维持正常生长发育：维生素 A（又名视黄醇）是一般细胞代谢和结构的重要成分，有促进生长发育的作用。缺乏时生长停滞。

② 维持正常视力：维生素 A 是眼内感光物质——视紫红质的主要成分，具有维持弱光下视力的作用。如缺乏会使暗适应能力降低，导致"夜盲症"。

③ 维护上皮组织健康：维生素 A 缺乏症常见为皮肤干燥、脱屑等。

维生素 A 的计量单位过去采用国际单位，现多以视黄醇当量为标准，它们之间的换算如下：

维生素 A 的最好来源是各种动物肝脏，鱼肝脏、鱼卵、全奶、奶油、禽蛋等。胡萝卜素的一般来源是有色蔬菜，如菠菜、苜蓿、红心甜薯、胡萝卜、辣椒、冬苋菜，以及水果中的杏子、柿子等。β-胡萝卜素，可在体内转变为维生素 A。

（2）维生素 D

维生素 D 是类固醇的衍生物。具有维生素 D 活性的化合物约 10 种，主要是维生素 D_2 和 D_3，二者结构十分相似。植物中的麦角固醇在日光或紫外光线照射下可转变为 D_2，人体皮下存有 7-脱氢胆固醇，在日光或紫外线照射下可以转变为 D_3。多晒太阳是防止维生素 D 缺乏的有效措施之一。

维生素 D 的主要营养功用是促进钙和磷的吸收利用，维持血清钙磷浓度的稳定。对骨及牙齿的钙化过程起重要作用。儿童缺乏维生素 D 可致佝偻病，成人缺乏可使骨骼缺钙而致骨质疏松或软骨病。

（3）维生素 E（生育酚）

① 抗氧化作用：维生素 E 是细胞膜的主要抗氧化剂，可防止不饱和脂肪酸被氧化成对细胞膜有害的过氧化脂质，具有保护细胞的作用，因而与发育、防衰老有密切关系。

② 改善微循环：维生素 E 可促进毛细血管增生，改善微循环，使氧的利用率增加，有利于防止动脉硬化及冠心病等。

③ 抗巨细胞性溶血：维生素 E 缺乏时细胞膜溶解，红细胞寿命缩短，发生溶血性贫血。

④ 预防衰老：随着年龄的增长体内脂褐质不断增加，脂褐质俗称老年斑，是细胞内某些成分被氧化后分解的沉积物。补充维生素 E 可减少脂褐质的形成，改善皮肤的弹性，使性腺萎缩减轻，提高免疫力。

⑤ 与生殖功能有关，可防止流产。

2. 水溶性维生素的营养功用

（1）维生素 B_1

维生素 B_1 的分子结构中含有硫和氨基，又称为硫胺素。

① 辅助体内糖代谢：维生素是以焦磷酸酯硫胺素（TPP）的形式构成酮酸脱氢酶系中羧酶的辅酶，参与糖代谢过程中酮酸的氧化脱羧反应，有

保证体内供能作用。当人体缺乏维生素 B_1 时糖代谢会发生障碍，造成神经系统的能源不足，出现多发性神经炎和脚气病。

② 促进能量代谢：维生素 B_1 一方面促进糖原在肝脏肌肉中蓄积，另一方面在需要时又能加速糖原和磷酸肌酸的分解，释放能量。

（2）维生素 B_2

维生素 B_2 因是一种橙黄色晶体，又被称为核黄素。

① 构成辅酶：维生素 B_2 主要以黄素腺膘呤二核苷酸（FAD）和黄素单核苷酸（FMP）形式构成机体脱氢酶的辅酶，参与体内生物氧化过程。

人体维生素 B_2 缺乏时肌肉无力，耐力下降，容易疲劳，神经兴奋性过度增加或减弱。

② 参与体内蛋白质合成代谢：人体维生素 B_2 缺乏时，肝血浆中蛋白质含量降低，肌肉蛋白质合成率减慢，所以它对肌肉发育有特殊意义。

③ 维持眼睛、皮肤、口舌及神经系统的正常功能。中国人膳食中最易缺乏的是维生素 B_2。

（3）维生素 B_6

维生素 B_6 又称为吡哆醇。

维生素 B_6 是辅酶的成分，主要与氮的代谢有关，参与代谢中的转氨基作用和脱羧基作用。此外，还是糖原分解过程中磷酸化辅酶的因子，参与辅酶 A 的形成，促进糖原由肝脏或肌肉中释放能量。

幼儿缺乏维生素 B_6 时，表现为生长停滞、惊厥和贫血。成人缺乏时，则表现为皮炎、周围神经失调和精神异常症。

由于维生素 B_6 在食物中分布很广，且人体肠道可合成少量的维生素，一般情况下不会缺乏。

（4）维生素 PP（尼克酸）

尼克酸又称烟酸或维生素 PP，也称为维生素 B_5。

尼克酸在体内以烟酰胺的形式构成呼吸链中的辅酶，是组织中重要的递氢体，参与葡萄糖的酵解、脂类代谢、丙酮酸代谢以及高能磷酸键的形成等，在代谢中起重要作用。

人体缺乏尼克酸可导致糙皮病，主要表现为皮炎、肠炎和神经炎。症状为全身无力、烦躁失眠、感觉异常、眩晕、腹泻等。

（5）维生素 C

维生素 C 又称抗坏血酸，其营养功用如下：

① 抗氧化剂作用：维生素 C 是活性很强的水溶性抗氧化剂，并可进行可逆的氧化还原反应，在体内形成一种氧化还原系统，起递氢作用，提高生物氧化过程，促进物质代谢，增加大脑中氧的含量，激发大脑对氧的利用，从而减轻疲劳和提高机体的工作能力。

② 促进胶原的生物合成，预防坏血病：维生素 C 参与组织胶原的形成，保持细胞间质的完整，维护结缔组织、骨、牙、毛细血管的正常结构与功能，促进创伤与骨折愈合。人体缺乏维生素 C 时导致坏血病，主要症状为毛细血管壁脆性增加，易出血，牙齿和骨骼发育不正常等。

③ 作为一种自由基清除剂：维生素 C 是一种重要的自由基清除剂，它可清除细胞外液和细胞质中的自由基。

④ 增强机体免疫力：维生素 C 可促进抗体生成和白细胞的噬菌能力，抑制细菌毒素和毒性，从而增强机体抗感染的能力。

⑤ 促进造血机能：食物中丰富的维生素 C，有助于铁的吸收利用。

⑥ 增强机体的应激能力：维生素 C 在体内可促进类固醇转变为肾上腺皮质激素，因而能提高机体对缺氧、寒冷和高温等的应激能力。

⑦ 防止动脉粥样硬化。

维生素 C 可促进体内胆固醇排泄，防止胆固醇在动脉内壁沉积。

维生素 C 主要含在植物性食物中，分布很广。

维生素 C 易受储存和烹调破坏，所以蔬菜水果应尽可能保持新鲜。

（五）矿物质

矿物质又称无机盐。从人体构成元素来看，各种元素除碳、氢、氧、氮主要以有机化合物形式出现外，其余各种元素，无论其含量多少统称为无机盐。人体所含无机盐的总量占体重的 5%～6%。

根据各种矿物质元素在体内的含量高低，可将这些无机盐元素分为常量元素及微量元素。

常（宏）量元素（体内含量＞0.01%）包括钙、镁、钠、钾、磷、硫、氯 7 种。

微量元素（体内含量＜0.01%）包括铁、碘、锌、铜、钴、锰、硒、氟、铬、钼、硅等。

矿物质是构成机体组织和维持正常生理功能所必需的营养素，但不提供能量。矿物质与有机营养素不同，它们既不能在人体内合成，也不能在体内代谢过程中消失（除排泄外）。

1. 常量元素的营养功用

（1）钙

成年人体内含钙约 1200g，其中 99%存在于骨骼和牙齿中，其余 1%的钙常以离子形式存在于血液、细胞外液等体液中。其营养功用如下。

① 构成骨骼和牙齿：钙主要以磷酸钙、碳酸钙形式存在于骨骼和牙齿中。人体骨骼系统是形态的基础，充足的钙对儿童生长发育具有重要的意义。

② 钙可维持神经肌肉的正常兴奋性与心跳节律。

③ 钙缺乏时神经肌肉的兴奋性增高，肌肉容易痉挛。

④ 钙参与凝血过程，有激活凝血酶的作用，还有激活其他酶活性的作用。

含钙较丰富的食物有：奶、豆类、虾皮、海带、果蔬等。

钙是人体内最易缺乏的无机盐元素之一，缺钙导致骨质疏松症。缺钙的主要原因并非完全是钙的供应量不足，而是在于钙的吸收率低。我国膳食多以粮食、蔬菜为主，而谷类含植酸较多，蔬菜含草酸较多，钙在肠道内易与植酸、草酸、脂肪酸等结合形成不溶性的钙盐，影响钙的吸收。大量证据证明，膳食纤维可以降低钙的吸收，乳糖、维生素 D 可促进钙的吸收。任何补钙的钙剂都是以离子状态被吸收的，虽然各种钙剂含钙量略有差别，但吸收率一般约为 30％，而不是一些动物实验结果所得出的90％的吸收率。

（2）磷

磷的营养功用如下。

① 构成骨骼与牙齿：磷与钙结合形成磷酸钙，其为骨和牙齿的主要成分。成人骨骼中含磷总量为 600～900g，约占体内总磷量的 85％。

② 参与能量物质代谢：磷是构成三磷酸腺苷和磷酸肌酸的必需元素。食物经代谢放出能量，除部分热量由体表向外散发和维持体温以外，大部分储存于细胞内的三磷酸腺苷和磷酸肌酸之中。一旦机体需要能量时，细胞内的三磷酸腺苷和磷酸肌酸就及时释放能量，它们是肌肉收缩的能源物质，具有储存和转移能量的作用，是人体内的"能量库"。机体的能量消耗越大，磷的消耗量就越多。

③ 磷与脂肪等合成磷脂：磷脂是神经组织和细胞膜的重要成分。

④ 维持血液的酸碱平衡：磷在血液中以酸式磷酸盐与碱式磷酸盐的形式存在，是重要的缓冲体系。

（3）钾

正常成年人每千克体重含钾约 2g，占体内无机盐含量的第 3 位，其中 98％在组织细胞内液，其余存在于细胞外液中。钾的营养功用如下。

① 调节细胞内外的水平衡：体内钾是细胞内液主要的正离子，它与细胞外的钠相互作用维持渗透压。

② 参与细胞能量代谢：钾与糖原合成有关，可促进乳酸盐和丙酮酸盐

形成糖原。

③ 与蛋白质合成有关：细胞内合成蛋白质需要钾，每克蛋白质含0.45mEq/L（毫当量）钾。钾可促进肌球蛋白的合成，缺钾会影响机体对蛋白质的利用。

④ 维持神经肌肉的应激性和心脏的正常跳动：人体缺钾时神经传导减弱，反应迟钝。血清钾浓度降低时，心脏自动节律性增高，容易发生期前收缩及其他异位心律。缺钾还常成为发生中暑和肌肉受伤的诱因。

（4）钠与氯

① 调节渗透压及酸碱平衡：钠是细胞外液的主要正离子，氯是细胞外液中的主要负离子，其具有维持体内水平衡、渗透压及酸碱平衡的作用。

② 维持神经肌肉兴奋性：人体缺钠会出现肌肉无力、易疲劳、食欲不振、心率加快等症状。

③ 有利于消化：氯是胃酸的主要成分，能激活唾液淀粉酶，有助于消化。

④ 氯化钠有调味作用。

（5）镁

镁是常量元素中体内含量和需要量最少的，但镁是人体细胞内最丰富的正离子，其99%存在于人体细胞中。镁的营养功用如下。

① 维持神经肌肉的正常兴奋性：血清镁浓度降低时，可出现易激动，神经肌肉兴奋性极度增强——容易痉挛。

② 促进代谢：镁是体内磷酸化与某些酶的激活剂，对能量代谢、蛋白质合成及细胞生长均有重要作用。

机体缺乏镁时，细胞产生能量的功能就会发生障碍，从而导致肌肉无力和耐力下降。长期慢性腹泻可导致镁缺乏。

③ 保护心脏：镁可预防高胆固醇饮食引起的冠状动脉硬化，缺镁易发生血管硬化和心肌损伤。

2. 微量元素的营养功用

（1）铁

成年人体内含铁量为 4~5g，72% 的铁储存在血红蛋白中。体内铁可分为两类：一类是功能铁，其负责氧气的代谢和转运，并参与体内与能量代谢有关的过程；另一类是储存铁，其在代谢需要时可被运用于血红蛋白、肌红蛋白、含铁蛋白和酶的合成。铁的营养功用如下。

① 构成血红蛋白的必需元素：血红蛋白水平的高低直接关系到机体输氧能力的高低。缺铁可致缺铁性贫血，其主要表现为全身无力、易疲劳、头晕、心悸、易激动、易烦躁、注意力不集中、面色苍白以及易患感冒等。

② 促进含铁蛋白和酶的合成：铁是细胞色素酶、过氧化酶以及肌红蛋白的组成成分，在组织呼吸、生物氧化过程中起十分重要的作用。

含铁丰富的食物主要有猪肝、瘦肉、豆类、绿色蔬菜等。

维生素 C 和蛋白质可促进铁的吸收。一杯橘子汁可使铁的吸收率提高 2.5 倍，这是维生素 C 帮助身体吸收铁的效果。膳食中脂肪过多影响铁的吸收，茶叶中的鞣酸使铁的吸收率降低 15%。

（2）锌

成年人体内含锌 2~3g，人体的锌主要分布在睾丸、头发、骨骼、肝肾、肌肉、胰、脾、胃肠道和血液中。体内储备的锌不易动员出来，因此需要有规律的外源补充。锌的营养功用如下。

① 构成某些酶的必需元素：锌是体内许多酶（碳酸酐酶、乳酸脱氢酶、碱性磷酸酶等）的组织成分，在蛋白质、脂肪、糖及核酸等代谢中有重要作用。

② 加速生长发育：由于锌与很多酶、核酸及蛋白质的合成密切相关，所以能影响细胞分裂、生长和再生。人体缺锌时会导致发育迟缓，性机能低下，第二性征发育不全、乳房发育缓慢、阴毛及生殖器发育不全、月经闭止或不来潮。

③ 参与唾液蛋白的合成：人体缺锌会导致味觉迟钝，食欲减退。

④ 增强创伤组织的再生能力：人体缺锌后 DNA 和 RNA 合成量减少，创伤处颗粒组织中的胶原减少，使创伤不易愈合。

⑤ 增强免疫力：锌主要存在于动物性食品中，豆类和谷类的含量也不低，蔬菜和水果中锌的含量很少。

（3）铜

铜在生物氧化代谢过程中有重要作用，其营养功用如下。

构成体内酶的主要成分：铜是参与几个关键反应的金属酶的组成成分，至少有 11 种酶是含铜的金属酶，如细胞色素氧化酶、超氧化物歧化酶、酪氨酸酶等。

预防贫血起重要作用：血浆铜蓝蛋白是一种多功能氧化酶，它参与铁的利用，促进血浆中铁的饱和度。当体内铜缺乏时，血清铁下降，易发生低血色素贫血。

（4）氟

氟在骨中含量最多，其次为牙齿。氟的营养功用如下。

氟的主要生理作用是增强机体骨骼和牙齿中钙与磷形成羟磷灰石的矿化过程，形成不易溶于酸的结晶，增强结晶体的坚固性。牙釉表面含氟很高（1000PPM），因此牙釉对口腔微生物形成的酸有较强的抵抗力，以致珐琅质不被侵蚀而造成龋齿。

体内缺氟不仅影响牙齿，而且也会影响骨骼。低氟区的老年性骨质疏松症，可用氟改善骨骼结构，减轻症状。

（5）碘

人体内含碘总量为 20—50mg，其中 20%—30% 存在于甲状腺中，其余存在于肌肉等组织。碘的营养功用如下。

① 碘是合成甲状腺素的必要物质：体内碘缺乏时甲状腺素水平下降，甲状腺代偿性增生会引起甲状腺肿大。

② 促进生长发育：碘对机体的能量代谢、蛋白质、脂类、糖类代谢，以及对水、盐的代谢都有重要影响，与机体的生长发育有密切关系。

（6）硒

硒在人体内的生理功能主要是以谷胱甘肽过氧化酶的形式发挥抗氧化作用，以保护细胞膜。硒与维生素 E 有互补作用，但二者发挥作用的阶段不同。维生素 E 主要是阻止不饱和脂肪酸被氧化成氢过氧化物；而谷胱甘肽过氧化酶则是将产生的氢过氧化物迅速分解成醇与水，共同保护细胞膜的完整性。

硒还具有促进生长，保护心血管和心肌健康，解除体内重金属的毒性，保护视觉功能，以及抗肿瘤等作用。

动物实验发现，缺硒可以引起若干病症，如生长迟缓、肝坏死、白内障、脱毛、疲乏无力、肌肉钙沉着等。人体缺硒的主要病症为克山病与大骨节病。

硒摄入过量可致"硒中毒"，其症状为脱发、皮肤脱色、指甲异常、疲乏无力、恶心呕吐，呼出气有大蒜味等。

（六）水

水是生命之源，是人体除氧以外赖以生存的最重要的物质。一般情况，人没有食物可存活达一个月，而没有水只能活一周，由此可见，水对机体的重要性。水的营养功用如下。

1. 机体的重要成分

水是机体中含量最多的组成成分，水占成人体重的 57%—60%，细胞内液占 40%，细胞外液占 20%。体内所有组织都含有水，如血液含水量为 90%，肌肉含水量为 70%，骨骼含水量为 12%—15%。儿童体内水的含量较大，如新生儿体内含水量为 75%—80%，但随其年龄增长而逐渐减少。一般男性比女性体内含水量高，成年男性约为 60%，成年女性约为50%。因脂肪组织含水量少，肥胖者体内的水分比瘦人少。

2. 促进营养素的消化、吸收与代谢

在体内，水是许多有机物与无机物的良好溶剂，即使是不溶于水的物质如脂肪也能在适当的条件下分散于水中，成为乳浊液或胶体溶液，以利于营养素的消化、吸收、代谢与排泄为体内化学反应的介质，体内的一切代谢活动都必须借助水作为介质进行。人体的电解质酸碱平衡也靠水来维持。

3. 调节体温恒定对机体具有润滑作用

水的比热大，热容量也大。1g水温度升高1℃时，它比很多同质量其他物质所需的多，其蒸发热也高。机体只需通过皮肤蒸发少量的水就可带走很多热量。运动过程中机体产生大量热能，若多余热量不及时排出体外，势必造成体温升高以致发热，运动不能持久。运动员能够在相对稳定的体温下保持运动能力，与水的热特性密切相关。

人体内各组织器官代谢强度不同，产生热量不等，容易形成身体局部体温不同。由于水有良好的导热作用，可将局部过高的热量吸收并通过血液循环将热量传递给体温较低的身体其他部位，使得组织器官的温度基本一致，维持体温的正常状态。

水是体内关节、肌肉和体腔器官的润滑剂，可减少体内组织运动的摩擦力，使器官运作灵活，防止损伤。随着年龄的增长，人体所持水分的比例逐渐下降，老年人的运动器官灵活性也随之下降。运动员为保持关节、肌肉的灵活性，保证体内充足的水分是不可或缺的。

4. 体内物质的运输媒介

水的流动性好，且通过循环系统遍布全身，构成体液循环运输物质。人体对营养物质的吸收利用、代谢产物的排泄等，均是通过水的运输来进行的。

人在高温条件下运动或运动持续时间过长，出汗过多，会造成体内缺水。这样运动所需的能量物质供给效率下降，代谢酸性产物的排出速率下

降，导致运动能力下降。

5. 保持腺体正常分泌

机体中各种腺体分泌物均呈液体状，如唾液、胃液、胆汁液等，没有水，其分泌不能进行。

人体对水的需要量是由体内水代谢平衡决定的。水在人体的排出途径主要靠尿液。尿液一日排出量少于 500ml 时对人体不利，人体脱水和尿量过少容易形成泌尿系统结石。

（七）食物纤维

食物纤维是食物中所含有的不被人体消化酶类分解，不为肠道吸收的多糖类成分的总称。

由于动物肌肉纤维可被机体消化吸收，所以纤维素主要是植物性纤维，如纤维素、半纤维素、木质素、戊聚糖、果胶和树胶等。

食物纤维可分为不溶性食物纤维和可溶性食物纤维。

不溶性食物纤维是植物细胞壁的组成成分，主要是纤维素、半纤维素和木质素，来源于谷物、豆类种子的外皮和植物的茎和叶。

可溶性食物纤维存在于细胞间质，主要有果胶、藻胶和豆胶等。果胶来源于水果，藻胶来源于海带，豆胶来源于豆类种子。

虽然食物纤维不被人体吸收，但可调节机体的某些生理功能。食物纤维的生理功能如下。

1. 刺激消化液分泌

纤维素在口腔里增加咀嚼感及时间，刺激唾液分泌，减少附在牙齿上的食物残渣，有利于防止牙周病和龋齿。咀嚼时间长可增加胃液和胆汁液分泌，利于消化。

2. 促进肠蠕动

食物纤维有一定体积，可促进肠道蠕动缩短食物残渣通过大肠的时间。食物纤维可增加粪便的硬度同时吸收部分水分，从而有利于通便，防止便秘。

3.预防结肠癌

食物纤维加快排便缩短了有害物质在肠道的停留时间，减少有害物质对肠壁的刺激，对预防结肠癌有一定的作用。

4.预防心血管病

食物纤维能抑制机体对胆固醇的吸收和增加胆汁酸的分泌，因而具有降低血清醇，防止动脉硬化及冠心病的作用。

5.预防糖尿病

食物纤维有降低血糖的作用，减少糖尿病患者对胰岛素和药物的依赖作用。

6.减肥

减肥期间在摄入食物较少的情况下，添加不被机体吸收的食物纤维含量，可限制摄入并增加饱腹感。

7.解毒作用

食物纤维中的木质素可与重金属离子结合，避免其对身体的危害。

含膳食纤维较多的食物有：魔芋、粗粮、绿豆、萝卜及芹菜等。食物纤维摄入过多会影响钙、镁、锌、铁等无机盐和某些维生素的吸收，还可引起刺激性腹泻。

二、青少年足球运动员的运动生化实验课程

对青少年足球运动员来说，基本的运动生化知识也是必需的。然而，运动生化学科的理论性强，知识点庞杂，对于青少年足球运动员，尤其是年龄较小的青少年足球运动员来说，存在较大难度。因此，运动生化课程主要针对年龄较大的青少年足球运动员，且为了提高课程的趣味性，帮助

青少年足球运动员理解相关的运动生化知识，建议采用实验课程的方式来实施。

（一）青少年足球运动员的运动生化实验课程概述

足球运动专业是实践性、实用性很强的体育科学。体育教育实践表明，足球专业的理论教学和实验教学是不可分割的两部分。足球运动实验学教学在足球运动专业教学中占据着重要的地位，毫无疑问，足球运动实验课程是青少年足球运动员的必修课。

1. 足球运动实验课程的性质、研究内容和任务

足球运动实验课程是在足球专业理论和技术基础上，围绕足球运动表现规律进行研究，按照理论、实践发展的需要，通过客观数据资料的采集，观察指标数据的规律，从而为科学安排足球运动的内容、时间、负荷、技战术设计等提供客观依据的应用课程。

2. 足球运动实验课程的研究内容

根据足球运动实践中应用目的不同，对各种指标的测量方法进行设计，并对有关指标进行控制，从而观察足球运动指标的分布和变化规律，这就是足球运动实验课程的研究内容。从狭义的角度说，足球运动实验是借助专门的仪器设备，直接观察足球运动过程中各指标变化规律的科学。但是，由于受到实验技术和条件的限制，许多指标在活体无损害状态下很难测试。为了观察足球运动对机体的影响，就需要建立动物模型。因此，广义的足球运动实验还包括动物实验。

3. 足球运动实验课程的任务

足球运动实验课程的首要任务是建立包含足球专业理论和技术的方法学科体系，并用体育实验学的基本理论和技能引导青少年足球运动员开展科研实践，从而使学生初步形成科研意识，培养学生实践、创新能力，成为足球事业发展所需要的应用型、复合型人才。

（二）青少年足球运动员的运动生化实验课程的教学内容与手段

青少年足球运动员的运动生化实验课程的教学内容包括足球运动实验知识，足球运动实验基本操作，足球运动实验过程，足球运动实验方法，足球运动实验规范，足球运动实验态度与习惯等。

青少年足球运动员的运动生化实验课程的教学手段主要是各种类型的运动生化实验，可以划分为如下几类：达成足球运动专业知识目标的足球运动实验，例如，身体成分及骨密度测量实验、两点辨别阈测定实验等；达成足球运动专业技能目标的足球运动实验，例如，磷酸原供能能力的评定实验、有氧代谢能力的评定实验等；达成科研过程与方法目标的足球运动实验，例如，运动负荷的综合评价实验，通过对心血管系统及代谢指标的测定判断疲劳的实验等；达成科研情感、态度、价值观目标的足球运动实验，例如，综合运用足球运动专业知识和实验技能的设计实验等。

（三）青少年足球运动员的运动生化实验课程的教学策略

足球运动实验研究能力的基本要素包括提出问题能力、提出假设能力、实验设计能力、收集实验数据能力、验证假设与解释数据能力、理论抽象能力、反思与评价能力和表达与交流能力等。关于青少年足球运动员的运动生化实验课程的教学，教师和教练员可以采取的策略包括转变足球运动实验教学观念与青少年足球运动员的学习观念，树立以培养足球运动实验研究能力为宗旨的足球运动实验教学理念与学习理念，这是培养青少年足球运动员足球运动实验研究能力的认识基础；树立"做科研"的足球运动实验教学观，研究性足球运动实验是培养与提高青少年足球运动员运动实验研究能力的主渠道，只有让青少年足球运动员体验足球运动实验研究过程，通过"做科研"而不是"死记硬背"，才能逐步深化青少年足球运动员对相关运动生化知识的理解；要为青少年足球运动员开展研究、体验与实验活动创造必要的条件，例如，提供适当的研究性课题，给予足够的研究时间，提供适合研究的实验空间与条件，提供适当的指导，提供研究所需的必要信息与资源等。

第三节　青少年足球运动员的体育心理学课程

核心素养是个体满足自身幸福生活和和谐融入社会发展之所需，而体育核心素养则更具体地要求青少年足球运动员在成长发展的过程中发展出运用体育心理学的知识解决体育实践相关问题的能力，从而发展自我、适应社会、追求幸福。可见，体育心理学课程在促进学生体育核心素养有重要作用。体育心理学的教学能够服务于青少年足球运动员体育核心素养的培养，从而提高青少年足球运动员解决体育实践相关问题的能力，促进青少年足球运动员全面发展，更好地适应社会的发展。

一、体育心理学的学科定位

体育心理学是一门跨学科科学，它综合了多个领域的知识，重点关注心理因素如何影响体育运动表现，以及参与体育运动和锻炼如何影响心理和身体因素。传统上，体育心理学专注于心理技能和竞技成绩的提升，国内外学者已经对相关话题进行了很多的探讨。近年来，学者开始提出并深入研究了其他几种认识论和研究方法。[1] 学者们开始将体育心理学视为一种"文化实践"，它更强调一种跨学科的方法，从研究实践范式来分析体育心理学的社会形态。本质上，这主张从个人主义和僵化的领域观转向个

---

[1]　Ryba, T.V., "Sport psychology as cultural praxis: Future trajectories and current possibilities", *Athletic Insight*, Vol. 7, No. 3（September 2005）, pp.14-22.

人主义与集体主义的均衡以及跨学科的领域观，强调后现代解释范式中的多重现实和生活体验。① 这种对运动员社会性和实际生活的关注，与体育核心素养的基本理念相契合，可为体育核心素养视域下体育心理学的学科定位提供参考。

对此，有学者提出，在现代社会转型背景下对运动员实施体育心理学的教学，应强调运动员的生活技能。这里所指的生活不仅仅是日常生活，是包含运动员的学习、训练、家庭、社交、职业等方方面面的生活。这种以生活技能为中心的体育心理学，要培养的是运动员"在快速变化和转型的社会中实现有意义和成功的生活"的能力，强调运动员"在生活中，利用一系列的相互关联的多个不同领域的生活技能，这些技能需要适合人生特定阶段的发展任务和活动，以及面临的任何挑战或转变"②。而对于青少年足球运动员来说，在体育心理学学科领域，为了全面提升体育核心素养，也应当在掌握传统运动员应掌握的在训练和比赛中的心理特点和变化规律等知识以外，更加全面地发展其在学校生活、家庭生活、日常学习、人际交往、训赛任务，以及未来职业等各个阶段、各个方面的生活技能。

二、在体育心理学课程中培养青少年足球运动员体育核心素养的策略

在体育心理学课程中培养青少年足球运动员的体育核心素养，能在

---

① Lewis, A. and Steyn, J.C., "A critique of mission education in South Africa according to Bosch's mission paradigm theory", *South African Journal of Education*, Vol. 23, No. 2（2003）, pp.101-106.

② Van Deventer, K., "Perspectives of teachers on the implementation of Life Orientation in Grades R–11 from selected Western Cape schools", *South African journal of education*, Vol. 29, No. 1（February 2009）, pp.127-146.

加强相关联的实践活动的同时，为他们将来从事相关职业和解决生活中存在的各方面问题时更好地运用相关知识，扩大体育心理学发挥的作用打下基础。

（一）学习成果标准设计的思路

是否有效培养和提升学生的体育核心素养，主要看学生在某一个阶段的学习之后是否达到该阶段学习应达到的成果。因此，对于青少年运动员来说，其接受的体育心理学课程教学是否达到了提升体育核心素养的效果，也应参考一定的学习成果标准。与其他课程不同，体育心理学课程对青少年足球运动已经达到的逻辑思维发展水平的要求更高。借鉴已有研究，本书认为，体育心理学课程可从初中开始设置，学习成果标准可从 7 年级开始编写。如图 5-1 所示的学习成果标准供读者参考。

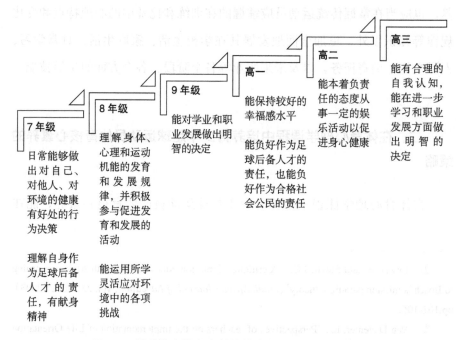

图 5-1　基于体育核心素养的体育心理学学习成果标准

　　基于体育核心素养的体育心理学学习成果标准中，体育和生活是相融的，这不是单一的运动训练或文化课学习可以实现的，是遵循体教融合战略思想的教育模式，既包含教学，也包含训练，是整体的青少年足球运动员培养工作对青少年足球运动员产生的影响。在这样一种教育模式之下，通过体育心理学课程，以及课程外对课程所学的体验和实践，青少年足球运动员能够加深对课程所学知识的理解，并以此来指导自身的体育运动实践。应秉持身体、心理与社会化全面健康发展的观念和目标，这要求青少年足球运动员培养必须关注青少年足球运动员的心理健康以及足球学习、训练、比赛活动等行为的心理效益，例如在情绪、自尊、心理韧性、压力适应、人际关系等方面的表现，以及对未来职业、未来生活发展的看法和计划。为此，体育心理学课程教师要深入运动员的日常生活和训练、比赛等活动，及时观察、收集信息，并据此不断地改进课程教学，从而更全面系统地在体育心理学课程中促进青少年足球运动员体育核心素养的提升。

（二）课程实施的相关策略

1. 教学内容

　　体育心理学课程的内容模块要结合培养青少年足球运动员体育核心素养的要求来设计。参考已有研究，体育心理学课程内容应包含以下几个流行的主题：压力和倦怠、体育心理技能、目标设定、时间管理、健康生活、人际交往、职业发展、职业行为，以及问题解决、决策与冲突管理等。[①] 在实际工作中，还可以结合青少年足球运动员所处的年龄和学校师资等实际情况灵活调整。

---

　　① Lewis, A., "Developing Sport Psychology in a girls' sport academy curriculum", *South African Journal of Education*, Vol. 34, No. 2 (July 2014).

上述内容模块并不是完全割裂的，而是相互联系的。在课程内容设计过程中，可以采用主次搭配、详略得当的方式来设计。例如，以青少年足球运动员训练倦怠为主题进行课程教学设计时，教学内容要以训练倦怠的病因、症状、预防和治疗为主，同时还要搭配相关体育心理技能的训练，如目标设定、意象练习等。

2. 教学方法

青少年足球运动员大多处于青春期，这与皮亚杰认知发展的形式运算阶段相吻合，其特征是抽象思维，对此，体育心理学教师要采用适用于这一发展水平的高阶的、互动性的，但实用的体验性参与的教学方法，同时坚持从具体到抽象的教育原则。[①] 例如，为了讲授意象练习的课程内容，教师除了讲授什么是意象、为什么使用意象、如何进行意象练习等问题以外，还要帮助学生将这种心理技能融入每一个动作的执行中。意象是在脑海中创造或重现场景的过程，青少年足球运动员在平时训练和比赛时形成的意象，在出现运动损伤要暂停训练的阶段尤其有用。他们可以在无法进行足球训练的时候做意象练习，这能够有效减轻压力和焦虑，对运动员起到激励的效果。

教师还要灵活地在课程中融入解决问题、口头表达、团队合作、实验和批判性思维等任务。通过各种教学形式的搭配组合，有助于创造灵活多样的学习氛围，能很好地促进青少年足球运动员度过青春期特有的认知和元认知发展阶段。教师尤其要激发青少年足球运动员讨论的热情，引导运动员结合自己的实际生活和学习来参与讨论，促进运动员对意义性知识的建构。结合自身经历和感受来讨论，特别有助于青少年足球运动员认清为什么学、学什么、怎么学习等问题，这对自主化学习有着重要的影响。人

---

① Lewis, A., "Developing Sport Psychology in a girls' sport academy curriculum", *South African Journal of Education*, Vol. 34, No. 2 (July 2014).

的态度在很大程度上影响着人的意愿和行为，青少年足球运动员结合已获得和正在获得的直接经验来理解所学的间接经验，能够达到更好的学习效果，从而更好地达到体育心理学课程学习成果标准，通过体育心理学课程实现体育核心素养的提升。

第四节　青少年足球运动员的运动人体与康复课程

培养青少年足球运动员的体育核心素养，需要借助一定的运动人体与康复课程。运动人体与康复课程旨在培养青少年足球运动员具备基本的运动损伤及其防护的知识与技能，因此课程内容应包含以下两大板块。

一、青少年足球运动损伤

损伤是指人体受到外界各种的创伤因素作用所引起的皮肤、肌肉韧带、骨骼关节及内脏器官的破坏及其带来的局部和全身的反应，轻则妨碍日常工作和生活，重则危及生命。运动损伤是指人们在参加各种运动过程中对身体发生的损伤。

运动损伤可分为急性损伤与慢性劳损；根据受伤部位的皮肤或黏膜完整性受到破坏与否，可分为闭合性损伤（内伤）与开放性损伤（外伤）。除此，按损伤程度不同还可分为重伤、中等伤和轻伤等。运动损伤既有外在因素的影响，也有内在因素的作用，损伤的原因往往是内外因素综合的结果。因此，青少年足球运动员在运动中要加强预防意识，采取相应的防治措施，使损伤的发病率得以降低，并能使损伤得到正确的治疗。青少年足球运动员在进行足球学习、训练、比赛的过程中，都有可能对身体造成损伤。

（一）挫伤

挫伤是钝性外力直接作用于人体某部位而引起的一种皮肤完整，但深层组织或内脏器官破损的一种闭合性损伤。运动或健身活动中身体相互冲撞，特别是包括足球在内的球类项目很可能发生挫伤。

挫伤后局部有疼痛、肿胀，皮下组织有出血、压痛并伴随着运动功能障碍等。重者还可合并发生其他组织器官的损伤，如头部挫伤合并脑震荡或脑出血，胸部挫伤合并肋骨骨折，腹部挫伤合并肝、脾破裂等，严重的可出现休克现象。

（二）肌肉拉伤

足球运动和训练中，由于开始前准备活动不充分，肌肉的生理机能尚未达到适应活动所需要的最佳状态，或技术动作不正确，动作过猛，使肌肉猛烈地主动收缩，超过了肌肉本身可以承受的负荷，都易发生肌肉拉伤。如推举哑铃或杠铃时，使身体相关肌肉猛烈收缩而被拉伤；疾跑中用力后蹬，使大腿后肌群拉伤等。

肌肉拉伤后，伤处疼痛、肿胀、有压痛；肌肉紧张，甚至痉挛，触之发硬，疼痛加重。肌肉严重拉伤时，可感到或听到断裂声，疼痛和肿胀明显，皮下瘀血明显，运动功能严重障碍，甚至出现肌肉收缩畸形。

肌肉拉伤与运动后产生的肌肉酸痛应有区别。一般肌肉拉伤者多有外伤史，疼痛在受伤后即刻出现，疼痛范围较小，痛点只局限于拉伤部位，呈锐痛，继续活动时加重，短期内症状不会消失。而锻炼后产生的肌肉酸痛者无外伤史，酸痛多在运动后数小时出现，疼痛、酸胀范围较广，无局限性的痛点，坚持活动后症状不加重，短期休息 2~3 天后酸痛明显减轻或消失。

（三）踝关节扭挫伤

踝关节周围主要的韧带有内侧副韧带、外侧副韧带和下胫腓韧带。特别是下胫腓韧带，它们均有保持踝关节稳定的重要作用。运动时跑在不平的道路上，或踢足球时踩在他人的脚上，均可使踝关节处于跖屈，易引起扭挫伤。

扭挫伤后踝部立即出现局部肿胀疼痛，活动受限行走困难，伤后二三日内局部可出现瘀血。内翻扭伤时，在外踝前下方肿胀、压痛明显，若将足部做内翻动作，则外踝前下方发生剧痛；外翻扭伤时，在内踝前下方肿胀、压痛明显，若将足部做外翻动作，则内踝前下方发生剧痛。严重扭伤疑韧带断裂或合并骨折脱位者，应立即送医院诊治。

（四）关节韧带损伤

关节韧带损伤是在外力作用下，关节活动超过正常范围，造成关节内、外侧副韧带的损伤。这种损伤以内侧损伤较常见，多发生在膝关节处。当小腿突然外旋，或足部固定，大腿突然内收内旋都可使内侧副韧带损伤。另外，关节外侧受暴力撞击也可造成损伤。

韧带损伤后，受伤处关节疼痛、肿胀、皮下瘀血，活动困难，行走时关节有不稳定感，严重时能感知关节韧带松弛。

（五）跟腱损伤

小腿的腓肠肌与比目鱼肌腱联合组成跟腱，止于跟骨结节，能使踝关节做跖屈运动。在行走、奔跑或跳跃等活动中，跟腱承受很大的拉力。

跟腱损伤常发生于活动量较大的青壮年。由于小腿三头肌的突然收缩，使跟腱受到强力牵拉，而引起跟腱部分撕裂或完全断裂。

跟腱断裂时，可有断裂声，跟腱部疼痛、肿胀、压痛、有瘀斑。足跖屈无力，活动受限，跛行，但由于足趾的屈肌和胫后肌腱的代偿，跖屈功能不一定丧失。如完全断裂，断裂处可摸到凹陷空虚感。

（六）腰部扭挫伤

腰部扭挫伤可分为扭伤与挫伤两大类，扭伤较多见，一般均为突然遭受间接暴力所致，如杠铃太重、提铃动作不正确；守门员的投掷动作出手时，过分扭转躯干都会使腰肌或小关节韧带受伤。

扭挫伤后腰部立即出现剧烈疼痛，休息后减轻但不消除，咳嗽、喷嚏时可使疼痛加重，腰不能挺直，行走不便，患者用两手撑腰，借以防止因活动而发生更剧烈的疼痛，严重者卧床不起，辗转困难。

（七）指关节扭挫伤

当手指受到撞击压轧或间接暴力而过度背伸、掌屈和扭转等均可引起指关节扭挫伤。如守门员接球时某一个指尖受到来球的猛烈冲撞时，即可引起关节面软骨的损伤。如指间关节突然侧向弯曲，则可引起关节囊及对侧副韧带的损伤，甚至脱位等。

指间关节扭挫伤可发生于各手指的远侧指间关节，也可发生于近侧指间关节，而以远侧较多见。受伤后，指间关节剧烈疼痛，并迅速肿胀。严重者手指不能伸屈，病程往往较长。

二、青少年足球运动损伤的防护

青少年足球运动员参加训练、比赛等活动，是为了增强体质，减少疾病，终身得到健康，并在此基础上争取获得更好的比赛成绩。如果训练时不重视运动损伤的预防工作，就可能发生各类伤害事故，对训练和比赛造成不必要的影响。因此，积极预防足球运动损伤对开展正常的足球教学与训练、提高运动水平都具有重要作用。

（一）做好运动前后的准备活动及整理活动

1.准备活动和整理活动

足球前必须进行充分的准备活动，使肌肉、关节充分伸展，心血管的功能逐渐适应运动的需要。准备活动的主要生理意义有。

（1）准备活动可以使体温及肌肉温度升高，骨骼肌代谢、血流量和氧的运输增加。使骨骼肌的收缩反应及反应速度增强，有利于防止肌肉痉挛。特别是冬季锻炼和夏季游泳之前进行充分的准备活动更为重要。

（2）充分的准备活动可使机体达到运动锻炼前的最佳状态，如在进行力量锻炼、100 米跑之前，心率必须达到 110 次 / 分左右，方可进行该项运动，否则心脏容易供血不足，肌肉力量不能充分发挥其应有的水平，对机体十分不利。

（3）准备活动可使韧带、关节得到充分伸展、润滑。从运动损伤的调查可见，在全部运动损伤中有 1/3 是因没做准备活动而发生的。准备活动中的伸展可明显提高韧带的弹性，增加关节体液，有助于防止运动外伤。

（4）运动后进行整理活动，有利于促进因运动锻炼而增加的乳酸循环，更快地消除运动疲劳。同时，也有利于血液重新合理分布。运动期间，大量的血液流向参与运动锻炼的肌肉群，如在健身跑时大部分血液流向下肢，使更多的氧气保障大肌群的供给。在运动锻炼后进行整理活动，可使血液较快地恢复到安静时的分布状态。

2.如何做好准备活动

足球运动前的准备活动时间一般用 10—20 分钟即可，心率一般要达到 100 次 / 分左右。伸展活动要使颈部、背部、胸部、脊柱、肩关节、肘关节、腕关节、指关节、髋关节、膝关节、踝关节等部位活动到位。徒手操或健美操可活动 5 分钟左右。

（二）异常气候条件下运动伤病的预防

（1）冬天，在遇寒潮或暴风雪袭击、气温突然大幅度下降时，或寒风特别猛烈时，不宜到户外去进行足球训练，在这种气候下进行锻炼，易患感冒、咽喉炎，甚至还可能发生冻伤。

（2）降雨或降雪后，足球场上有积雪或积水时，不宜在球场上锻炼，以防止滑倒摔伤。雷雨时更不要进行户外锻炼活动，以防雷电击伤。

（3）大雾天气时，空气中的水分、尘土多，气压低，会使人感到呼吸困难，汗液不易挥发，加上雾天能见度低，容易撞伤而发生危险，所以也不要到户外去锻炼。

（4）炎热的夏天，当气温超过 32℃ 时不要进行足球运动。如需要进行足球训练，要尽量避开阳光直射的时间，可在早晨或晚上进行。如果必须在气温过高时进行足球运动，要注意补充足够的水分，预防发生中暑。

第六章　青少年足球运动员核心素养的实践元素

第一节　青少年足球运动员的体能训练课程

针对不同年龄段、不同水平的青少年足球运动员，开展体能训练课程的内容和方法都不一样。本书以普通六年级学生的足球课程中的体能训练为例，提供单元教学和课时教学设计的示例，供足球后备人才培养工作者参考。

一、单元教学计划的设计

（一）指导思想

坚持以"健康第一"为指导思想，着重发展学生的核心素养。根据六年级学生的身心发展特点和规律，选择学生感兴趣的内容来发展学生的体能。在单元教学设计中，结合游戏和比赛、音乐和韵律运动来提高学生参与健康体适能练习的积极性。在实施过程中，注重对学生进行因材施教、区别对待。尤其要创设有利于学生积极练习的活动情境，使学生体验运动的成功感，增强学练的自信心，提高自身的体能水平。

（二）相关分析

1.教材分析

良好的体能是人体健康的基础，也是学生进行足球运动技能学习的必备条件。在体能单元设计中，包括四个部分内容：分别是使学生掌握各种体能发展的基本原理和练习方法、促进学生体能的全面协调发展、使学生掌握制订体能锻炼计划的程序与方法，以及让学生学会有效控制体重与改善体形的方法。在教学中，要灵活运用各种教学器材，营造新颖有趣的练习场景，让学生爱上体能锻炼。

2. 学情分析

（1）认知水平

六年级学生具备一定的文化知识结构，对于体能的相关知识及其重要性有了一定的了解，但对于发展体能的原理和方法缺乏相应的认识。

（2）身心特点

学生开始进入生长发育的高峰期，身体素质有了明显的提高，能够承受一定的练习强度。六年级学生初步形成一定的奋斗意识、竞争意识，但合作意识与团队意识较为薄弱。

（3）能力水平

六年级学生一般习惯接受式学习，课堂中比较依赖教师传授知识，自主学习能力较差。学生还没有掌握独立自主制订锻炼计划的能力，同时缺乏坚持体育锻炼的毅力。

3. 教法分析

（1）利用多种练习方法和手段以及教学内容的不同组合，使学生的体能得到更全面的发展。

（2）注意运用多媒体资源分享有关体能训练的相关网站，同时利用视频回放的功能让学生知道练习存在的不足，改进其练习动作。

（3）设置不同主题的情境，如运动会情境、长征情境等，吸引学生参与学练，获得学习体验。

（4）围绕单元核心问题进行设计，每节课的准备部分向学生进行提问，让学生带着问题练习，注重培养学生的探究能力及反思精神。

（三）教学流程

以一学期为例，青少年足球运动员的体能训练课程可采取如表 6-1 所示的单元教学流程设计。

表 6-1　青少年足球运动员体能训练课程的单元教学流程设计

课次	教学内容	学习目标	重点、难点
1	1.测量学生的体能水平 2.体能发展的基本原理和方法 3.发展学生的心肺耐力 4.发展学生的柔韧性	1.知道测评自身体质健康的方法和作用，能够坚持完成教师布置的练习任务，产生对体能锻炼的兴趣 2.心肺耐力和柔韧性得到发展，能在课堂中主动探究学习 3.能够互相帮助，团队合作意识得到提高	重点:体能基本原理和方法;发展学生心肺耐力、柔韧性的方法 难点:引导学生积极学练
2	1.体能发展的基本原理和方法 2.发展学生的肌肉力量 3.发展学生的柔韧性	1.掌握并运用发展肌肉力量和柔韧性的基本原理以及多种练习方法 2.在第一节课的体能水平数据上，进一步提高自身的体能水平 3.发展合作能力，培养相互协作的意志品质	重点:发展学生的肌肉力量和柔韧性 难点:进一步提高学生的体能水平
3	1.体能发展的基本原理和方法 2.发展学生的肌肉耐力 3.发展学生的柔韧性	1.掌握并运用发展肌肉耐力和柔韧性的基本原理以及多种练习方法 2.肌肉耐力和柔韧性得到发展，发展自身的一些相关体能 3.态度端正，分工明确，社会意识和合作精神得到进一步的发展	重点:发展学生的肌肉耐力和柔韧性 难点:培养学生的社会意识与合作精神
4	1.体能发展的基本原理和方法 2.发展学生的心肺耐力 3.发展学生的肌肉力量	1.掌握并运用发展心肺耐力和肌肉力量的基本原理以及多种练习方法 2.积极学练，完成课上安排的练习内容，发展自身肌肉力量及相关体能 3.以问题为导向，充分发挥好奇心，主动探究学习、合作学习	重点:发展学生的心肺耐力和肌肉力量 难点:主动探究，合理运用

课次	教学内容	学习目标	重点、难点
5	1.体能发展的基本原理和方法 2.发展学生的健康体能	1.知道发展体能的基本原理，能够运用多种练习方法发展自身体能 2.能积极融入情境练习，提高自身的体能水平 3.能够与同伴进行很好的沟通，互帮互助，建立正确的胜负观，培养良好的竞争意识和团队协作能力	重点：发展学生健康体能，培养学生的爱国情怀 难点：教会学生处理好竞争与合作的关系
6	1.有效控制体重与改善体形的方法 2.进行体能测试 3.制订体能锻炼计划的程序与方法	1.知道改善身体成分的基本原理和多种练习方法 2.了解制订体能锻炼计划的程序与方法，结合自己的实际情况制订相应的锻炼计划 3.进行体能测试，发挥自己应有的水平，敢于挑战自己、突破自己	重点：体能测试，掌握控制体重的方法 难点：让学生制订课余锻炼计划，培养终身锻炼的习惯

教学过程中，应关注在进行体能锻炼时，学生是否达到运动强度，运动持续时间是否足够，如果这两个条件没有达到，学生的体能水平就很难提升上去；如果没有心率检测器，可以通过观察学生出汗的情况来估计运动量。很多六年级学生对于体能锻炼比较反感，这就需要教师在课前精心设计体能锻炼内容；在体能单元的六个课时中设置相应的情境，使学生兴致勃勃地进行学练。关注培养学生课余锻炼的习惯，教师要教学生一些体能发展的基本原理和方法，并且让学生掌握如何根据自己的情况，制订适合自己的体能锻炼计划。

教学过程中，可以采取的策略除了课上给学生展示的一些体能锻炼的方法之外，还可以上传一些教学资源，与学生分享，或者给学生推荐国内外权威的、有关体能锻炼的网站，使学生学习更多的发展体能的方法。传统的耐力跑、负重深蹲等练习已经很难引起学生的练习兴趣，体育教师可以结合学校的实际情况，在现有器材的基础上，设计出更多新颖的练习，让学生积极参与。近几年兴起的街舞、攀岩、越野跑、轮滑等一些项目在中小学十分受欢迎，教师可以根据自己学校的情况，引入一些新兴运动项目。

评价方面，应从体能、体能认识、健康行为、体育品德四个方面对学生进行评价，既关注学生的运动表现也关注学生的进步和发展。

（四）资源设计

为有效教授体能发展的原理和方法，教师可运用多媒体资源和自制教具创造更加丰富的练习情境，激发学生的学习兴趣，提高课堂教学的效果。

多媒体资源方面，如发展体能的相关训练视频。利用视频教学生采取怎样的训练方法和手段可以有效地发展体能。可以把一些练习体能的方法用视频记录下来，分享给学生，指导他们进行课外体育锻炼可以利用互联网分享一些训练视频或图片，以及教学中一些比较好的练习视频，指导学生学练。将课内与课外相结合，使学生在课外进行体能练习的同时也能有专业的指导利用视频的慢放暂停功能，纠正学生练习中存在的错误动作使学生学会自主学习。

自制教具方面，可自制沙包、体操轻器械等。丢沙包是一项趣味性很强的游戏，深受学生喜爱，可以自制沙包来锻炼学生的反应能力和速度。可以自制一些体操轻器械来开展更加丰富多样的体能练习。可以开发更多的练习内容，激发学生的学习兴趣，充分发挥器材的多种功能。

二、课时教学计划的设计

以一次课为例，青少年足球运动员的体能训练课程可借鉴如下课时教学计划的设计。

（一）指导思想

贯彻"健康第一"的指导思想，着重培养学生的体育核心素养。立足六年级学生的学情特点，关注学生的性别差异和个体差异，充分利用器材的多种功能和作用，创设内容丰富、形式多样的体育课堂，使学生爱上体能课，在练习中相互协作，共同完成教师布置的学习任务，增强学生对体能重要性的认知，提高学生的体能水平和体育核心素养。

（二）相关分析

教材分析：本节课主要是发展学生的体能，包括心肺耐力、速度、肌肉耐力和肌肉力量等，同时注重培养学生的综合能力，创设具体的问题情境来提高学生学练的兴趣，培养学生的体育精神。在发展学生体能的同时，也给学生传授一些发展体能的基本原理和方法，引导学生课后自觉、主动地进行锻炼，使学生从学习体育到学会体育。

学情分析：六年级的班级中，往往男女生混合，体能基础各不相同。因此，在教学设计中要注重学生的个体化差异。在经过前几年的体育学习，他们可能会觉得体能课枯燥乏味，体能练习就是在重复单调地练习内容，甚至部分学生会对体能练习产生抵触心理，在这种情况下，教师要特别注意引导学生参与进来，花心思去设计一节节生动有趣、引人入胜的体能课。六年级学生自我意识不断发展，缺乏团结协作意识，教师不仅要关注提升学生的体能，还要加强对学生合作能力的培养。

（三）主要教学策略

1.在课中融入长征的元素，创设长征情境

用拉练跑取代了传统的热身跑，使学生从准备部分就进入教师课前精心设计的长征情境。再加上基本部分的四个主要练习都是取用长征途中的故事来命名，在"渡赤水"和"过草地"的过程中，还加入了红旗这一特

别的红色元素，既能培养学生的爱国主义情怀，又能让学生"穿越"到长征的历史中，感觉到这节课的趣味所在。

2. 引入小组合作与分组竞赛的环节

在"渡赤水"和"过草地"的练习中，教师注意激发学生的竞争意识，同时让他们学会与组员合作。只有与组员合作，每个人做好自己负责的练习部分，所在小组才能获胜。在这个环节中，既让学生学会与他人合作，培养他们团结协作的能力，也让他们学会竞争，只有竞争才能成长。

3. 采用分组循环练习

发展学生的体能水平，需要保证一定的运动强度和运动密度，在本节课的练习内容设置中，采用分组循环练习的方法，学生在一个练习点练习6分钟后进行组与组之间的轮换，减少排队和等待的时间，使整节课的练习效果更佳。

4. 问题的预设与对策

预设1：学生没有快速进入长征情境。

对策1：课前让学生了解一些关于长征的知识，在体能课之前，教师先布置好场地，而后用语言和场景引导学生进入长征情境，达到预设的学习效果。

预设2：进行组与组的轮换时比较混乱。

对策2：教师鸣哨让学生进行轮换时，说明轮换方向，使学生快速轮换。

预设3："渡赤水""爬雪山"的练习中学生受伤。

对策3：事先检查场地器材，准备活动充分，强调安全练习。

预设4：学生竞争意识强，合作意识差。

对策4：在练习前说明组员合作的重要性，同时设立小组长，在组长的带领下小组成员明确分工、互相鼓励、共同夺取比赛的胜利。

第二节　青少年足球运动员的专业技术课程

青少年足球运动员的专业技术课程旨在提高青少年足球运动员对足球运动技术的掌握水平，应包括身体训练和技术训练两方面。其中，身体训练与普通的体能训练不同，它是青少年足球运动员提高对足球运动技术的掌握水平和熟练水平的基础。此外，考虑到青少年足球运动员的心理特点，还应在课程中设计一些游戏类的训练活动。

一、身体训练

（一）跑步技术——敏捷性、平衡性、协调性

起跑练习：足球运动员处于迈步向前的姿势；他的双腿向前方微曲；身体也向前微倾。位置靠后的腿同侧的手臂摆在身体前方，另一只手微微放于臀部后方。身体重量在脚的前部。当迈出第一步后，应用力摆动身体后方位置的腿及另一侧的手臂。步伐逐渐加大。

起路：① 走直线；② 起伏走路法（脚跟→脚尖，手臂上抬）；③ 走路法：正步走→慢跑→手臂下垂；④ 走路法：脚跟向上正步走；变化方法：膝盖上抬；⑤ 用脚跟走路；⑥ 用脚外侧走路；⑦ 用脚内侧走路；⑧ 走路法：倒着走→起伏走路→脚尖→脚跟。

后踢腿：运动员缓速跑步，抬起脚后跟踢向臀部位置。年龄最小的儿童在进行该练习时，可以踢向他摆在臀部位置的手。在以后的练习发展中，可以结合做以下的动作：左腿碰手→跑两步→右腿碰手。当要协调手臂与脚部的动作时，训练难度加大。

单脚跳：本练习的特点是进行轻松、有节奏的跳跃，同时伸展踝关节。非起跳脚的膝盖抬高到起跳脚的大腿中部。腿部晃动一步后，换脚进

行。手部动作跟随脚部动作进行。

（二）体操动作

前翻滚：前滚翻的主要要求就是翻滚。翻滚一圈后，通过了固定的距离，可以双手撑住地面以做缓冲。无论是在哪种情况下，一开始手部都要贴在地上，放在身体前方，并且脊柱在接触地面时，总是要弯成曲线。注意：① 从标志物处开始，在斜的或平的地面上进行翻滚，目标是在完成滚动后，以蹲位姿势结束该动作，其间不可以使用双手。② 在斜面上向下前方滚动，要从蹲位开始翻滚。③ 练习一次性翻滚多圈的前滚翻，并且在滚动开始前和开始后做各种动作。

后翻滚：屈膝收腿后滚翻以蹲位开始。在向后翻之前，运动员的膝盖弯曲；在向后翻滚半圈后，运动员变到肩胛骨着地的身位。此时双手撑在地上，位于头部旁边，身体在头部上方，双腿并拢（双腿在膝盖处弯曲，并向上推）。之后，双臂撑起，双腿向上向后做短促快速的伸展，并且头部向后弹跳。后滚翻的起始身位为坐位、双腿弯曲位、双腿并拢伸直位，或双腿分开位。为了培养方向感，可以使前滚翻和后滚翻结合进行，其间变换滚动的方向。

肩胛骨撑地（肩胛）：有多种方式可以完成该动作；手臂撑在地上或手臂抬起靠着躯干、大腿。

平衡训练：本练习可以多种方式进行，并且在练习时可以结合其他动作。主要的练习方法为支撑腿弯曲，另一条腿抬到水平位置，头向前倾。改变支撑面，或者依靠一名伙伴或器械的帮助，可以练习各种程度的下身稳定性和平衡感。

跪地起身：动作为蹲下直至膝盖跪地，再直立站起，其间不能用手。

仰卧变侧卧：本练习可以与前面的练习结合进行。从站立位躺倒，侧向翻滚，之后再次站起，其间不能用手。

匍匐爬行：可以用同侧或异侧的手和脚同时爬行。

仰卧起坐：可以通过多种方式进行仰卧起坐。无论何种情况，都要用一块柔软的垫子。

（三）基础游戏 A——捉人

蒙眼捉人游戏：孩子们围成一个圈，其中，有两位蒙着眼睛的孩子站在圈内。他们的任务是互相追赶。当游戏者互相粘接时，围圈的孩子喊"好热"，当游戏者分开时，围圈的孩子喊"好冷"。获胜者为最先抓到另一个人的孩子。

圆圈游戏：孩子们排成一列。每一列的前方都有个圆圈。随着一声令下，每一列的第一位选手拿起圆圈，把它送向队伍的末尾，其间该队伍的所有其他选手都要穿过圆圈。当所有其他队友都穿过圆圈后，持有圆圈的选手站到队伍的末尾处，并把圆圈扔向队伍中的第一位队友。第一位队友再次开始这项任务。重复该动作，直到所有选手都回到初始位置。此时，当队伍的第一位选手拿起圆圈时，任务结束。

抓捕者：游戏场地从 8 米 ×8 米到 20 米 ×20 米，游戏人数为 8 人。选手在规定的场地内移动。一位选手抓人，其余选手逃跑。被触碰到的逃跑者变为抓人的人。本游戏的变化方法：抓人的选手应尽可能多地触碰到其他选手；被触碰到的选手蹲下不动；在游戏结束时，清点蹲下的选手人数；胜利者为在 30 秒内碰到最多其他选手的人。所有被抓到选手搭在抓人者身后组成一条队伍链，直到只剩下一名自由选手。

（四）基础游戏 B——接力赛跑游戏

绕标志盘接力跑：两组选手排成两列，各队列的前方相距 2 米和 5 米有标志盘。队列中的第一位选手开跑并绕过第一个标志盘后，跑回起点。之后，他跑向第二个标志盘并返回。在前一位选手触碰到后一位选手之后，后一位选手开跑。当一组中的所有队员跑完回到队列，并抬手向上时，游戏结束。哪一组能先完成游戏呢？本游戏变化方法：每一位选手跑2~3次。每一个标志盘都必须被绕完一整圈，方能通过。下一位选手叉开腿坐；当前一位选手跑过他的腿时，他开始跑。每过一个标志盘，要做一个额外动作：蹲下、俯卧撑。选手在开跑前必须做动作：身体沿纵向翻滚、跳过障碍物、钻过障碍物或穿过障碍通道。

运送球：选手们排成队列，站在起跑线后。每一组都有自己指定的运球区域。在一块场地中摆满了球，而在另一块场地中则无球。选手们依次跑动。第一名选手将球从第一块场地运到第二块场地中，然后跑回来触碰下一位队友。下一位队友拿起另一只球，运送到第二块场地。哪一支队伍能首先运完所有的球？如果不用球，则也可以搬运标志物、球衣等。

接力赛——运球过腿：四到六位选手排成一列，相互间隔约一米远。队列中的第一位选手用手将球掷过通道（由选手们的腿排成）。队列中的最后一位选手抓起球，将它运到队列的一开始位置。然后他再把球扔给队伍里的最后一位选手。队列开始时的第一位选手（现在离起点处10米远）抓到球并将球高举起时，游戏结束。

接力赛——运球过顶：四到六位选手排成一列，相互间隔约一米远。队列中的第一位选手将球经过头顶扔向下一位选手。队列中的最后一位选手抓住球，然后匍匐前进，通过由其他队员的腿组成的通道，移到队列的头部位置，然后，他再将球过顶扔向下一位选手。哪一支队伍能更快走完10米呢？当最后一名选手过线到达自己的初始位置并将球高举到空中时，游戏结束。

接力赛——手带脚球：两组选手排成两列。离各队的第一位选手10米远处，放置有一个标志盘。教练一声令下，每队的第一位选手带球绕过标志盘，并在返回时将球传给下一位队友。哪支队伍能首先完成任务呢？本游戏的变化方法：当绕过标志盘后，直接传球。将球带回给下一名队友，并把球留在标记位置处。在返回时，选手带球绕过队友所排成的队列，再将球传给队列中的第一位选手。

（五）感受足球的滚动、跳动和飞行

两点间带球：用惯用脚和手带球；用非惯用脚和手带球；用惯用脚和手及非惯用脚和手交替带球，每三步变化一次，有节奏地进行；带球时逐渐加速。

篮球运球：左右手交替在原地运球。沿"8"字形用手运球或滚球。双腿夹球移动——谁能首先移动 10 米呢？跪着运球，蹲着运球，其间依靠双脚和俯卧撑姿势。选手躺倒，双脚夹球。然后选手侧向滚动，由腹部朝天变为背部朝天，再到腹部朝天，其间球不能掉落到地上。将球夹在双膝之间，做蛙跳。谁能在球不掉落的情况下，首先通过 10 米距离呢？

带球绕箱：将起跑标记分别放在两块相对的场地上。在中线的每一侧都有一个箱子。在起跑标志后，为持球选手的队伍。选手用脚和手带球绕过箱子，并在返回时将球传给下一位队友。哪一支队伍能首先完成传球呢？本练习的变化方法：球员带球到位于远端的箱子，然后在两个箱子间绕"8"字形移动，并回到自己的小组。选手先将球踢入第一个箱子，然后从箱子里拿出球，带球绕过箱子，再把球传给下一位队友。

投接球：球员以各种姿势扔球（蹲位、坐位、跪位、躺位），然后快速站起，跳起接球。谁能在 30 秒内做出最多次的动作？球员以站立姿势投球，并以不同的姿势接球（蹲位、坐位、跪位、躺位）。球员将球高高抛起，并在接球前完成某一动作（转身、跳起转身、背后击手、翻滚、下蹲、躺下）。开始阶段，球员可以允许球在地上弹一次。

（六）带球技术

静止侧拨球：用脚的各个部位，将球向左向右拨。

静止前后拨球：用脚尖将球拨到脚跟处并拨回。

静止交替侧拨球：左脚和右脚交替将足球向侧面拨动。拨球方向总是朝着支撑腿方向。

脚底斜向推球：用左脚将球向右前方推球。然后开胯将球拉回，到达身前，停在停球位置。再用右脚向左前方推球并拉回。

脚内侧带球走：边走路边用脚内侧将球向前推，最后用脚底停球。

脚尖带球走：边走路边用脚尖带球。膝盖向外，使得每走一步都能用脚尖部位从左侧向右侧推球，并由右向左反复。

（七）颠球指导

脚背颠球：用手抛球，并用脚向上踢球；同一只脚重复做动作。用手抛球，并用脚向上踢球；两只脚交替做动作，球员缓慢向前移动。将球扔向地面，当球在地面上反弹后，用脚向上踢球，并用手将球抓住。将球扔向地面，当球在地面上反弹后，用脚向上踢球，并把球再次扔向地面；球再次反弹；再次用脚向上踢球。球在地面弹起后，用左脚向上踢球；在落地弹起后，用右脚向上踢球。

大腿颠球：用手掷球，反弹起后用大腿向上顶球，并用手接住。将球掷向地面；当球从地面反弹时，用膝盖向上踢球，并用手接住。

头部颠球：用手将球扔向头部，头顶球后再用手接住。

二、技术训练

（一）传球游戏

脚内侧踢球：结对训练——球固定不动。踢被队友踩住的球；传球给队友／墙／板凳。

射击健身球：每名球员都有一只足球。教练赶着健身球穿越球场。一且他将健身球向前推，就表明球员可以用自己的球去击打健身球。最先五次射中健身用球可计分。然后比赛重新开始。哪一位球员可以在五分钟后获得最高的分数？本练习的变化方法：可以让更多的教练或球员推健身球过场。在场地的基线两侧，摆放 5~10 个紧挨着的标志盘。两组球员互相竞赛，射击对方一侧的标志盘。被射中的标志盘不可以被移走，直到比赛结束。从基线处开始射击。

射倒标志盘：任意摆放 10~15 个标志盘。所有的球员都各持一球，其中三人除外。当球员听到比赛开始的信号后，他们应尽可能多地射到标志盘。每个射中标志盘的球员可宣告获得一分。无球的球员在听到得分宣告后，可以搬动标志盘。两分钟后，搬运标志盘的球员替换归队。可以改变规则，允许无球队员妨碍射击。

传球与体操 1：球员们在场上排队，他们中间放一块垫子。两名外侧的球员各持一球。中间的球员做两次传球：先与第一名球员做传球，再转身 180 度，向前翻滚一周后，与另一位外侧的球员做传球。两分钟后，与一名队友互换角色。本练习的变化方法：贴地射门。朝年龄更大的球员跑去。组合训练：前滚翻、后滚翻、侧手翻。

传球与体操 2：一名球员向另一名站在基线上的球员传球，然后他朝着球场的纵向深度与横向宽度方向跑。球员在射门之前，在垫子上做前滚翻。

传球空当：所有的球员都在场上规定的区域内带球，两名球员除外。两名无球球员交替站住，将脚大幅度张开，做出一个通道。教练一声令下，第一位无球球员做出一个通道。持球球员的任务是尽可能快地传球。最先能将球通过通道传到另一侧的三名球员，可以得一分。教练再做指示后，第二名球员用腿做出通道。5~8 分钟后，哪位球员的得分最高？

（二）射门

脚背射门：结对练习——球固定不动。踢出队友踩住的球。将球传给

队友 / 墙 / 板凳。

射门——守门员得分：3—5 名球员依序排成一列，将球射向有守门员把守的球门。进球的球员变成守门员。守门员每守住一球，或射手射失一球，守门员得一分。哪一位球员能在比赛结束后得 10 分？本练习的变化方法：在与射门线平行的规定区域内做短暂带球后射门、S 形带球后射门。

射门——射手得分：3—5 名球员依序排成一列，将球射向有守门员把守的球门。球放置在 10 米远的距离。哪一位球员能在 10 次射门后进最多的球？

（三）接球

脚内侧接地面球：结对传接球。

无干扰结对接球：两名球员，一个足球：球员相距约 10 米，场地宽 15 米 ×15 米。球员 A 将球快速传给球员 B，球员 B 接球，并在短暂的带球后，将球回传给队友，如此进行。

接过球门球：练场地上，放置着几个开放式球门。球员结对从一个球门移向另一个球门。球员 A 将球传过开放式球门，给到球员 B。球员 B 接球后，跑向下一个球门。球穿过第二个球门，传回给球员 A。

（四）带球

绕圈带球：用左脚内侧带球；用右脚外侧带球；球员站在直径为 5—8 米的圆的两端；每名球员各持一球；按顺时针方向带球；脚在圈外，在听到教练的指令后，改变绕圈方向。

脚背带球：1—3 名球员依次站立，相距各 10 米；球员 1 将球带向球员 2，并传球给他；球员 2 带球并传球给球员 3；球员 3 将球带向球员 1，依次进行。

带球过开放式球门：随机设置 6 个开放式球门。球员带球通过这些球门。本练习的变化方法：在带球过球门后，改变带球速度；在到达球门前，用脚内侧带球；"8"字形绕过球门；在球门线处脚底停球，并改变带球方向；在球门线处停球，然后继续沿相同方向带球。

变换训练场地：球员在场地内带球；当教练抬手时，球员从最近的场地带球进入空场地。

第三节 青少年足球运动员的专业战术课程

青少年足球运动员的专业战术课程旨在提高青少年足球运动员对足球运动战术的掌握水平。同样，考虑到青少年足球运动员的心理特点，应在课程中设计一些游戏类的训练活动。

一、训练内容

（1）个人战术

个人战术的训练包括以提高队员合理选择攻防手段与策略、选择攻防位置与对象的能力为主，多种形式的限定区域、限定条件和攻守目标的1V1攻守练习；提高个人攻守快速转换的战术练习；强化队员压迫、盯人、盯位等战术练习。

（2）小组战术

小组战术的训练包括不同区域、位置，以接近比赛条件下的2V2+自由人、3V3的进攻练习；3人小组防守时的压迫、保护、平衡的基本原则与方法；提高小组攻守快速转换的战术练习；以不同人数、不同得分方式和不同球门数量的比赛为手段，使队员建立正确的阵型与队形的整体战术意识。

（3）局部战术

局部战术的训练包括进行每条线的进攻与防守练习；进行边路、中路的进攻与防守练习。

（4）全队战术

全队战术的训练包括学习阵型与攻守队形；学习进攻与防守快速转换战术；学习定位球进攻与防守战术；8V8、11V11 实战比赛。

二、训练方法

（一）基本战术训练

（1）体验 1V1 比赛

一直线两球门下的正面 1V1：在同一底线处，有两个小球门，相距 10米。它们中间有两个标志盘。在对面的底线处，设置有两个开始标志盘。A 组与 B 组位于小球门的后方。每个小组中的第一位球员持球。当他们听到教练的指令后，开始带球进入场地，分别将球传给 C 组与 D 组的第一位球员。C 组与 D 组的球员在接球后，分别与 A 组和 B 组的球员作对抗。在 1 对 1 的比赛中，球员可以射击任一球门得分，如表 6-2 所示。

表 6-2　单周训练模型

1V1 比赛方式	场地尺寸（米）
1V1，每侧都有一个球门（宽 3 米），无守门员	6×8
1V1，每侧都有一个球门，有守门员	8×12
1V1 带球到底线	8×10
1V1，每侧都有两个球门（宽 3 米），无守门员	8×8
1V1，场地中部有一个球门	8×8
1V1，有一个球门，有守门员	8×10
1V1，有两个球门，有守门员	8×10

（2）趣味1对1游戏

移除带子1：每名球员持有一球。教练或一名球员手中持有几条带子或球衣。教练在训练场地中自由移动。球员在带球时，设法从教练处夺取一条带子。

移除带子2：一半的球员坐在地上，另一半的球员每人带球移动。无球球员要在地上爬行运动，抢下足球。当抢下一球后，球员变换角色。哪位球员可以在十分钟后，确保自己的球不丢？本练习的变化方法：开始时，只有2~3名球员坐在地上，其他球员带球跑动。球员丢球后，便坐到地上。谁能持球到最后？一组球员坐着，只能在两条终点线当中的一条线上移动。另一组球员带球，尝试从一条终点线带球到另一条终点线。如果坐着的小组中，有人碰到带球小组中球员的球，带球球员不得不重回出发线。在规定的时间内，哪位球员可以做最多次的突破？之后，小组间交换角色。

（二）小场地游戏

（1）3V0进攻无防守

训练开始时，一组三名球员沿边角线站立。两名球员开始传球练习，第三名跑向球场中央。三名球员沿场地向前跑，目标是进攻对手的球门，可以使用各种动作组合，但是在射门区的任意一点进行射门前，每名球员必须至少触球一次。射门区的宽度大约为6米。胜者为在五或十次进攻中，进球最多的队伍。在进攻过程中，队伍中的三名球员必须保持三角形形状。如果在进攻中，所有的球员都站在一条直线上，那么进球无效。

（2）3V1游戏

一队三名球员从边角线出发，要射入对方队伍的球门，对方有一名球员参与防守。同一名防守球员可以在整个过程中防守球门，或是被在边线处等待的两名防守球员的其中一名替下。如果防守球员抢下了球，他需要在进攻方三名球员重新夺回球前，尽快将球解围出本方球门区。在六次进攻之后，另一队的三名球员开始进攻。

（3）3V3 或 4V4 游戏（4 个球门）

球场尺寸为 20 米 ×15 米两支球队各有四名球员，两个球门，球门宽2 米。每支球队进攻两个球门，防守两个球门。球员应快速移向足球所在的一侧。在比赛中，应学会从球场一侧调动到另一侧。

（4）3V3 或 4V4 足球比赛

在每一侧底线处都有一个球门，有守门员把守。两支队伍在球场上进行 3V3 或 4V4 的比赛。射门动作的最大时限为 5～10 秒。在射门射偏后，失误的球员必须尽快将球捡回场地。在捡球队员回来前，进攻队伍在场上有人数上的优势，如表 6-3 所示。

表 6-3　比赛形式

比赛形式	比赛场地尺寸（米）
2V2，每方各一个球门（宽 2～3 米），无守门员	10×15
2V2，球场中间 1 个开放式球门	12×20
2V2，1 个球门，有守门员	10×15
2V2，每方各一个球门，有守门员	12×15
3V3，每方各一个球门（宽 2～3 米），无守门员	20×20
3V3，带球过对方底线	15×20
3V3，1 个球门，有守门员	15×20
3V3，每方各一个球门，有守门员	20×20
4V4，每方各一个球门（2～3 米宽），无守门员	20×25
4V4，1 个球门，有守门员	20×25
4V4，每方各 1 个球门，有守门员	25×25

三、引进初阶比赛游戏

（一）足球十项全能

足球十项全能是面向初学者的简单比赛。可以将它作为测试，以便了解运动员与他同龄人之间的表现水平。在十项全能比赛中，要注意确保青少年运动员面对在真实比赛情景中最重要的足球基本因素。执行技术的方法远远不如在何时以及何地执行技术重要。

（二）组织十项全能比赛

组织十项全能比赛会出现很多种可能性。最好的两种选择是组织2天或者10天的十项全能比赛。

两天日程的比赛：参赛人数不受限制，同时参赛者每天必须面对5项比赛。十项全能比赛可以组织为个人比赛或者团队比赛。选择以下选项作为个人比赛项目。

·在每个比赛中，运动员会遇到不同的对手。运动员抽签决定10次比赛的竞争者。赢得最多比赛的运动员就是十项全能挑战的获胜者。如果在两名或者更多的运动员之间进行抽签，可以使用比赛10或者比赛2作为决胜局。

·在每个比赛中，运动员会面对相同的对手。教练或者教师要核查配对运动员，确保两名运动员在10次比赛中具备非常相似的技术、战术、体能和体质水平。运动员战胜他个人对手的比赛次数越多，就是十项全能挑战的获胜者。

在团队比赛中，两个俱乐部或者学校团队比赛的运动员人数是一样的。在每一场比赛中，来自一个团队的运动员在10次比赛中会面对来自另一个团队的不同运动员对手。赢得最多测试的团队获胜。

十日日程的比赛：只有在每次训练赛季才会组织10次测试的其中一

次，同时，获胜者将在所有的参赛者中诞生。如果少于7名参赛者，那么所有的参赛者将进行比赛直到最后决出获胜者。如果是8~14名参赛者，那么可以将他们分成两组，两组的获胜者将在决赛中相遇。如果是16名或者更多名参赛者，那么可以组织淘汰赛，获胜者与失败者都可以参加决赛。

（三）引进赛事的要求

在初学者的训练项目中引入10个比赛的其中一个必须达到以下要求。

1.首先准备好比赛场地，同时选定两名运动员来做示范。接着循序渐进地解释比赛（测试）规则，慢慢地演示比赛发展的方式直到运动员完全明白规则。向运动员提问几个问题以便确保每个人都清楚规则以及比赛获胜的方法。最后，完整地演示测试过程。

2.所有运动员都有机会与所选择的搭档一起练习3~5分钟以便熟悉比赛（测试）。

3.练习结束之后，初学者必须用简单的话语阐述他们第一个比赛获胜的体验。

4.教练必须选择对抗比赛的运动员以及进行第一次比赛的地点。

5.进行第一次比赛。

6.探讨运动员在第一场比赛或测试中获胜以及失败的原因。同时一起发现获胜和失败的原因。

7.采用几个校正练习来隔离测试的重要方面（例如，在1V1对抗的条件下，拦截抢球的技术和技巧、不同的传球技术等）。这些重要的方面会对运动员的表现造成不利的影响，接着帮助运动员练习这些方面。

8.进行第二场比赛（获胜者与获胜者比赛，而失败者之间进行安慰赛）。

9.与青少年运动员一起制定能够赢得比赛的必要技术和技能。目的是让所有运动员完全理解在比赛（测试）进行过程中每个时刻必须做的事情。必须进行一次或者两次以上的校正练习以便帮助初学者克服观察到的所有缺点。有时候后退一步可以更好地前进。

10. 进行第三场比赛以便在十项全能比赛中训练出技能最好的运动员。

（四）由活动组成的十项全能比赛

1. 穿过隧道

两名运动员以 1 米间距面对面站立。运动员 1 有 30 秒的时间从运动员 2 分开的双腿所形成的通道上尽可能多地传球。第一名运动员将球从他的搭档的腿下踢出，然后跑到运动员 2 的后面将球重新踢回原来的位置。同时，运动员 2 保持静止并计算对手完成的次数。接着，两名运动员交换角色，由运动员 2 开始 30 秒传球。不管运动员用的是左脚还是右脚，将球从对手所设置的通道传过次数多的就是获胜者。在得分相同的情况下，再比赛一次。

变化方法：

·设置通道的运动员站在中间 2 米的区域。带球的运动员可以用左脚或右脚从区域的外面通过对手的腿传球。保持静止站立的运动员计算在 30 秒内从中间区域的外面传球的次数。接着，两名运动员交换角色，直到两者都完成了两次动作。在两次动作中得分最高的运动员就是获胜者。如果出现平局，再比赛一次。

·完成了目标计分之后，设置通道的运动员立刻通过旋转和改变方向来改变"球门柱"（一只脚）的位置。

训练目的：

·从设置的区域外面以正确的速度传球通过对手打开的腿，同时尽可能快速地重新得球。

·使用两条腿以便节省时间。

·改善腿法，同时保持相对较低的重心以便快速改变方向。

2.迷宫运球

设置比赛场地，标识 8 个间隔为 1 米的球门区域，每个球门区域由两个锥桶表示。将青少年运动员配对并分给每对一个球。两名运动员同时从迷宫外面的正对面开始游戏。他们的任务是在确保不丢球的情况下从任意方向运球穿过迷宫的 8 个球门。第一个返回起跑点并且完全控球的运动员获胜。一开始运动员可以不带球训练。稍后可以有两名以上的运动员同时参加活动。

变化方法：

·除了球门，等待参加游戏的运动员可以以自己的身体排成通道。当球通过通道之后，进攻者必须超过他的对手。

·将游戏设置为计时活动，运动员必须以最少的时间通过 6 个不同的球门。运动员只能使用技术较弱的脚或者在运球通过球门线之前完成转体。还可以要求运动员向后运球通过锥桶球门。

·为了得分，运动员必须将球传进球门，同时绕过后卫而非直接跑过球门（通道）在球门线外接球。

·10 秒内进球最多的运动员获胜。

·至少用三种不同颜色的锥桶设置 8 个球门。在传球的过程中，运动员必须寻找宣布或指定的球门位置。第一个完成 8 个球门进球而且不会出现两次同一个球门进球的运动员获胜。运动员在返回同一个球门之前必须至少从一个正确颜色的球门跑到下一个球门。

·2 名或 3 名运动员运球通过任意 8 个球门，而 2 名或 3 名其他的运动员不带球进去迷宫改变一些锥桶的位置。球门大小保留不变但是会改变位置，从而要求进攻者不断地观察并适应新的情况。

·运球进入球门之前，进攻者必须完成带球半转身（转身直到其中一名运动员的肩膀指向球门）。接下来，运动员再半转身（朝左边或右边）

回到原来的位置，然后带球传过球门线。青少年必须确保他身体的旋转动作总是发生在球门线（两个锥桶）和球之间，以便在假象对手（锥桶球门）面前保护好球。

· 3 名运动员占据 8 个球门的 3 个，这样 4 名进攻者就只能在未被占据的 5 个球门中的其中一个得分。防守者可以从一个球门跑动到下一个球门但是不能抢球。队伍中第一个获得 6 个进球且不会在同一个球门出现两次进球的进攻者获胜。

· 4 名进攻者对抗两名可能抢球的防守者（不同于之前禁止抢球的变化）。

· 为了得分，进攻者必须在每个球门线之前稍微用任意一只脚将球提高绕过障碍物（或者伸脚抢球的运动员）。

训练目的：

· 根据球门的位置是在右脚或者左脚的里面或者外面来运球。

· 学习在运球时不断抬高视角（头部和眼睛）以便收集信息。

· 改变运球的方向。

· 寻找最近的路线；心理预期下一个动作。

3. 1V1 传球和接球对抗

配对运动员并用锥桶标识比赛场地。每两名运动员共用一个球。场地的末端是球门区域（8 米跨度）。运动员分别站在自己防守的球门区域。运动员 1 沿着地面从他的球门线朝对面的球门传球。为了组织运动员 1 得分，防守者运动员 2 必须判断对手传球的方向和速度。接着他们会反转动作将球传回到原来线的位置。超过肩膀高度的发球是不被允许的而且也不能得分。如果违反规则（使用手或者离开球门线），那么必须在场地区域的中间接受惩罚。第一个获得 4 分的运动员赢得比赛。

变化方法：

· 作为练习，只有沿着地面的传球才能计分。

· 要求青少年运动员在练习时使用技术较薄弱的脚传球。

· 要求接球员在球门线后面 2 米的位置开始发球。这有助于让他们养成在控球之前朝球跑动的好习惯。

· 要求青少年运动员练习 2V2 的传球和接球。从控球的位置将球传过对手的球门线。根据 4 名运动员的爆发力，球门区域可以扩大到 12 米宽，球门与运动员的间距可以增加 15—20 米。

训练目的：

· 使用不同的技术沿着地面传球。

· 了解伪装传球方向的方法。

· 双腿足够弯曲并以正确的基本定位接球或救球。

· 在跑动中用任意脚接球。

· 预测或理解对手传球的方向。

· 扩大防守者的动作范围。

4. 紧追不舍

在场地标识梯形，在稍微不平均的间距放置 4 个锥桶。第 5 个锥桶与第 1 个锥桶构成球门线。运动员组队比赛，一名运动员作为进攻者而另一名作为防守者。进攻者绕着 3 个锥桶构成的三角形运球。一旦进攻者开始跑动，防守者必须做出应对并跟跑，防止进攻者在他到达圆圈最后的球门时可以一直控球。但是，防守者有个不利的条件：他必须跑更远的距离（绕所有 4 个锥桶）才能抓住进攻者。每名运动员有两次进攻和防守的机会。在绕着锥桶完成运球之后，控球到达球门线（锥桶 1 和 5）次数多的运动员获胜。如果出现平局，可以进行最后决赛。

训练目的：

· 在控制好球的情况下，快速运球，同时不断改变方向。

· 在直线运球和改变方向时使用正确的运球技巧。

· 在改变方向时要使用合适的跑动技巧。在降低了重心之后，身体的重量会放在一条腿上，因此承重腿必须在新的方向完全展开。同时使用另外一只脚控球。

·当防守者靠近时，在运球过程中可以用身体保护球。

5. **两次拦截抢球**

用 4 个锥桶标识场地（两个球门锥桶之间 6 米宽，另外两个锥桶距离设置为球门锥桶的宽度分别为 3 米），同时将运动员配对。防守者站在距离球门 5 米远的位置，大约是中间点位置。进攻者面向防守者，控球站在防守者前面 1 米或者 2 米位置。在防守者尝试快速突袭截球时，进攻者将球踢到防守者范围外的侧边，接着运球通过两个球门区的其中一个。当防守者在正面拦截抢球失败时，他必须快速回到基本位置并尝试第二次拦截抢球（这次是在侧边位置）——同时阻止进攻者在两个锥桶球门的其中一个控球。每位运动员都必须在 5 次进攻中保护好他的球。阻止进攻者越少进球的防守者获胜。在每次拦截抢球之后，运动员都必须至少休息 10 秒。

训练目的：

·在拦截抢球之前先假定最佳的基本位置。

·了解速度和突袭因素对于拦截抢球的重要性。

·在迈步插入之前采用佯装动作。

·预测对手的动作，即他运球的方向。

·快速恢复到基本的拦截抢球位置以便进行第二次或第三次拦截抢球。

·进攻者必须用心观察对手拦截抢球的准备动作和执行动作，这样才可以将球带出运动员的动作范围。

·学习正确拦截抢球的时机，特别是当球离进攻者双脚较远时。

6. **挑战**

用 4 个锥桶设置一个长方形场地并标识出球门区域；两名配对青少年

运动员用一个球。两名运动员站在相同的球门线（A），一个在右后方（锥桶），另一个在左边 2.5 米宽球门位置。发出可视信号之后，两名运动员必须朝着放在比赛区域 12.5 米中间位置的球跑动。第一个获得控球权的运动员必须运球进入对手的射门区域并得分。当左后方（锥桶）的运动员 A 争取在较远的球门（B）得分时，右后方的运动员 B 一旦拿到球就必须运球通过他开始位置（A）的无人防守的球门。如果运动员在射门区域之外的中场违反了足球规则，那么防守者可以在不带球的情况下从进攻者后面半米远的位置重新开始比赛。如果防守者在他自己的射门区域违反了规则，那么运动员必须接受任意球的惩罚。任意球指的是运动员在比赛区域的中间位置向对手的空球门射门。每进一球或者球进入终点线得分，两名运动员交换开始场地。最先取得两分的运动员获胜。

训练目的：

· 快速跑向球并取得快速踢球的最佳位置。

· 从对手防守的后面运球并守护好控球权。

· 从进攻者的侧边而不是后面位置防守。

· 即使面对对手也要得分。

· 快速从进攻转为防守，反之亦然。

· 当进攻者获得发球机会时，从 25 米外的位置开始精准传球。

· 避免运球进入防守者的范围。

7. 快速进球得分

配对青少年运动员并分给每人一个球。设置一个长矩形，用 4 个锥桶标识角；矩形的末端作为球门区域并且必须只有 2 米宽。向两名运动员发出可视信号，让他们在矩形的末端出发。他们必须将球运到至少 4 米线位置，接着朝 12 米远的另一个矩形末端射门，让球通过锥桶。成对地比赛，第一个将球传到 4 米线之外最远的球门柱之间的任意一点的运动员就可以得分。在 5 个回合中得到最多分的运动员获胜。

在限时压力下射门时，运动员一般会选择技术。但是，通过变化，可以要求运动员使用一种特定的技术或者甚至使用技术较弱的脚踢球。

训练目的：

·从静止位置开始加速带球。

·组合两项基本技术动作，例如在身体前面运球和快速传球或射门。

·快速且准确地传球，同时要有爆发力以便一开始就可以射门得分。

·将支撑腿定位到球的正确平面上以确保精确性。

8. 使用弱势脚传球

用锥桶设置正方形比赛场地，标识出球门和传球起始点。在这个游戏中，一对运动员使用一个球。在完成场地长度距离的运球之后，运动员在跑过球门区时必须传球。球门区由锥桶标识，两个锥桶之间间距为 1 米到 1.5 米。如果是定位传球，那么传球是无效的。在完成了从第一个锥桶向球门区传球的动作之后，运动员跑回第二个锥桶后面的起始点，等待接住第二名运动员的传球。第一个从距离球门 5 米的位置完成 5 个有效进球的运动员获胜。

可以根据参加游戏的运动员的表现以及是否要求运动员使用非主力脚或者主力脚参加游戏来改变游戏距离。

训练目的：

·在使用技术不熟练脚传球时要确保准确性。

·在准备传球时，要佯装传球动作和方向。

9. 头球射门

比赛区域是 7V7 进球设置。两名运动员面对面站在间距 2 米的位置。其中一名运动员是守门员，他以抛物线的路线将球朝进攻者的前额掷去。进攻者朝着守门员用头球射门，但必须保留在球门线位置。如果球没有控制好，那么进攻者可以不使用前额接球。在完成了 5 次头球射门之后，运动员交换位置和角色。进球得分多的运动员获胜。

训练目的：

· 第一次体验头球射门。

· 鼓励运动员练习几种渐进性运动，避免出现坐着和跪着姿态。

· 以静止的站立姿态和正确的技术完成头球射门。

10.4 个球门的游戏

设置比赛场地，锥桶之间相距 4 米。每一次有 2 名运动员在各自的比赛区域参加游戏；每对运动员有一个球。进攻者运球从左（或者右）穿过所设置的两个宽球门的其中一个，然后站到他对面比赛区域的另外一端。教练可以指定两个球门，不带球的运动员可以在指定的球门前防守。

进攻者开始比赛时，在对面球门区域的防守者不管在哪个指定的球门位置都必须快速反应，离开球门并防止对手进球得分。当球跑出比赛区域或者进球得分时，可以重新开始比赛，同时运动员交换角色。

如果出现犯规，那么进攻者可以在防守者 1 米距离之外自由运球。只有当进攻者重新开始比赛，防守者才可以进行干扰。在 10 次进攻中得分最多的运动员获胜。

在将这个游戏投入试验之前，可以让运动员在相同的场地不带球体验追拍游戏。他们可以练习一下规则，学习摆脱对手的方法，使用伴攻技术，穿过通道方式以及突然改变方向和速度。

训练目的：

· 在运球时要抬头观察和分析对手的位置和打法。

· 避免运球进入防守者范围。

· 运球到达一边，迫使防守者也移动到该方向，接着突然改变速度和方向进入到空地。

· 改变速度和方向提高运球技术。

· 防守者必须学习迫使进攻者运球到预期的位置。

· 运动员必须学习在防守时使用假动作。

第四节 青少年足球运动员比赛中技、战术合理运用课程

在经历足球技、战术的训练课程后，必须定期组织十项运动和 2V2 三项全能比赛并将之作为青少年足球运动员的技、战术合理运用课程的训练内容。在前面阶段的训练中，青少年足球运动员还不具备进行正式比赛的能力，过早设置这种比赛，只会造成不必要的压力。

一、足球十项全能

足球十项全能是面向青少年足球运动员的简单比赛。可以将它作为测试，以便了解青少年足球运动员与他同龄人之间的表现水平。在十项全能比赛中，要注意确保青少年足球运动员面对在真实比赛情景中最重要的足球基本因素。执行技术的方法远不如在何时以及何地执行技术重要。

二、组织十项全能比赛

组织十项全能比赛会出现很多种可能性。最好的两种选择是组织 2 天或者 10 天的十项全能比赛。

两天日程的比赛：参赛人数不受限制，同时参赛者每天必须面对 5 项比赛。十项全能比赛可以组织为个人比赛或者团队比赛。选择以下选项作为个人比赛项目。

·在每个比赛中，运动员会遇到不同的对手。运动员抽签决定 10 次比赛的竞争者。赢得最多比赛的运动员就是十项全能挑战的获胜者。如果在两名或者更多的运动员之间进行抽签，可以使用比赛 10 或者比赛 2 作

为决胜局。

·在每个比赛中，运动员会面对相同的对手。教练或者教师要核查配对运动员，确保两名运动员在 10 次比赛中具备非常相似的技术、战术、体能和体质水平。运动员战胜他个人对手的比赛次数越多，就是十项全能挑战的获胜者。

在团队比赛中，两个俱乐部或者学校团队比赛的运动员人数是一样的。在每一场比赛中，来自一个团队的运动员在 10 次比赛中会面对来自另一个团队的不同运动员对手。赢得最多测试的团队获胜。

十日日程的比赛：只有在每次训练赛季才会组织 10 次测试的其中一次，同时，获胜者将在所有的参赛者中诞生。如果少于 7 名参赛者，那么所有的参赛者将进行比赛直到最后决出获胜者。如果是 8 名到 14 名参赛者，那么可以将他们分成两组，两组的获胜者将在决赛中相遇。如果是 16 名或者更多名参赛者，那么可以组织淘汰赛，获胜者与失败者都可以参加决赛。

三、引进赛事

（一）引进赛事的要求

在青少年足球运动员的训练项目中引入 10 个比赛的其中一个必须达到以下要求。

1.首先准备好比赛场地，同时选定两名运动员来做示范。接着循序渐进地解释比赛（测试）规则，慢慢地演示比赛发展的方式直到运动员完全明白规则。向运动员提问几个问题以便确保每个人都清楚规则以及比赛获胜的方法。最后，完整地演示测试过程。

2.所有运动员都有机会与所选择的搭档一起练习 3~5 分钟以便熟悉比赛（测试）。

3.练习结束之后，青少年足球运动员必须用简单的话语阐述他们第一个比赛获胜的体验。

4.教练必须选择对抗比赛的运动员以及进行第一次比赛的地点。

5.进行第一次比赛。

6.探讨青少年足球运动员在第一场比赛或测试中获胜以及失败的原因，同时一起发现获胜和失败的原因。

7.采用几个校正练习来隔离测试的重要方面（例如，在1V1对抗的条件下，拦截抢球的技术和技巧、不同的传球技术等）。这些重要的方面会对运动员的表现造成不利的影响，接着帮助运动员练习这些方面。

8.进行第二场比赛（获胜者与获胜者比赛，而失败者之间进行安慰赛）。

9.与青少年足球运动员一起制定能够赢得比赛的必要技术和技能。目的是让所有运动员完全理解在比赛（测试）进行过程中每个时刻必须做的事情。必须进行一次或者两次以上的校正练习以便帮助初学者克服观察到的所有缺点。有时候后退一步可以更好地前进。

10.进行第三场比赛以便在十项全能比赛中训练出技能最好的运动员。

（二）2V2三项全能

三项全能比赛重点关注足球比赛中各种整体基本状况。青少年足球运动员不仅要练习传球、运球接球和拦截抢球的方法，同时还要了解何时、何地以及为何采用这种方法：运动员必须一直考虑到其他队友以及防守者的打法。通过3个简单的游戏练习，即使在复杂性逐渐提高的比赛中，运动员也可以学会分析实战情形，同时做出相应的反应。

1.2V1反攻

每场比赛时长为两分钟，两名运动员交替在10米宽的球门防守对手。在成功防守之后，对手将球传给对方球门的其他防守者以便射门得分。在丢失了球之后，进攻者必须在自己的比赛场地的半场位置拦截抢球。运动员必须运球穿过对手的球门线才可得分。两分钟之后，进攻者和防守者交换位置。必须在终场线或中场线 3 米以外执行任意球或运球。比赛时间：每场两分钟，一共举行 4 场，共 8 分钟。

2.2V2 的 4 个交叉球门游戏

场地上有 4 个球门区，每个球门宽 7.5 米。每个队指定两个进攻球门和两个防守球门。抛球开始比赛。必须在球门线 3 米以外执行任意球和自由运球。运球穿过对手其中一个球门得分。

比赛时间：每场 3 分钟，中场休息 1 分钟，一共三场比赛。

3.2V2 的宽球门游戏

设置球场长度为 15 米，球门锥桶相距 12 米。抛球开始比赛。必须在球门线 3 米以外执行任意球和自由运球。运动员必须在球门区控球才可得分。

比赛时间：每场 3 分钟，中场休息 1 分钟，一共三场比赛。

第七章　青少年足球运动员核心素养的展望

第一节　我国青少年体育核心素养的发展趋势

一、内涵进一步清晰

如果对概念内涵难以形成一致观点，势必会影响到接下来体育核心素养培育策略、评价体系以及课程改革与教学实践的研究等。体育学科素养、体育核心素养、学生体育核心素养与体育学科核心素养等的辨析，将会因为体育核心素养研究的概念混淆而不断深化。我国对于体育核心素养的研究已经取得了一定的成果，这对接下来体育核心素养概念的研究有借鉴意义，帮助厘清体育核心素养概念的内涵。因为体育核心素养指的是学生在接受不同学段的体育教育中逐渐养成的具有体育学科特征的关键成就与能力，而我国对于"大中小（幼）一体化体育课程体系建设"的研究也已经在稳步推进，为了分学段展开体育核心素养的研究，同样要求要加快厘清与明确体育核心素养概念的内涵和外延以及与其他相近概念的关系。

二、进一步与国际接轨

国际比较研究是中国学生体育核心素养的支撑性研究之一，探索与优化我国国内体育核心素养研究的结构内容与体系，必须要借鉴国内外优秀的研究经验，这也是深化体育教育改革与提升竞技体育后备人才培养质量的必经之路。未来体育核心素养的研究要从我国现实国情出发，延续我国相关研究的优势，同时也要参考借鉴其他国家和地区体育核心素养的研究程序、内容体系与实施途径等，这样才能促进我国体育教育改革的系统完善和与时俱进。对照国际核心素养研究，在体系建构、评估研究以及基于核心素养的课程实践探索方面，国内体育领域也同样对此进行了探索性研究，并且取得了一定的研究成果，未来可继续综合国内外先进研究成果，补充完善体育核心素养理论体系和实践方法，并在相关的理论和实践工作中彰显出中国特色。

三、研究进一步多元化

未来国内对体育核心素养的研究将充分解放思想，推动研究视角更加多元化。[1] 具体表现包括：第一，把握学科群视角。学科的边界不是实线、直线，而是点线、波线。要运用马克思主义联系观的思想，明确学科之间的链接与整合，这是基于核心素养的体育教育必须要遵循的一个重要的原理。因此，要处理好学生的体育核心素养与跨学科核心素养培育的关系，尤其是有效结合好与音乐、舞蹈等具有艺术表现力的其他学科核心素养的培育。第二，创新研究方法。在具体的研究过程中，要将体育核心素养的理论研究与实践研究充分结合。一方面，以理论为指导去指导相关实践；另一方面，避免过分受限于体育核心素养相关概念的辨析，明确体育核心素养的目的和意义，在具体的体育教育和竞技体育

---

[1] 黄彩虹、张瑞：《国内体育学科核心素养研究现实与未来展望》，《湖北体育科技》2020年第10期。

后备人才培养等工作实践中去探索和研究。第三，遵循整体性与独特性原则。学科素养具有学科价值，以中国学生发展核心素养体系为代表的通用素养具有育人价值。未来体育核心素养的研究既要立足于整个中国学生发展核心素养体系、坚持"健康第一"的指导思想，又要把握学科本质、考虑体育学科的独特性、基础性与实践性，推动核心素养有效指导体育教育改革。第四，拓宽研究历史层面。不仅要与在我国学术界已经拥有 30 多年研究经验的体育核心素养相联系，同时也要紧跟快速的研究步伐与潮流，思考体育核心素养如何指导大中小（幼）一体化体育课程体系建设，在体育教育、竞技体育后备人才培养中该如何更好地落实体育核心素养的理念。

第二节　基于核心素养的青少年足球运动员训练体系构建

一、运动技能模型的提出

在过去的十年里，核心素养一词开始流行，体育教育、体育训练领域关于体育核心素养的研究越来越多，研究的内容涉及参与体育运动的价值、责任、动机、信心、身体能力、知识、理解等。有学者提出，体育核心素养是通往专业之路的基础，并提出运动技能模型（Athletic Skills Model，ASM），来优化体育人才的培养。[①] 这个模型是一个基于核心素养的运动计划框架，不仅有助于提高运动员的核心素养，还有助于促进运动员终身体育的发展。它涉及运动员从青春期到成年期的幸福感、健康水平

[①] Savelsbergh, G.J. and Wormhoudt, R., "Creating adaptive athletes: the athletic skills model for enhancing physical literacy as a foundation for expertise", *Movement & Sport Sciences-Science & Motricité*, No. 102（2018），pp.31-38.

和天赋发展，能够帮助运动员在体育娱乐、竞技表现、身心健康之间做到兼顾、平衡。

《奥林匹克报告》指出，奥林匹克奖牌获得者在校期间平均每人从事三四十种体育项目的练习，在校外平均每人从事三至十种体育项目的练习。由此可见，不管是哪一个运动项目的运动员，在青少年时期从事的体育活动都不止一种。对于青少年足球运动员来说，从事多种项目的体育活动，有助于其在足球运动中有更好的成绩。同时，传统的体育运动学习过程设计以按顺序设计的范式为主，青少年运动员往往经历从言语认知阶段到自主活动阶段的发展，这对体育教师、教练员设计一种"理想"的教学训练模式的要求很高，在教学训练的过程中，一旦有所偏离，效果就会大打折扣。与之相对，替代形式的学习，如内隐学习则较少受到体育教师和教练员水平的影响，体育教师和教练员只需要创造指导性和挑战性的环境，来激发青少年运动员实现学习目标即可，且效果是比较理想的。为此，可以设计一个发现、探索、提高技能的支持性学习环境。在我国体教融合战略的大背景下，为大大拓宽青少年足球后备人才培养的目标人群范围，这种模式能够较好地缓解师资短缺带来的困境。运动技能模型的设计正是基于上述两方面的考虑，能够帮助青少年运动员提高解决实际问题的能力，能够激发青少年运动员的创造力和对整个竞技体育环境的适应性，值得我国基于核心素养的青少年足球运动员训练体系的构建参考和借鉴。

二、青少年足球运动员训练的运动技能模型

运动技能模型认为，运动员的身体和精神共同组成了一个复杂的适应性系统，运动员培养也应当据此形成一个一体化的方法。该模型融合了生态动力学的理论思想、优异竞技成绩的实践经验以及其他相关的科学研

究成果，包括 Bloom（1985）的经典人才模型 ①、Côté 等的多元化思想 ②、Balyi 和 Hamilton 的教育目标 ③ 以及 Ford 等（2009）的早期参与思想 ④ 等。

运动技能模型中，青少年首先要成为接触多个运动项目的"好动者"，为此，研究者开发出一个能够将运动和乐趣联系在一起的训练方法，叫作"运动轨迹"（movement track），它还可以用来测评青少年的运动能力。⑤ 在此基础上，青少年逐渐被培养成运动员，只专注于一项运动，并最终成长为优秀的运动员。可见，运动技能模型的思路是，先让青少年成为一名运动员，然后才成为一名专业运动员。

要成为一名专业运动员，没有严格的年龄要求。但是发展成专业运动员所需要的时间在一定程度上与项目难度有关。运动技能模型旨在通过培养核心素养为竞技比赛的表现创造稳定的基础，从而使青少年运动员的体育事业有一个良好的发展。运动技能模型致力于培养更健康、适应性更强、更全面的个人，他们将作为一名运动员建立更长的职业生涯。由于练习中有更多的变化，与单调的程序相比，青少年运动员受伤的概率显著降低。因此，他们有更多与竞技比赛表现相关的成长机会，这可以促进他们的个人发展、全面健康和幸福感。

---

① Bloom, B., *Developing talent in young people*, BoD–Books on Demand, 1985.

② Côté, J., Erickson, K., *Diversification and deliberate play during the sampling years*, New York: Routledge, 2015, pp. 305-316.

③ Balyi, I. and Hamilton, A., "Long-term athlete development: Trainability in childhood and adolescence", *Olympic coach*, Vol. 16, No. 1（2004）, pp.4-9.

④ Ford, P.R., Ward, P., Hodges, N.J. and Williams, A.M., "The role of deliberate practice and play in career progression in sport: the early engagement hypothesis", *High ability studies*, Vol. 20, No.1（June 2009）, pp.65-75.

⑤ Hoeboer, J.J.A.A.M., Ongena, G., Krijger-Hombergen, M., Stolk, E., Savelsbergh, G.J.P. and De Vries, S.I., The "Athletic Skills Track: Age-and gender-related normative values of a motor skills test for 4-to 12-year-old children", *Journal of Science and Medicine in Sport*, Vol. 21, No. 9（September 2018）, pp.975-979.

运动技能模型提出的目标很好地融入了对核心素养的描述。尤其是第一阶段旨在培养青少年成为一名优秀的"好动者"，即首先是一名运动员，这就要求从很小的时候就开始提高青少年的核心素养。青少年不会"被迫"进入早期的专业化轨道，而是通过运动教育，例如通过进行多种项目的运动，获得所有基本的运动技能。研究者强调了良好的运动技能与运动参与之间的关系。① 这与多种体育项目有关，青少年运动员在小的时候接触各种各样的运动项目，所获得的技能，将在未来从事的任何特定运动项目当中发挥重要的作用。这种观点有明确的证据支持。例如，研究指出，顶尖运动员在小时候参加多种多样的项目，如足球、摔跤、曲棍球和花样滑冰等，相反，如果从小就进行专业化训练，运动生涯就难以健康持续。② 还有研究表明，在年龄较小的时候就参加游泳顶级比赛的运动员，比年龄较大时才参加这种比赛的运动员，往往在国家游泳队的年头更短，也更早结束他们的职业生涯。③ 还有研究分析了顶尖运动员的职业发展轨迹，他们

---

① Barnett, L.M., Stodden, D., Cohen, K.E., Smith, J.J., Lubans, D.R., Lenoir, M., Iivonen, S., Miller, A.D., Laukkanen, A., Dudley, D. and Lander, N.J., "Fundamental movement skills: An important focus", *Journal of teaching in physical education*, Vol. 35, No. 3（July 2016）, pp.219-225; Logan, S.W., Webster, E.K., Getchell, N., Pfeiffer, K.A. and Robinson, L.E., "Relationship between fundamental motor skill competence and physical activity during childhood and adolescence: A systematic review", *Kinesiology review*, Vol. 4, No. 4（November 2015）, pp.416-426.

② Vaeyens, R., Güllich, A., Warr, C.R. and Philippaerts, R., "Talent identification and promotion programmes of Olympic athletes", *Journal of sports sciences*, Vol. 27, No. 13（November 2009）, pp.1367-1380; Hornig, M., Aust, F. and Güllich, A., "Practice and play in the development of German top-level professional football players", *European journal of sport science*, Vol. 16, No.1（January 2016）, pp.96-105.

③ CôTé, J.E.A.N., Lidor, R. and Hackfort, D., "ISSP position stand: To sample or to specialize? Seven postulates about youth sport activities that lead to continued participation and elite performance", *International journal of sport and exercise psychology*, Vol. 7, No.1（January 2009）, pp.7-17.

对 256 名顶尖运动员在 27 个不同运动项目中的表现路径轨迹和过渡情况进行评估。以往的竞技人才培养提出早期专业化，是基于从初级运动员到精英运动员的线性发展轨迹的假设。然而，研究人员从样本中发现了三种主要职业发展轨迹，即纯线性上升、混合上升和混合下降，它们分别占16.4%、26.2%和57.4%。上述轨迹被进一步细分为八个子类别，它们是线性、交叉和并进的不同组合。其中，自始至终按照纯线性上升，而不混杂其他发展轨迹的运动员只占样本总体的 7%。对此，研究人员指出，大多数运动员在竞技运动职业生涯的发展中都遵循非线性轨迹，在混合上升和混合下降的组合中发展，最终达到最顶尖的竞技比赛表现。[①]

可见，基于核心素养的青少年足球运动员的培养也应考虑到这些线性和非线性的发展轨迹。在培养青少年足球运动员之初，先通过各种各样的运动项目，激发青少年的运动兴趣。不应过早地让青少年运动员参加水平非常高的足球比赛，而应先通过多种运动项目的参加培养核心素养，为后来职业生涯的健康可持续打下坚实基础。

三、构建青少年足球运动员训练运动技能模型的策略

（一）青少年足球运动员训练的同心发展法

青少年足球运动员训练可采用运动技能模型提出的运动员基本动作技能的"同心发展法"（Concentric developmental approach）。同心发展在足球运动中意味着通过练习和体验其他运动和活动中应用的所有类型的运球技术来发展基本动作技能。例如，一种多功能的同心颠球方法是：颠橄榄球、颠篮球、颠排球等。相比之下，只专注于运足球的线性开发程序具

---

① Gulbin, J., Weissensteiner, J., Oldenziel, K. and Gagné, F., "Patterns of performance development in elite athletes", *European journal of sport science*, Vol. 13, No. 6（November 2013），pp.605-614.

有内在的局限性。在线性方法中，每一步都是预先设定的，并且最终只为一个目的设计，即实现目标或执行练习，例如从运球到运球过人。这些线性程序主要是为执行特定的运动而设计的，而同心程序是为强化和发展人类能力或技能而设计的，这更符合实现高水平的体育核心素养的要求。通过这样的训练，青少年运动员可以很容易地在各种环境中实现动作的多样性，所以运动员也可以在不同情况下表现出更高程度的适应性，发展出很强的创造力，并在比赛中产生独特的功能性解决方案。① 在日常情况下，运球过人并不总是以过人结束。它应该被深入训练，帮助青少年运动员判断运球过人动作之后可能发生的事情，例如，紧接着射门，或者紧接着传球。这种从一个动作向另一个动作转移的能力适用于所有的基本动作技能，因此它们都应该被设计于广泛的复杂的技能训练中，它事实上是神经肌肉训练的复杂形式。同心发展方法提供了一种不同的锻炼方式，能够激发青少年运动员和教练的创造力和适应性。基本动作技能的同心发展法从本质上意味着所有协调能力的同心发展，即与足球运动有关的所有空间意识、动觉、灵活性、稳定灵活性或力量等。

（二）青少年足球运动员训练的设定限制法

Newell 的约束引导模型是一种运动学习的理论模型，在设置训练课程时非常有用。② 该模型的主要思想是，训练任务、执行该任务的生物体（如表演者、运动员或儿童）及其所处的环境的相互作用，能够决定一种运动模式。当这三个因素中的一个发生关键变化时，运动模式也会马上发

---

① Santos, S.D., Memmert, D., Sampaio, J. and Leite, N., "The spawns of creative behavior in team sports: A creativity developmental framework", *Frontiers in psychology*, No. 7 (August 2016), p.1282.

② Newell, K.M., "Constraints on the development of coordination", *Motor development on children: Aspects of coordination and control*, 1986.

生变化。换言之，通过操纵任何一个因素，就可以塑造某种运动模式，也可以缩小或扩大运动模式可能发生的变化。

通过设计任务、青少年足球运动员和环境之间的相互作用机制，可以创造出提高青少年足球运动员适应性和创造力的情境，因为他们需要寻找有用的运动解决方案来解决手头的运动问题。当操纵这些因素时，运动模式会受到影响，在某些情况下，这可能会导致功能性行为。[①] 此时，青少年足球运动员就可能会产生适应性行动，形成创造性的解决方案。在这种情况下，青少年足球运动员的训练活动不一定是基于个人的目标，他们不仅仅是为了完成任务。研究已经证实了设定限制法的有效性。[②] 足球教师和教练员应当考虑三方面因素的相互作用机制，通过训练任务的设计来提高青少年足球运动员的竞赛表现，例如拓宽游戏活动训练的区域等。[③] 拓宽环境可以让孩子们执行类似于成人游戏的动作，在不同环境中提高对各项足球技战术运用的灵活和熟练程度。研究发现，从在一个动作时间短的小场地进行传球，到一个动作时间长的大场地进行传球，即实施足球任务限制的设计，能提高五人制足球比赛任务中的运动员表现，他们会表现出更高的注意力。[④]

[①] Orth, D., Van der Kamp, J., Memmert, D. and Savelsbergh, G.J., "Creative motor actions as emerging from movement variability", *Frontiers in psychology*, No. 8（October 2017）, p.281868.

[②] Timmerman, E.A., Farrow, D. and Savelsbergh, G.J., "The effect of manipulating task constraints on game performance in youth field hockey", *International Journal of Sports Science & Coaching*, Vol. 12, No. 5（October 2017）, pp.588-594.

[③] Buszard, T., Reid, M., Masters, R. and Farrow, D., "Scaling the Equipment and Play Area in Children's Sport to improve Motor Skill Acquisition: A Systematic Review", *Sports Med*, No. 46（2016）, pp.829-843.

[④] Savelsbergh, G.J. and Van Der Kamp, J., "Information in learning to co-ordinate and control movements: Is there a need for specificity of practice?", *International Journal of Sport Psychology*, Vol. 31, No. 4（October 2000）, pp.467-484.

（三）青少年足球运动员训练的运动迁移法

为了提高体育核心素养水平，从而为青少年足球运动员的足球生涯奠定基础，需要考虑到两个重要方面。首先，如前所述，只有少数运动员遵循单纯的线性发展轨迹，大多数运动员遵循非线性轨迹。因此，青少年足球运动员职业发展应兼顾线性和非线性发展轨迹。其次，应当创造培养适应性的学习环境。在解决运动问题的过程中，青少年足球运动员可以找到运动解决方案，从而产生新的、功能性强的创造性行为[①]。通过促进青少年足球运动员的能力更加多样化，提高青少年足球运动员整个职业发展轨迹的适应性和青少年足球运动员在发展过程中表现出来的创造力。为此，还可以运用运动迁移法来提高青少年足球运动员的体育核心素养。

Savelsbergh 和 Wormhoudt 提出，构建一个全新的环境，一个有吸引力的、创新的和可持续的户外环境，可用于休闲、玩耍、教育、培训、实践和康复。其中的组成部分都是模块化的，可以在现有或新的场地上实现，属于一种公共设施。[②] 针对青少年足球运动员的培养，可以建设一个满足平衡、攀爬、投掷、接球和跳跃等基本技能发展需求的环境，以一系列的体育设备，帮助青少年足球运动员实现全面的运动发展，尤其是年龄比较小的足球运动员。根据 Savelsbergh 和 Wormhoudt 的观点，这种环境的设计利用了运动的可迁移性。学习迁移的概念认为，以前在一个任务或领域的实践或经验将促进（正迁移）或抑制（负迁移）在另一个相关任

[①] Orth, D., Van der Kamp, J., Memmert, D. and Savelsbergh, G.J., "Creative motor actions as emerging from movement variability", *Frontiers in psychology*, No. 8 (October 2017), p.281868.

[②] Savelsbergh, G.J. and Wormhoudt, R., "Creating adaptive athletes: the athletic skills model for enhancing physical literacy as a foundation for expertise", *Movement & Sport Sciences-Science & Motricité*, No. 102 (2018), pp.31-38.

务或领域中的成功表现。① 为青少年足球运动员打造的这样一个环境，应当能够促进青少年足球运动员适应性地、灵活地修改运动行为的能力，从而为促成未来熟练掌握各种足球技术动作打下坚实的基础。为了实现足球运动相关技能的迁移，必须寻找其他体育运动与足球运动的相似性和差异性，看看不同的体育运动或活动对足球运动的技战术学练的影响是积极的还是消极的。

（四）青少年足球运动员训练的差异学习法

足球是一项团队运动，是两支球队在空间和时间上相互竞争，以获得优势，从而实现进球的运动。然而，近年来，随着足球运动不断发展，由于防守策略和球队紧凑性的增加，射门进球的目标越来越难以实现。前锋担任着为自己或队友创造空间和得分机会的重任，有学者以前锋位置为中心，提出了差异学习与体能素养训练融合，来培养足球运动员的运动技能。一方面，差异学习训练项目，就是对训练任务进行有差异的设计，而不是让学生完成千篇一律的训练任务，这种差异学习可通过增加运动的可变性和不可预测性来培养前锋破坏防守平衡的进攻能力②，从而培养青少年足球运动员对不可预测环境的适应性，并提高他们的运动多功能性③；

---

① Côté, J., Baker, J. and Abernethy, B., "Practice and play in the development of sport expertise", *Handbook of sport psychology*, Vol. 3, No. 1 (January 2007), pp.184-202.

② Gonçalves, B.V., Figueira, B.E., Maçãs, V. and Sampaio, J., "Effect of player position on movement behaviour, physical and physiological performances during an 11-a-side football game", *Journal of sports sciences*, Vol. 32, No. 2 (January 2014), pp.191-199.

③ I Schollhorn, W., Hegen, P. and Davids, K., "The Nonlinear Nature of Learning-A Differential Learning Approach", *The Open Sports Sciences Journal*, Vol. 5, No. 1 (2012); Santos, S., Jiménez, S., Sampaio, J. and Leite, N., "Effects of the Skills4Genius sports-based training program in creative behavior", *PloS one*, Vol. 12, No. 2 (February 2017), p.e0172520.

另一方面，考虑到体能是成功进球的重要条件[①]，体育教师和教练员还应培养青少年足球运动员的体能以提高基本动作技能的效果。

四、社会化教育路径

（一）青少年足球运动员社会化教育的提出

足球运动项目本身就被认为是青少年教育和社会化的重要工具[②]，体育核心素养视域下，青少年足球运动员的体育学习不应仅仅是为了未来的职业运动员生涯的发展，也应起到促进教育和社会化的作用。参加有组织的足球运动对于促进群体凝聚力和认识个人在群体中的作用是很重要的，足球是青少年足球运动员日常社交活动中的一个重要方面。[③]基于此，可运用对青少年运动员同样有吸引力的足球活动，即五人制足球或沙滩足球等具有一定娱乐性的足球活动[④]，来丰富青少年足球运动员的课余生活，发挥足球对促进运动员社会化的作用。

---

① Faude, O., Koch, T. and Meyer, T., "Straight sprinting is the most frequent action in goal situations in professional football", *Journal of sports sciences*, Vol. 30, No. 7 (April 2012), pp.625-631.

② Andersson, E.J.A., "Political socialization and the coach-created educational environment of competitive games: the case of grassroots youth soccer in Sweden", *Soccer & Society*, Vol. 21, No. 7 (October 2020), pp.725-740.

③ Benson, A.J., Evans, M.B. and Eys, M.A., "Organizational socialization in team sport environments", *Scandinavian Journal of Medicine & Science in Sports*, Vol. 26, No. 4 (April 2016), pp.463-473.

④ Fromel, K., Groffik, D., Kudlacek, M. and Urbań ski, B., "The importance of soccer literacy in the education and socialization of adolescents–Czech and Polish cases", *Soccer & Society*, Vol. 23, No. 1 (January 2022), pp.21-31.

（二）青少年足球运动员社会化教育的策略

足球被评为世界上最受欢迎的运动。[①] 研究发现，足球运动发展得好的国家的青少年，尤其是男孩对足球运动有着明确而稳定的偏好，而女孩对足球运动的喜好也在逐年增加。[②] 一项运动在一个国家的推广程度，影响着青少年群体接触这项运动的机会，以及青少年群体中喜爱这项运动的人数比例。因此，要实施青少年足球运动员社会化教育，首先，需要重视足球运动的推广普及工作，即使不是在足球特色学校中，也应使青少年足球运动员置身于浓厚的足球运动氛围之中；其次，青少年足球运动员的社会化教育，要弱化足球运动的竞技性，强化娱乐性。对青少年足球运动员实行足球的社会化教育，虽然同样以足球运动为载体，但它与日常的学习和训练不同，它应该是由社会或学校为青少年足球运动员提供俱乐部、娱乐性足球活动等平台，运动员在其中实施娱乐性的足球活动。此外，青少年足球运动员的社会化教育，要为运动员创造更多的锻炼人际交往能力的机会。有学者指出，在娱乐性的足球的活动中，男女混合足球的效果尤其突出[③]，它使青少年在群体活动中，体会来自群体的影响，也以自身影响着这个群体，这对促进青少年足球运动员社会化发展有着重要意义，社会和学校应积极为青少年足球运动员创造这样的机会和条件。

---

① Hulteen, R.M., Smith, J.J., Morgan, P.J., Barnett, L.M., Hallal, P.C., Colyvas, K. and Lubans, D.R., "Global participation in sport and leisure-time physical activities: A systematic review and meta-analysis", *Preventive medicine*, No. 95 (February 2017), pp.14-25.

② Fromel, K., Groffik, D., Kudlacek, M. and Urbań ski, B., "The importance of soccer literacy in the education and socialization of adolescents–Czech and Polish cases", *Soccer & Society*, Vol. 23, No. 1 (January 2022), pp.21-31.

③ Fromel, K., Groffik, D., Kudlacek, M. and Urbań ski, B., "The importance of soccer literacy in the education and socialization of adolescents–Czech and Polish cases", *Soccer & Society*, Vol. 23, No. 1 (January 2022), pp.21-31.

第三节　以核心素养为中心的青少年足球
竞赛与荣誉体系构建

一、分层竞赛与荣誉体系对青少年足球运动员核心素养的价值

长期以来，国内外学者在体育教学和运动训练的改进方面做了许多工作，希望能够促进学生和青少年运动员的全面发展，包括技能、战术、比赛能力、身体健康、心理健康、社会发展等。[①]随着体育核心素养的提出，以及相关理论与实践研究的开展，学者逐渐关注如何通过体育教学和运动训练的改进培养青少年运动员的核心素养。为此，学者先后提出了比较设计模型、专门关注模型等新型体育教学和运动训练模型。运用这些模型开展体育教学和运动训练工作，确实能够起到激发学生和运动员的运动热情，提高他们的体育核心素养的效果。然而，研究也证实，虽然运用这些模型能够使学生和运动员的体育核心素养得到普遍的提升，但不同能力水平的学生和运动员能够得到的进步幅度不一样，这就造成了一定的不均衡的问题。[②]

例如，Hastie 等基于上述模型提出的 18 课时技战术教学项目中，男

[①]　Hastie, P.A., de Ojeda, D.M. and Luquin, A.C., "A review of research on Sport Education: 2004 to the present", *Physical education and sport pedagogy*, Vol. 16, No. 2（April 2011），pp.103-132; Alexander, K. and Luckman, J., "Australian teachersí perceptions and uses of the sport education curriculum model", *European physical education review*, Vol. 7, No. 3（October 2001），pp.243-267.

[②]　Hastie, P.A., Ward, J.K. and Brock, S.J., "Effect of graded competition on student opportunities for participation and success rates during a season of Sport Education", *Physical Education and Sport Pedagogy*, Vol. 22, No. 3（May 2017），pp.316-327.

孩的进步幅度大于女孩。[1]Mahedero 等提出的技能改进项目中，技术水平最高和最低的学生的进步幅度不如技术水平中等的学生显著。[2] 这些研究引起了学者的关注，人们开始讨论如何保证体育教师或教练员的教学训练手段对于学生和运动员能起到均衡的效果。对此，学者们指出，为了提高学生体育核心素养，应最大限度地提高学生在体育教学活动或运动训练活动中的参与度，为了实现这一目标，有必要让所有学生都有平等的机会了解和热爱体育运动，有平等的机会作为团队的一员获得良好的教育和社会体验。因此，体育教学和运动训练的一个指导原则是所有学生都有平等的比赛机会，这是通过小型比赛来实现的，并且是有"分级竞争"元素的小型比赛。[3] 在分层竞赛中，应让技能水平相似的学生相互比赛，在某些情况下，甚至不同级别的比赛形式也不同，运用分层竞赛并构建相对应的荣誉体系，会增加不同技能水平学生参与竞赛的机会和成功率。

分层竞赛的形式之下，青少年运动员平均有更高的球接触率。当技能水平较低的青少年足球运动员与技能水平较高的运动员进行比赛时，他们的球接触率较低。例如，他们的传球会更容易被拦截，接球时也更容易被技术水平较高的运动员严密防守时丢球。同时，技能水平较高的青少年运动员的训练效果也会受到影响。例如，技术水平较低的运动员投出有力的传球时，技

---

① Hastie, P.A., Sinelnikov, O.A. and Guarino, A.J., "The development of skill and tactical competencies during a season of badminton", *European Journal of Sport Science*, Vol. 9, No. 3（May 2009）, pp.133-140.

② Mahedero, P., Calderón, A., Arias-Estero, J.L., Hastie, P.A. and Guarino, A.J., "Effects of student skill level on knowledge, decision making, skill execution and game performance in a mini-volleyball Sport Education season", *Journal of Teaching in Physical Education*, Vol. 34, No. 4（October 2015）, pp.626-641.

③ Hastie, P.A., Ward, J.K. and Brock, S.J., "Effect of graded competition on student opportunities for participation and success rates during a season of Sport Education", *Physical Education and Sport Pedagogy*, Vol. 22, No. 3（May 2017）, pp.316-327.

术水平较高的运动员更难调整他们的传球速度来创造"可接球传球"①。

分层竞赛的形式之下，青少年运动员的运动学习效率更高。运动学习过程的关键是引入运动可变性。在长期的实践中，人们发现体育教师和教练员面临挑战在于设计具有可变性的学习任务，来鼓励运动员实现功能性和适应性学习行为。分层竞赛实现练习环境结构的可变性，学者们指出这是一种富有成效的方式，可以帮助运动员在特定情况下探索和发现可供他们使用的决策和行动的范围。与单纯的技能练习相比，分层竞赛中的每次小型游戏都有一个特殊的优势，即在表演环境中提供了这种可变性，使运动员能够体验到各种运动模式。不管是对于任何一个技能水平的运动员来说，分层竞赛都有助于在运动员的学习和训练环境中增加更高水平的可变性，且这种可变性不会因与自己技能水平不同的运动员而受到干扰。

分层竞赛的形式之下，青少年运动员的动机更强。动机显然是影响青少年足球运动员竞技表现的重要因素。青少年足球运动员的动机水平在很大程度上取决于他们对环境需求的感知以及他们满足这些需求的能力。从本质上讲，如果一个人的技能水平很高，但参与的任务挑战性很低，那么就有可能感到无聊。或者，那些技能水平较低的人被安排在一项具有高挑战性的任务中，也有可能产生焦虑。如果不进行分层竞赛，青少年运动员则会面临上述两种情况的其中之一。研究已经证实，心理需求满足与从事体育运动的意愿之间存在直接关系。② 分层竞赛能对青少年足球运动员的相关信念产生积极影响，使他们更加积极地参与、更加努力和坚持。

---

① Hastie, P.A., Ward, J.K. and Brock, S.J., "Effect of graded competition on student opportunities for participation and success rates during a season of Sport Education", *Physical Education and Sport Pedagogy*, Vol. 22, No. 3（May 2017）, pp.316-327.

② Guzmán, J.F. and Kingston, K., "Prospective study of sport dropout: A motivational analysis as a function of age and gender", *European Journal of Sport Science*, Vol. 12, No. 5（September 2012）, pp.431-442.

二、以核心素养为中心的青少年足球竞赛与荣誉体系结构

在我国实施体教融合战略的背景下，不少学者开展了研究，以回应我国教育和体育事业发展对青少年足球竞赛体教融合发展的时代诉求，如赵亮等提出的构筑新时代青少年足球竞赛体系体教融合发展的推进路径，包括建立分层分级赛事系统，形成"校园—社会—职业"三方供给的赛事体系，为青少年提供多元化的赛事服务，以及构建融合赛事系统，在中国青少年足球联赛的基础上，建立中国青少年精英足球赛事，搭建我国足球后备人才竞赛选拔机制等。① 这些研究为体育、教育行政管理部门和社会、学校等层面的青少年足球竞赛工作提供了重要的思路，未来有待以微观的研究视角切入，探讨如何将这些思路落实到实践工作中，加以检验和改进。本书着眼于青少年足球运动员的体育核心素养，试图提出一个体育教师和教练员的教学与训练实践层面的青少年足球竞赛与荣誉体系运作模型（图 7-1），为将国家政策文件精神落实到实际工作中，将已有研究提出的思路具体化为体育教师和教练员日常对青少年足球运动员体育核心素养的培养工作中，提供一定的参考。

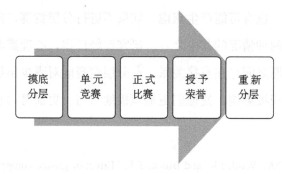

图 7-1　青少年足球竞赛与荣誉体系运作模型（教学与训练实践层面）

---

① 赵亮、韩炜、刘志云等：《我国青少年足球竞赛体教融合发展的时代诉求与推进路径》，《山东体育学院学报》2022 年第 4 期。

在每一学期的教学训练计划实施之前，体育教师和教练员应对青少年足球运动员的基础水平做一个摸底。摸底的方法可以是以每个足球基本技能为指标，由运动员逐个或集体演示每个技能，体育教师和教练员以高 / 低二项计分法打分，最终每个运动员都能得到自己的多个分值组成的分值列表。得到所有运动员的分值列表后，便可将运动员分成若干个组，体育教师和教练员可结合实际情况选择组数。在这个过程中，体育教师和教练员可以利用的比较简便、可靠的方法是将所有分值列输入 SPSS 等统计软件，运用软件自带的聚类功能，由软件通过一定的聚类算法自动聚类，将分值水平具有同质性的学生归为一类，例如高技能、中技能、低技能三组，或者高运球低射门、低运球高射门两组等。这样做不是为了找到组和组之间的异同，也不是要组织组和组之间的比赛，而是要保证组内的同质性，要使得组内每一位运动员的技能水平很相似，让他们在之后的教学和训练过程中进行组内的比赛，所以，一般来说，每个组内还会再分成若干个比赛队伍，至于每队的人数和组内的队伍数，也可由体育教师和教练员自行设计。

当分层工作基本完成后，便开始实施既定的教学和训练计划，其中应包含小组比赛计划，也就是层内的青少年足球运动员之间的比赛。层内的竞赛都是小型比赛，可以每天都进行，以 4 周为一个竞赛单元。小型比赛的设计可参考本书第六章的比赛方法，但为了使每位青少年足球运动员的体育核心素养得到全面、均衡的发展，在比赛中运动员所负责的位置，以及队伍中运动员所担任的角色，如队长、器材管理员、体能组长、场地检查员等，都要轮换负责和担任。每个竞赛单元之中，可以令最后半周或一周的竞赛为正式比赛，正式比赛应为无淘汰循环赛的形式，比赛结束后，对比赛中表现突出的运动员授予一定的荣誉。最开始，体育教师和教练员要起到指导的作用，尤其要帮助青少年足球运动员了解比赛规则和裁判程序，而从第二个竞赛单元开始，青少年运动员也可开始担任裁判，由不参加比赛的队伍的成员负责为比赛队伍做裁判和计分工作，体育教师和教练员则对每位运动员的技能水平重新以二项计分法打分，一个学期结束后便得到若干个竞赛单元的总分值列，这是下一个学期的教学训练计划中，运动员重新分层的依据。

以核心素养为中心的青少年足球竞赛荣誉体系，可结合分层竞赛体系结构进行相应的设计。从荣誉项目上看，必须结合青少年运动员体育核心素养中的运动能力、健康行为、体育品德等内容进行设计，如"传球能手""优秀队长""安全先锋""进步徽章""礼貌之星"等。

第四节　青少年足球运动员核心素养训练的数字化监控体系构建

一、运动员训练数字化监控的早期尝试

近年来，体育视频分析由于其良好的应用前景，越来越受到学术界和工业界的关注。它涵盖了各种应用场景或研究方向，包括自动比赛解说、战术分析、球员统计等。在这些方向中，运动员训练数字化跟踪监控是体育视频分析的基础和关键。

早期尝试运用运动员训练数字化跟踪监控的分析对象是排球、篮球和足球比赛视频。[1] 具体的做法往往是根据运动场内的线索，例如场地边界

---

[1]　Gomez, G., Herrera López, P., Link, D. and Eskofier, B., "Tracking of ball and players in beach volleyball videos", *PloS One*, Vol. 9, No. 11 (November 2014), p.e111730; Mauthner, T., Koch, C., Tilp, M. and Bischof, H., "Visual tracking of athletes in beach volleyball using a single camera", in *Proceedings of 6th International Symposium on Computer Science in Sport, IACSS*, (June 2007), pp. 83-91; Xing, J., Ai, H., Liu, L. and Lao, S., "Multiple player tracking in sports video: A dual-mode two-way bayesian inference approach with progressive observation modeling", *IEEE Transactions on image Processing*, Vol. 20, No. 6 (December 2010), pp.1652-1667.

和静态摄像机，并结合额外的预处理来进行。Xing 等人建立了一个观测模型，利用颜色信息对运动场区域和非运动场区域进行分类，为运动员定位提供了便利。[①]Gomez 等人利用静态相机轻松分离前景和背景，从而产生干净的运动员目标进行跟踪。[②] 不过，这些方法可能不适合野外的复杂场景，因为这些场景包含背景和照明的变化。

在足球训练中，运动员在外表着装、身材等方面可能有很高的相似性，他们经常相互遮挡，而且运动员经常有突然的姿势和复杂的动作。这使得现有的运动员训练数字化监控方法，尤其是那些关注外观和简单运动线索的方法不能实现理想的监控效果。对此，有学者提出了一种专门针对多个运动员的训练数字化监控方法。[③]首先，它涉及基于长短期记忆网络的动作姿势网络，这种网络能够对运动员的姿势动力学进行建模。为了捕捉运动员之间更细微的差异，它将姿势动态丰富为三条线索，即运动员基于姿势的外表、动作和互动情况，这三条线索由三个网络流建模。其次，它设计一种基于二分图匹配的多状态在线匹配算法，利用动作姿势网络产生的仿射关系将运动员的检测逐帧关联起来，最终完成跟踪。更重要的是，在在线关联中，它定义了多个检测状态并建立了可靠的转换，提高了对噪声检测和遮挡的关联鲁棒性。

---

① Xing, J., Ai, H., Liu, L. and Lao, S., "Multiple player tracking in sports video: A dual-mode two-way bayesian inference approach with progressive observation modeling", *IEEE Transactions on image Processing*, Vol. 20, No. 6（December 2010），pp.1652-1667.

② Gomez, G., Herrera López, P., Link, D. and Eskofier, B., "Tracking of ball and players in beach volleyball videos", *PloS One*, Vol. 9, No. 11（November 2014），p.e111730.

③ Kong, L., Zhu, M., Ran, N., Liu, Q. and He, R., "Online multiple athlete tracking with pose-based long-term temporal dependencies", *Sensors*, Vol. 21, No. 1（December 2020），p.197.

二、基于姿势的长时相关性在线运动员跟踪

（一）基于姿势的长时相关性在线运动员跟踪的有关思路

1. 单运动员追踪

已有研究之中，有专注于单运动员跟踪的。[①] 这些运动员跟踪工具尝试利用运动场上的特定线索，例如场地边界来实现对运动员的跟踪，或者用颜色信息对运动场区域和非运动场区域进行分类，所涉及的算法有贝叶斯推理方法等。还有研究者使用粒子滤波器来预测沙滩排球比赛中球员的位置和速度。[②] 它们将前景和背景分开，以使运动员建模更容易，但背景中的线索不一定有效。由于背景和照明的变化，这些方法在更复杂的场景中可能缺乏实用性。

2. 多对象跟踪

对多对象跟踪的尝试，所涉及的方法包括传统方法和基于深度学习的方法。传统方法可分为在线匹配的和离线关联的方法。离线关联方法利用了全局信息，对复杂场景更具鲁棒性。而最近对基于外观线索的稳定的成对仿射的研究发现其在关联中是有效的，催生了在线匹配方法。深度学习的方法方面，如基于递归神经网络结构的网络架构，该架构在时间窗口上对多个线索进行联合推理。这些方法中使用的深度模型在很大程度上增强了跟踪的有效性，提高了在线匹配和离线关联的效果。然而，现有的多对象跟踪方法大多

---

① Lu, J., Huang, D., Wang, Y. and Kong, L., "Scaling and occlusion robust athlete tracking in sports videos", in *2016 IEEE International Conference on Acoustics, Speech and Signal Processing (ICASSP)*, (March 2016), pp. 1526-1530.

② Gomez, G., Herrera López, P., Link, D. and Eskofier, B., "Tracking of ball and players in beach volleyball videos", *PloS One*, Vol. 9, No. 11 (November 2014), p.e111730; Mauthner, T., Koch, C., Tilp, M. and Bischof, H., "Visual tracking of athletes in beach volleyball using a single camera", in *Proceedings of 6th International Symposium on Computer Science in Sport, IACSS*, (June 2007), pp. 83-91.

关注监控中的行人跟踪，缺乏对体育视频中多个运动员跟踪的研究。

（二）基于姿势的长时相关性在线青少年足球运动员跟踪方法

基于姿势的长时相关性在线青少年足球运动员跟踪方法的目的是估计足球训练过程中青少年足球运动员相关的连续状态，例如位置、大小、活动边框等。遵循常用的检测跟踪范式，即给定每帧的青少年足球运动员检测由 Faster R-CNN 检测器产生[①]，从而在不同帧中匹配青少年足球运动员的身份，以生成一组青少年足球运动员随时间活动的轨迹。

动作姿势网络和多状态在线匹配算法共同实现了基于姿势的长时相关性在线青少年足球运动员跟踪，其中动作姿势网络负责计算当前帧中历史轨迹和候选检测之间的相似性得分，其中得分来自对三个姿势线索建模的三个网络流，即基于姿势的外观、动作和运动员的互动。基于相似性得分，多状态在线匹配算法通过轨迹／检测匹配和状态转换生成运动员的最终轨迹。[②]在青少年足球运动员训练的过程中，可采用这一跟踪监控的方法，分析每个运动员的体能、技战术运用水平等体育核心素养的培养情况，分析多个青少年足球运动队的训练风格，分析青少年足球运动员的比赛表现等，为提高青少年足球运动员培养工作的针对性和科学性提供依据。

三、基于超宽带定位技术的可穿戴设备监测

近年来，可穿戴性能监测系统在竞技运动中越来越受欢迎。可穿戴

---

①　Ren, S., He, K., Girshick, R. and Sun, J., "Faster R-CNN: Towards real-time object detection with region proposal networks", *IEEE transactions on pattern analysis and machine intelligence*, Vol. 39, No. 6（June 2016）, pp.1137-1149.

②　Kong, L., Zhu, M., Ran, N., Liu, Q. and He, R., "Online multiple athlete tracking with pose-based long-term temporal dependencies", *Sensors*, Vol. 21, No. 1（December 2020）, p.197.

设备可以为运动员比赛、训练提供重要的信息，包括所覆盖的距离、速度、方向的变化和加速度等，有助于提高运动员的运动技能和避免运动损伤。监测运动员运动的跟踪技术是当前流行的可穿戴设备的一个重要组成部分。针对运动员轨迹跟踪，成本最低的选择是使用全球定位系统（Global Positioning System，GPS）数据，然而，它的误差范围很大，是将它用在运动领域的一个主要问题。因此，室内定位系统（Indoor Positioning System，IPS）近年来在体育运动领域流行起来，在这个系统中，超宽带（Ultra-Wideband，UWB）定位传感器现在被广泛用于跟踪。室内定位系统的精度更高，但与全球定位系统不同，它设置起来需要更长的时间，成本也要高得多。对此，不少研究人员围绕超宽带定位技术开展研究，开发了成本更低的可穿戴性能监测系统，来满足竞技运动领域的专业监测需求。

（一）基于全球定位系统的运动员跟踪存在的问题

近年来，交通运输和物流一直是定位信息的主要需求领域。全球定位系统是一种主导的定位技术，多年来在市场上非常受欢迎。随着机器人技术、自动化和竞技体育领域增加对定位功能的需求，对已有定位技术的准确性的要求越来越高。这些领域应用定位技术时，需要厘米内的定位精度，而传统的全球定位系统是无法满足这种需要的。为此，室内定位系统开始发挥作用，其中，超宽带定位技术被广泛使用。可穿戴技术是定位技术应用的非常重要的领域，在产品的开发中，相关的系统通常被称为位置跟踪系统或电子性能跟踪系统。随着体育运动可穿戴设备的市场持续增长[①]，与

---

① Wei, J., "How Wearables Intersect with the Cloud and the Internet of Things: Considerations for the developers of wearables", *IEEE Consumer Electronics Magazine*, Vol. 3, No. 3 (June 2014), pp.53-56.

位置跟踪系统相关的研究也呈指数级增长。[1]

国际足联作为国际足球运动管理机构，已经在 2019 年 7 月的比赛中允许使用这些设备。电子性能跟踪系统逐渐成为传统基于照相机等视觉设备的运动员跟踪系统的替代品，国际上许多公司开发了相关的产品。[2] 当前，也有使用基于视觉的运动捕捉摄像系统来进行运动员跟踪的[3]，但它们的设置时间、复杂度和成本都非常高，需要复杂的算法来计算移动距离和速度。基于视觉的定位技术还需要一个强大的计算平台[4]，同时还受光照条件和可伸缩性等条件的限制。[5]

可穿戴设备可以为运动员、教练员等提供重要的信息，如速度、加速度、方向的变化和跑步模式，运动科学家也可以使用这些信息来测量运动员对其身体的特定部位所施加的力量。[6] 这对预防运动损伤非常有帮助。

① Bastida Castillo, A., Gómez Carmona, C.D., De la Cruz Sánchez, E. and Pino Ortega, J., "Accuracy, intra-and inter-unit reliability, and comparison between GPS and UWB-based position-tracking systems used for time–motion analyses in soccer", *European journal of sport science*, Vol. 18, No. 4（April 2018），pp.450-457.

② Waqar, A., Ahmad, I., Habibi, D. and Phung, Q.V., "Analysis of GPS and UWB positioning system for athlete tracking", *Measurement: Sensors*, No. 14（April 2021），p.100036.

③ Keaney, E.M. and Reid, M., "Quantifying hitting activity in tennis with racket sensors: new dawn or false dawn?", *Sports Biomechanics*, Vol. 19, No. 6（November 2020），pp.831-839.

④ Armanini, A., Colombo, A., Conci, N., Daldoss, M., Fontanelli, D. and Palopoli, L., "Wireless sensor networks and video analysis for scalable people tracking", in *2012 5th International Symposium on Communications, Control and Signal Processing*,（May 2012），pp. 1-4.

⑤ Nazemzadeh, P., Moro, F., Fontanelli, D., Macii, D. and Palopoli, L., "Indoor positioning of a robotic walking assistant for large public environments", *IEEE Transactions on Instrumentation and Measurement*, Vol. 64, No. 11（July 2015），pp.2965-2976.

⑥ Ridolfi, M., Vandermeeren, S., Defraye, J., Steendam, H., Gerlo, J., De Clercq, D., Hoebeke, J. and De Poorter, E., "Experimental evaluation of UWB indoor positioning for sport postures", *Sensors*, Vol. 18, No. 1（January 2018），p.168.

可穿戴设备提供的信息也可用于教练制订更好的训练计划，提高运动员的赛场发挥水平。

在可穿戴设备的所有相关技术中，运动员跟踪技术几乎是最重要的。运动员跟踪不同于传统的刚体跟踪，人类有灵活的身体，可以突然向不同的方向移动，这使得运动员的跟踪难度很大。基于微机电系统的传感器，如加速度计、陀螺仪、磁强计等，被广泛应用于刚体跟踪。[1] 然而，对于运动员跟踪，现有的基于微机电系统的可穿戴设备在使用期间的误差太大[2]，影响定位精确性。因此，全球定位系统和室内定位系统仍然是普遍被使用的跟踪运动员的定位技术。

全球定位系统有两个主要的缺点，使其不得不让位于室内定位系统。首先，全球定位系统不适应室内环境，篮球、排球等运动都是在室内进行的，这类运动都不适合使用全球定位系统来进行运动员跟踪。室内定位系统与全球定位系统不同，它可在室外或室内使用。其次，由于全球定位系统卫星与接收器之间存在距离，全球定位系统有较大的误差范围[3]，可达米一级。如果是要跟踪诸如汽车、飞机或船只等大型物体的运动，这个误差是可以接受的，但人体很灵活，尤其在足球场上，球员可以突然转弯和曲折，这增加了误差的来源。全球定位系统的信效度会在短而高速的运行

---

① Strader, J., Gu, Y., Gross, J.N., De Petrillo, M. and Hardy, J., "Cooperative relative localization for moving UAVs with single link range measurements", in *2016 IEEE/ION Position, Location and Navigation Symposium (PLANS)*, (April 2016), pp. 336-343.

② Meghji, M., Balloch, A., Habibi, D., Ahmad, I., Hart, N., Newton, R., Weber, J. and Waqar, A., "An algorithm for the automatic detection and quantification of athletes' change of direction incidents using IMU sensor data", *IEEE Sensors Journal*, Vol. 19, No. 12 (February 2019), pp.4518-4527.

③ Jennings, D., Cormack, S., Coutts, A.J., Boyd, L. and Aughey, R.J., "The validity and reliability of GPS units for measuring distance in team sport specific running patterns", *International journal of sports physiology and performance*, Vol. 5, No. 3 (September 2010), pp.328-341.

或方向快速变化的情形中降低①，可见，它已经不能满足当前体育运动领域对运动员定位精确性的需求。

（二）基于超宽带定位技术的运动员跟踪的优势

关于运动员跟踪的研究经历了指数级增长。② 近年来，在世界范围内，无论是网球、足球，还是篮球俱乐部，都投资了一大笔钱，希望可以尽量提高球队的成绩。有学者提出使用高精度的电子性能跟踪系统来监测运动员的训练负荷，借此，教练可以更好地了解运动员的运动过程。③ 在商业俱乐部中，基于电子性能跟踪技术的可穿戴设备通常被放在球员所穿的球衣背后的肩胛骨中间位置的口袋里④，起到计算运动员运动负荷的作用。该设备省去了设置摄像机和录像等烦琐的工作，类似的设备还有拉尔夫·劳伦推出的可穿戴技术设备——鹰眼，它能够跟踪球员的脚的位置，收集的信息可以帮助教练和球员分析其比赛的表现。⑤

---

① Balloch, A.S., Meghji, M., Newton, R.U., Hart, N.H., Weber, J.A., Ahmad, I. and Habibi, D., "Assessment of a novel algorithm to determine change-of-direction angles while running using inertial sensors", *The Journal of Strength & Conditioning Research*, Vol. 34, No. 1（January 2020），pp.134-144.

② Seshadri, D.R., Drummond, C., Craker, J., Rowbottom, J.R. and Voos, J.E., "Wearable devices for sports: new integrated technologies allow coaches, physicians, and trainers to better understand the physical demands of athletes in real time", *IEEE pulse*, Vol. 8, No. 1（January 2017），pp.38-43.

③ Coutts, A.J., Gomes, R.V., Viveiros, L. and Aoki, M.S., "Monitoring training loads in elite tennis", *Revista Brasileira de Cineantropometria & Desempenho Humano*, No. 12（2010），pp.217-220.

④ Li, R.T., Kling, S.R., Salata, M.J., Cupp, S.A., Sheehan, J. and Voos, J.E., "Wearable performance devices in sports medicine", *Sports health*, Vol. 8, No. 1（January 2016），pp.74-78.

⑤ Larson, A. and Smith, A., "Sensors and data retention in grand Slam tennis", in *2018 IEEE Sensors Applications Symposium（SAS）*,（March 2018），pp. 1-6; Wei, X., Lucey, P., Morgan, S., Carr, P., Reid, M. and Sridharan, S., "Predicting serves in tennis using style priors", in *Proceedings of the 21th ACM SIGKDD International Conference on Knowledge Discovery and Data Mining*,（August 2015），pp. 2207-2215.

这些系统都属于室内定位系统，它们由锚点和标签组成。锚点是具有固定的已知位置的静态设备，而标签是放置在需要确定其位置的移动物体上的远程设备，进而利用合适的定位算法和测量技术来推断物体的位置。测量的具体方法包括到达角、接收信号强度或到达时间等。[1] 在全球定位系统中，是由卫星来充当锚点的，它以米为单位提供精确的定位信息。

　　超宽带定位系统具有高精度，被用作各种定位系统的基准。[2] 当前，一些研究者将超宽带定位和数据技术融合在一起，来提高对人类、室内机器人等移动物体的跟踪的精度[3]，借此，还可以形成一个利用超宽带定位技术来提取往返时间的室内制图系统[4]，利用制图系统中的平面图数据和最大似然法，可以很好地提高定位的准确性。也有研究者将超宽带定位技术和微机电系统的惯性传感器结合起来，从而提高导航和定位的准确性。[5] 还有研究者指出，在室内环境中使用超宽带定位技术的短传输脉冲

①　Waqar, A., Ahmad, I., Habibi, D. and Phung, Q.V., "Analysis of GPS and UWB positioning system for athlete tracking", *Measurement: Sensors*, No. 14（April 2021）, p.100036.

②　Nazlibilek, S., "Autonomous navigation of robotic units in mobile sensor network" *Measurement*, Vol. 45, No. 5（June 2012）, pp.938-949.

③　Xu, Y., Ahn, C.K., Shmaliy, Y.S., Chen, X. and Li, Y., "Adaptive robust INS/UWB-integrated human tracking using UFIR filter bank", *Measurement*, No. 123（July 2018）, pp.1-7; Pérez-Rubio, M.C., Losada-Gutierrez, C., Espinosa, F., Macias-Guarasa, J., Tiemann, J., Eckermann, F., Wietfeld, C., Katkov, M., Huba, S., Urena, J. and Villadangos, J.M., "A realistic evaluation of indoor robot position tracking systems: The IPIN 2016 competition experience", *Measurement*, No. 135（March 2019）, pp.151-162.

④　Deißler, T., Janson, M., Zetik, R. and Thielecke, J., "Infrastructureless indoor map** using a mobile antenna array", in *2012 19th International Conference on Systems, Signals and Image Processing（IWSSIP）*, （April 2012）, pp. 36-39.

⑤　Pittet, S., Renaudin, V., Merminod, B. and Kasser, M., "UWB and MEMS based indoor navigation", *The Journal of Navigation*, Vol. 61, No. 3（July 2008）, pp.369-384.

可以提高多路径环境中的跟踪精度。[1] 而在一个无设备的人类监控和测距系统中，则可以使用超宽带定位技术，通过检测由人类引起的频率的微小变化，实现高精度的跟踪。[2] 还有研究者将全球定位系统和超宽带定位技术进行集成，用于医院室内外的患者位置跟踪。[3] 可以看出，超宽带定位技术在定位领域中得到了广泛的应用，高精度是其最大的优势。

（三）基于超宽带定位技术的青少年足球运动员训练监控的思路

足球是一项高度复杂的运动，它是身体和技术因素之间相互作用的结果，其中既包含短时间的高强度多方向移动，又包含长时间的低强度活动。[4] 准确、客观地量化青少年足球运动员的活动，对于了解青少年足球运动员的身体需求至关重要，能提高青少年足球运动员的竞争优势，超宽带定位技术为青少年足球运动员训练期间的活动监控提供了新的思路。

1.运用带有超宽带技术的传感器测量青少年足球运动员的运动强度

运动强度的测量可以使用惯性装置，即一种含有 1GHz 的微处理器，8GB 的闪存，高速 USB 接口，以获取、保存和链接数据的装置。该装置

① Tuchler, M., Schwarz, V. and Huber, A., "Location accuracy of an UWB localization system in a multi-path environment" in *2005 IEEE International Conference on Ultra-Wideband*, (September 2005), pp. 414-419.

② Kilic, Y., Wymeersch, H., Meijerink, A., Bentum, M. and Scanlon, W., "UWB device-free person detection and localization", *arxiv. org, Tech. Rep*, No. 1303 (March 2013), p.10.

③ Jiang, L., Hoe, L.N. and Loon, L.L., "Integrated UWB and GPS location sensing system in hospital environment", in *2010 5th IEEE Conference on Industrial Electronics and Applications*, (June 2010), pp. 286-289.

④ Reche-Soto, P., Rojas-Valverde, D., Bastida-Castillo, A., Gómez-Carmona, C.D., Rico-González, M., Palucci Vieira, L.H., Paolo Ardigò, L. and Pino-Ortega, J., "Using ultra-wide band to analyze soccer performance through load indicators during a full season: a comparison between starters and non-starters", *Applied Sciences*, Vol. 12, No. 24 (December 2022), p.12675.

还有 4 小时的使用寿命的电池，重 70 克，尺寸约 81 毫米 × 45 毫米 × 16 毫米。该设备还有不同的传感器，包括加速度计、陀螺仪、磁强计、全球定位系统、超宽带系统等，能全面评估运动员的外部负载。超宽带系统使得该装置能在现场使用 500MHz 射频技术和通过现场周围预先设置的 6 个锚收集 20 Hz 数据，表现出良好的精度。只要将这个惯性装置放在球员身上，它就能收集所需要的信息。一般来说，可以将青少年足球运动员氯丁橡胶材质的球衣进行改造，用来放置该装置。在训练前 15 分钟打开装置，进行预热，并在训练结束时取下，再利用 S-PROTM 软件等数据处理应用来提取和分析数据。[①] 该装置能够提供的数据一般包括：

·代谢功率：速度（S）和活动能量成本（EC），由倾斜和加速度计算：PM = EC × S；

·代谢功率 / 分钟：估计每分钟的平均代谢功率工作量；

·高代谢负荷距离：当代谢能量为大于 25.5 W/kg 时，青少年足球运动员所移动的距离；

·高代谢负荷距离 / 分钟：估计平均每分钟高代谢负荷距离；

·高代谢负荷事件：为产生高代谢负荷距离所进行的单独移动的次数；

·能源支出：由骨骼肌产生的任何运动的能量；

·每分钟能量消耗：每分钟能量消耗的平均值；

·等效距离指数：等效距离（青少年足球运动员在一次比赛中花费的总能量能够支持其在草地上稳定奔跑的距离）和青少年足球运动员移动的总距离之间的最大比率；

·等效距离：每分钟平均等效距离指数；

① Reche-Soto, P., Rojas-Valverde, D., Bastida-Castillo, A., Gómez-Carmona, C.D., Rico-González, M., Palucci Vieira, L.H., Paolo Ardigò, L. and Pino-Ortega, J., "Using ultra-wide band to analyze soccer performance through load indicators during a full season: a comparison between starters and non-starters", *Applied Sciences*, Vol. 12, No. 24（December 2022），p.12675.

·播放器负载：3个正交轴（垂直、前后和横向）上的装置加速度的矢量和；

·播放器负载／分钟：每分钟累计的播放器负载工作量。

上述数据都是有关运动强度的数据，教练员可以根据青少年足球运动员所处的年龄阶段、职业发展阶段来选择相应的数据，作为衡量其训练活动的运动强度，以及据此修改训练计划的依据。

2.运用超宽带定位系统捕获青少年足球运动员在比赛中的轨迹以分析战术

在训练用的足球场上安装超宽带定位系统后，在需要分析战术的训练赛之前，为每个运动员配备两个轻型惯性装置，重量一般是 70 克左右，尺寸一般为 81 毫米³×45 米³×16 毫米³。这两个惯性装置被放置在上述定制的球服中，能够与运动员的身体紧密贴合。在球服中放置两个设备时，要保证二者平行放置在相同的高度，且间隔大约 2 厘米。①

使用 SPRO 软件将数据转换为原始位置数据，即 x 坐标和 y 坐标。数据可以使用桌面 GIS 映射和数据编辑应用程序投影到软件中，该应用程序可以用来制作各种几何形状，如具有毫米精度的多边形或圆形。通过这种方式，教练也可以获得运动员在训练期间精确测量的路径。在结束训练赛后，取下装置，提取其中 GIS 面积和 GIS 长度等信息，便可以实现对青少年足球运动员运动路径的监控，并据此分析该场比赛中运动员的战术运用得如何。

---

①　Bastida-Castillo, A., Gómez-Carmona, C.D., De La Cruz Sánchez, E. and Pino-Ortega, J., "Comparing accuracy between global positioning systems and ultra-wideband-based position tracking systems used for tactical analyses in soccer", *European journal of sport science*, Vol. 19, No. 9 (October 2019), pp.1157-1165.

参考文献

中文文献

毕明波：《小学生体育核心素养培育的实证研究》，硕士学位论文，曲阜师范大学体育科学学院，2019 年。

岑艺璇、张守伟：《国外核心素养框架下体育教育改革的探索》，《体育学刊》2018 年第 1 期。

陈福亮、季浏：《教育变革时代的体育课程标准新形态：台湾高中体育课标的案例》，《北京体育大学学报》2016 年第 5 期。

陈建成：《学生义务教育阶段的体育核心素养探析》，《体育世界》（学术版）2017 年第 11 期。

陈祁罕：《初中学生体育核心素养体系及培养路径》，《教育评论》2017 年第 6 期。

陈秋芬：《核心素养下高中体育学习评价方案的探究》，《运动》2018 年第 9 期。

陈柔、林雅：《人文课程在竞技体育人才综合素质培养过程中的价值体现》，《戏剧之家》2014 年第 14 期。

陈思同等：《体育素养测量与评价的现状、挑战及未来》，《体育学刊》2019 年第 5 期。

陈思同等：《对我国体育素养概念的理解——基于对 Physical Literacy 的解读》，《体育科学》2017 年第 6 期。

陈霞：《小学生体育核心素养体系及培养路径》，《名师在线》2019年第 13 期。

戴燕、辛艳军：《基于学生核心素养培育的高中体育课堂教学策略研究》，《体育世界》（学术版）2018 年第 8 期。

刁玉翠等：《澳大利亚健康与体育课程标准解读》，《体育学刊》2018年第 2 期。

董翠香等：《英国国家中小学体育课程学习纲要解读及启示》，《成都体育学院学报》2015 年第 2 期。

董翠香等主编：《核心素养导向的体育与健康教学设计》，上海教育出版社 2020 年版。

方丽华：《浅析萨特的存在主义哲学思想》，《重庆科技学院学报》（社会科学版）2010 年第 13 期。

方英敏：《身体美学与身心一元论的证成——基于马克思历史唯物主义的一种解答》，《文艺理论研究》2020 年第 1 期。

高海利、卢春天：《身体素养的构成要素及其理论价值探微》，《体育科学》2019 年第 7 期。

高强、季浏：《从身体技能到个人德性——法国中小学体育与运动课程大纲评述》，《成都体育学院学报》2015 年第 1 期。

高淑青、张连成：《锻炼心理学研究的生态化运动》，《体育成人教育学刊》2018 年第 3 期。

高宣扬、闫文娟：《论萨特存在主义伦理思想》，《江苏社会科学》2019 年第 4 期。

高宣扬：《存在主义》，上海交通大学出版社 2016 年版。

高宣扬：《论梅洛·庞蒂的生命现象学》《同济大学学报》（社会科学版）2010 年第 3 期。

郭思岑：《基于核心素养的体育课程标准研制：美国〈K-12 体育课程

标准〉经验与启示》，《湖北体育科技》2018 年第 4 期。

韩振峰：《一元论、二元论、多元论》，《天津师大学报》1986 年第 5 期。

何秀超：《加快构建中国特色哲学社会科学体系》，《人民日报》2020
年 6 月 29 日。

黄彩虹、张瑞：《国内体育学科核心素养研究现实与未来展望》，《湖
北体育科技》2020 年第 10 期。

黄彦军主编：《体育教育学科核心素养提升读本》，广东高等教育出版
社 2021 年版。

季浏：《我国〈普通高中体育与健康课程标准（2017 年版）〉解读》，《体
育科学》2018 年第 2 期。

季浏等主编：《普通高中体育与健康课程标准（2017 年版）解读》，高
等教育出版社 2011 年版。

江长东：《核心素养视域下校园足球课程目标的理论构建》，《当代体
育科技》2019 年第 12 期。

姜勇、马晶、赵洪波：《基于具身认知的体育与健康学科核心素养意
蕴与培养路径》，《体育学刊》2019 年第 4 期。

姜勇、王海贤、潘正旺：《基于核心素养的中小学生运动能力评价模
型研究》，《沈阳体育学院学报》2019 年第 6 期。

蒋红霞：《我国体育课程改革中的学科核心素养探究》，《当代教育论
坛》2018 年第 5 期。

李华驹主编：《21 世纪大英汉词典》，中国人民大学出版社 2002 年版。

李丽君：《体育教育中身体美学的理论诠释》，《体育成人教育学刊》，
2018 年第 6 期。

李艳辉：《俄罗斯基础教育创新发展动向及启示》，《中国教育学刊》
2013 年第 2 期。

李永华、张波：《学校体育的使命：论体育素养及其提升途径》，《南京

体育学院学报》（社会科学版）2011 年第 4 期。

李友梅等：《快速城市化过程中的乡土文化转型》，上海人民出版社 2007 年版。

李佑发等：《基于核心素养的芬兰体育课程标准分析》，《体育学刊》 2018 年第 4 期。

李媛媛：《胡塞尔群体意识形态研究》，硕士学位论文，华中师范大学 政治学研究院，2012 年。

梁媛：《基于核心素养提升的高校体育教学设计》，《体育科技文献通 报》2018 年第 10 期。

林崇德主编：《21 世纪学生发展核心素养研究》，北京师范大学出版社 2016 年版。

刘静轩、赵鲁南：《举国体制到新型举国体制下竞技体育后备人才培 养体系嬗变的历史逻辑与当代转型》，《北京体育大学学报》2023 年第 9 期。

卢云昆：《自由与责任的深层悖论浅析萨特"存在主义的人道主义" 概念》，《复旦学报》（社会科学版）2010 年第 3 期。

陆谷孙主编：《英汉大辞典》，上海译文出版社 2007 年版。

马启伟、张力为：《体育运动心理学》，浙江教育出版社 1998 年版。

倪梁康：《胡塞尔现象学概念通释》，生活·读书·新知三联书店 1999 年版。

倪梁康：《现象学的始基》，中国人民大学出版社 2009 年版。

潘绍伟：《如何使体育与健康学科核心素养真正落地》，《中国学校体 育》2018 年第 10 期。

任海：《"体育素养"还是"身体素养"？——Physical Literacy 译名辨 析》，《体育与科学》2023 年第 6 期。

任海：《身体素养：一个统领当代体育改革与发展的理念》，《体育科 学》2018 年第 3 期。

尚力沛、程传银、赵富学、董鹏：《基于发展学生核心素养的体育课堂转向与教学转变》，《体育学刊》2018 年第 2 期。

尚力沛、程传银：《基于学科核心素养的体育学习情境：创设、生成与评价》，《沈阳体育学院学报》2019 年第 2 期。

尚力沛、程传银：《体育学科核心素养导向的课堂教学：目标、过程与策略》，《体育文化导刊》2018 年第 2 期。

尚力沛：《核心素养背景下体育学习评价的若干问题讨论》，《天津师范大学学报》（基础教育版）2019 年第 1 期。

施艺涛、崔华、解有毅：《身体素养哲学基础、概念界定和评测体系的系统评价》，《体育科学》2019 年第 8 期。

宋官东、陈震、耿海天：《俄罗斯的个性化教育改革初探》，《东北大学学报》（社会科学版）2017 年第 1 期。

覃立、李珏：《高尔夫技术教学中"关键帧"法的运用探究——基于默会知识的视角》，《体育成人教育学刊》2017 年第 3 期。

汤利军、蔡皓：《基于"立德树人"的我国青少年体育品德评价指标体系构建研究》，《武汉体育学院学报》2019 年第 10 期。

唐炎、李传奇、赵岷等：《体育与高考——体育在线学术论坛网友讨论摘登》，《体育学刊》2013 年第 2 期。

万星、李冬勤、唐建忠：《体育美的内涵释义与魅力展现》，《体育文化导刊》2018 年第 11 期。

汪晓赞、尹志华、Lyrm Dale Housner、黄景旸、季浏：《美国国家体育课程标准的历史流变与特点分析》，《成都体育学院学报》2015 年第 2 期。

汪晓赞、田雷主编：《中学体育与健康课程与教学》，华东师范大学出版社 2018 年版。

王晖：《核心素养——体育与健康课程的基因融合契机》，《首都体育学院学报》2018 年第 3 期。

王靖、刘志文、陈卫东：《未来课堂教学设计特性：具身认知视角》，《现代远程教育研究》2014 年第 5 期。

夏峰：《必须重视提高学生的体育素养》，《学校体育》1990 年第 6 期。

向修玉：《当代现象学—解释学科学哲学的基本观点》，《重庆电子工程职业学院学报》2008 年第 3 期。

肖川：《教育的理想与信念》，岳麓书社 2002 年版。

徐崔华：《体育与健康课程核心素养培育路径研究》，《当代体育科技》2019 年第 2 期。

阳艺武：《Physical Literacy：内涵解读、中外对比及教学启示》，《上海体育学院学报》2016 年第 4 期。

杨国庆等：《新阶段我国竞技体育高质量发展的法治保障——基于新版〈体育法〉竞技体育部分内容的分析》，《北京体育大学学报》2023 年第 10 期。

杨美荣：《杜威教育思想的现象学意识》，硕士学位论文，首都师范大学比较教育学系，2005 年。

杨文轩：《论中国当代学校体育改革价值取向的转换——从增强体质到全面发展》，《体育学刊》2016 年第 6 期。

杨献南、鹿志海：《形式逻辑视角下的体育素养概念辨析》，《南京体育学院学报》（社会科学版）2015 年第 2 期。

杨新晓、陈殿兵：《教育实证研究的价值诉求与内在逻辑》，《教育评论》2020 年第 7 期。

叶浩生：《身心二元论的困境与具身认知研究的兴起》，《心理科学》2011 年第 4 期。

殷荣宾、季浏、蔡赓：《基础教育学校体育课程内容选择及价值取向的演变与诉求》，《武汉体育学院学报》2017 年第 2 期。

殷荣宾：《基于学生的我国基础教育运动技能课程内容选择研究》，博士学位论文，华东师范大学体育与健康学院，2018 年。

尹志华：《论核心素养下技战术运用与运动能力的关系》，《体育教学》2019 年第 4 期。

尹志华：《体育学科核心素养的解构与阐释》，华东师范大学出版社2021 年版。

于素梅：《从一体化课程建设谈体育素养的培育》，《沈阳体育学院学报》，2019 年第 3 期。

于素梅：《学生体育学科核心素养培育的基本思路与多元途径》，《体育学刊》2017 年第 5 期。

于素梅：《中国学生体育学科核心素养框架体系建构》，《体育学刊》2017 年第 4 期。

于永晖、高嵘：《体育素养的概念与内容构成辨析》，《山东体育学院学报》2019 年第 4 期。

张洪潭：《参与竞争重于获取优胜》，《体育与科学》2000 年第 3 期。

张静婷：《武术课程促进学生体育学科核心素养的形成研究》，《广州体育学院学报》2018 年第 5 期。

张宁娟：《"六个下功夫"：新时代人才培养的行动指南》，《教育研究》2018 年第 9 期。

张亭、唐景丽：《新中国基础教育体育课程改革走向的回顾与反思》，《武汉体育学院学报》2016 年第 10 期。

张细谦、张仕宜：《核心素养导向下体育与健康课程实施路径的优化》，《体育学刊》2018 年第 2 期。

张莹：《教育"核心素养"理念下的高校体育课程改革探讨——以重庆科技学院体育健康课教学改革为例》，《西南师范大学学报》（自然科学版）2016 年第 10 期。

赵凤霞、程传银、张新辉等：《体育核心素养模型构建研究》，《体育文化导刊》2017 年第 1 期。

赵富学、程传银：《体育学科核心素养的理论基础及结构要素研究》，《沈阳体育学院学报》2018 年第 6 期。

赵富学、魏旭波、李莉：《体育学科核心素养课程化现状检视及机制设计》，《体育学刊》2019 年第 4 期。

赵富学：《中国学生体育学科核心素养研究》，人民出版社 2020 年版。

赵海波、周爱国：《加拿大不同身体素养测评体系分析及启示》，《外国中小学教育》2018 年第 12 期。

赵亮、韩炜、刘志云等：《我国青少年足球竞赛体教融合发展的时代诉求与推进路径》，《山东体育学院学报》2022 年第 4 期。

赵雅萍、孙晋海、石振国：《加拿大 3 种青少年体育素养评价体系比较研究》，《首都体育学院学报》2019 年第 3 期。

郑富兴：《现代性视角下的美国新品格教育》，人民出版社 2006 年版。

中华人民共和国教育部：《普通高中体育与健康课程标准（2017 年版）》，人民教育出版社 2018 年版。

钟启泉：《基于核心素养的课程发展：挑战与课题》，《全球教育展望》2016 年第 1 期。

钟启泉等主编：《核心素养研究》，华东师范大学出版社 2018 年版。

朱琳、党林秀、董翠香：《美英澳新韩加体育学科核心素养特征分析及启示——基于六国现行体育课程标准文本的分析》，《体育教学》2018 年第 3 期。

朱明艺：《体育学科核心素养培育的发展路径研究》，《运动》2019 年第 2 期。

祝大鹏：《运动员体育道德：概念、测量、影响因素与展望》，《武汉体育学院学报》2013 年第 7 期。

［法］莫里斯·梅洛·庞蒂：《知觉现象学》，姜志辉译，商务印书馆

2001 年版。

　[法] 让-保罗·萨特:《存在与虚无》，陈宣良等译，生活·读书·新知三联书店 2007 年版。

　[法] 让-保罗·萨特:《存在主义是一种人道主义》，周煦良等译，上海译文出版社 2005 年版。

外文文献

Alexander, K. and Luckman, J., "Australian teachersí perceptions and uses of the sport education curriculum model", *European physical education review*, Vol. 7, No. 3 (October 2001), pp.243-267.

Andersson, E.J.A., "Political socialization and the coach-created educational environment of competitive games: the case of grassroots youth soccer in Sweden", *Soccer & Society*, Vol. 21, No. 7 (October 2020), pp.725-740.

Armanini, A., Colombo, A., Conci, N., Daldoss, M., Fontanelli, D. and Palopoli, L., "Wireless sensor networks and video analysis for scalable people tracking", in *2012 5th International Symposium on Communications, Control and Signal Processing*, (May 2012),pp. 1-4.

Balloch, A.S., Meghji, M., Newton, R.U., Hart, N.H., Weber, J.A., Ahmad, I. and Habibi, D., "Assessment of a novel algorithm to determine change-of-direction angles while running using inertial sensors", *The Journal of Strength & Conditioning Research*, Vol. 34, No. 1 (January 2020), pp.134-144.

Balyi, I. and Hamilton, A., "Long-term athlete development: Trainability in childhood and adolescence", *Olympic coach*, Vol. 16, No. 1 (2004), pp.4-9.

Barnett, L.M., Stodden, D., Cohen, K.E., Smith, J.J., Lubans, D.R., Lenoir, M., Iivonen, S., Miller, A.D., Laukkanen, A., Dudley, D. and Lander, N.J., "Fundamental movement skills: An important focus", *Journal of teaching in physical education*, Vol. 35, No. 3 (July 2016), pp.219-225.

Bastida Castillo, A., Gómez Carmona, C.D., De la Cruz Sánchez, E. and Pino Ortega, J., "Accuracy, intra-and inter-unit reliability, and comparison between GPS and UWB-based position-tracking systems used for time–motion analyses in soccer", *European journal of sport science*, Vol. 18, No. 4 (April 2018), pp.450-457.

Bastida-Castillo, A., Gómez-Carmona, C.D., De La Cruz Sánchez, E. and Pino-Ortega, J., "Comparing accuracy between global positioning systems and ultra-wideband-based position tracking systems used for tactical analyses in soccer", *European journal of sport science*, Vol. 19, No. 9 (October 2019), pp.1157-1165.

Benson, A.J., Evans, M.B. and Eys, M.A., "Organizational socialization in team sport environments", *Scandinavian Journal of Medicine & Science in Sports*, Vol. 26, No. 4 (April 2016), pp.463-473.

Bloom, B., *Developing talent in young people*, BoD–Books on Demand, 1985.

Buszard, T., Reid, M., Masters, R. and Farrow, D., "Scaling the Equipment and Play Area in Children's Sport to improve Motor Skill Acquisition: A Systematic Review", *Sports Med*, No. 46 (2016), pp.829-843.

Chen, W., Hammond-Bennett, A. and Hypnar, A., "Examination of motor skill competency in students: evidence-based physical education curriculum", *BMC Public Health*, No. 17 (December 2017), pp.1-8.

Côté, J., Baker, J. and Abernethy, B., "Practice and play in the development of sport expertise", *Handbook of sport psychology*, Vol. 3, No. 1 (January 2007), pp.184-202.

CôTé, J.E.A.N., Lidor, R. and Hackfort, D., "ISSP position stand: To sample or to specialize? Seven postulates about youth sport activities that lead to continued participation and elite performance", *International journal of sport and exercise psychology*, Vol. 7, No.1 (January 2009), pp.7-17.

Côté, J., Erickson, K., *Diversification and deliberate play during the sampling years*, New York: Routledge, 2015.

Coubertin, P., "L' Olympisme à l' école. Il faut l' encourager", *La Revue sportive illustrée*, Vol. 30, No. 2 (1934), p.28.

Coutts, A.J., Gomes, R.V., Viveiros, L. and Aoki, M.S., "Monitoring training loads in elite tennis", *Revista Brasileira de Cineantropometria & Desempenho Humano*, No. 12 (2010), pp.217-220.

Deißler, T., Janson, M., Zetik, R. and Thielecke, J., "Infrastructureless indoor mapping using a mobile antenna array", in *2012 19th International Conference on Systems, Signals and Image Processing (IWSSIP)*, (April 2012), pp. 36-39.

Eichberg, H., "Sport und Kultur. Körperkultur, Kulturrelativität, Sportexport". *Zeitschrift für Kulturaustausch, Tübingen*, Vol. 27, No. 4 (1977).

Ennis, C.D., "Knowledge, transfer, and innovation in physical literacy curricula". Journal of sport and health science, Vol. 4, No. 2 (June 2015), pp.119-124.

Faude, O., Koch, T. and Meyer, T., "Straight sprinting is the most frequent action in goal situations in professional football", *Journal of sports sciences*, Vol. 30, No. 7 (April 2012), pp.625-631.

Ford, P.R., Ward, P., Hodges, N.J. and Williams, A.M., "The role of deliberate practice and play in career progression in sport: the early engagement hypothesis", *High ability studies*, Vol. 20, No.1 (June 2009), pp.65-75.

Fromel, K., Groffik, D., Kudlacek, M. and Urbański, B., "The importance of soccer literacy in the education and socialization of adolescents–Czech and Polish cases", *Soccer & Society*, Vol. 23, No. 1 (January 2022), pp.21-31.

Gomez, G., Herrera López, P., Link, D. and Eskofier, B., "Tracking of ball and players in beach volleyball videos", *PloS One*, Vol. 9, No. 11 (November 2014), p.e111730.

Gonçalves, B.V., Figueira, B.E., Maçãs, V. and Sampaio, J., "Effect of player position on movement behaviour, physical and physiological performances during an 11-a-side football game", *Journal of sports sciences*, Vol. 32, No. 2 (January 2014), pp.191-199.

Gulbin, J., Weissensteiner, J., Oldenziel, K. and Gagné, F., "Patterns of performance development in elite athletes", *European journal of sport science*, Vol. 13, No. 6 (November 2013), pp.605-614.

Guzmán, J.F. and Kingston, K., "Prospective study of sport dropout: A motivational analysis as a function of age and gender", *European Journal of Sport Science*, Vol. 12, No. 5 (September 2012), pp.431-442.

Halász, G. and Michel, A., "Key Competences in Europe: interpretation, policy formulation and implementation", *European journal of education*, Vol. 46, No. 3 (September 2011), pp.289-306.

Hastie, P.A., Sinelnikov, O.A. and Guarino, A.J., "The development of skill and tactical competencies during a season of badminton", *European Journal of Sport Science*, Vol. 9, No. 3 (May 2009), pp.133-140.

Hastie, P.A., de Ojeda, D.M. and Luquin, A.C., "A review of research on Sport Education: 2004 to the present", *Physical education and sport pedagogy*, Vol. 16, No. 2 (April 2011), pp.103-132.

Hastie, P.A., Ward, J.K. and Brock, S.J., "Effect of graded competition on student opportunities for participation and success rates during a season of Sport Education", *Physical Education and Sport Pedagogy*, Vol. 22, No. 3 (May 2017), pp.316-327.

Hoeboer, J.J.A.A.M., Ongena, G., Krijger-Hombergen, M., Stolk, E., Savelsbergh, G.J.P. and De Vries, S.I., The "Athletic Skills Track: Age-and gender-related normative values of a motor skills test for 4-to 12-year-old children", *Journal of Science and Medicine in Sport*, Vol. 21, No. 9 (September 2018), pp.975-979.

Hornig, M., Aust, F. and Güllich, A., "Practice and play in the development of German top-level professional football players", *European journal of sport science*, Vol. 16, No.1 (January 2016), pp.96-105.

Hulteen, R.M., Smith, J.J., Morgan, P.J., Barnett, L.M., Hallal, P.C., Colyvas, K. and Lubans, D.R., "Global participation in sport and leisure-time physical activities: A systematic review and meta-analysis", *Preventive medicine*, No. 95 (February 2017), pp.14-25.

Jennings, D., Cormack, S., Coutts, A.J., Boyd, L. and Aughey, R.J., "The validity and reliability of GPS units for measuring distance in team sport specific running patterns", *International journal of sports physiology and performance*, Vol. 5, No. 3 (September 2010), pp.328-341.

Jiang, L., Hoe, L.N. and Loon, L.L., "Integrated UWB and GPS location sensing system in hospital environment", in *2010 5th IEEE Conference on Industrial Electronics and Applications*, (June 2010), pp. 286-289.

Kamberidou, I., "Promoting a culture of peacemaking: Peace games and peace education", *International Journal of Physical Education*, No. 4 (November 2008), pp.176-188.

Keaney, E.M. and Reid, M., "Quantifying hitting activity in tennis with racket sensors: new dawn or false dawn?", *Sports Biomechanics*, Vol. 19, No. 6 (November 2020), pp.831-839.

Kilic, Y., Wymeersch, H., Meijerink, A., Bentum, M. and Scanlon, W.,

"UWB device-free person detection and localization", *arxiv. org, Tech. Rep*, No. 1303 (March 2013), p.10.

Kong, L., Zhu, M., Ran, N., Liu, Q. and He, R., "Online multiple athlete tracking with pose-based long-term temporal dependencies", *Sensors*, Vol. 21, No. 1 (December 2020), p.197.

Kretschmann, R., "What do physical education teachers think about integrating technology in physical education", *European Journal of Social Sciences*, Vol. 27, No. 3 (2012), pp.444-448.

Kriellaars, D.J., Cairney, J., Bortoleto, M.A., Kiez, T.K., Dudley, D. and Aubertin, P., "The impact of circus arts instruction in physical education on the physical literacy of children in grades 4 and 5", *Journal of Teaching in Physical Education*, Vol. 38, No. 2 (April 2019), pp.162-170.

Larson, A. and Smith, A., "Sensors and data retention in grand Slam tennis", in *2018 IEEE Sensors Applications Symposium (SAS)*, (March 2018), pp. 1-6.

Lewis, A. and Steyn, J.C., "A critique of mission education in South Africa according to Bosch's mission paradigm theory", *South African Journal of Education*, Vol. 23, No. 2 (2003), pp.101-106.

Lewis, A., "Developing Sport Psychology in a girls' sport academy curriculum", *South African Journal of Education*, Vol. 34, No. 2 (July 2014).

Li, R.T., Kling, S.R., Salata, M.J., Cupp, S.A., Sheehan, J. and Voos, J.E., "Wearable performance devices in sports medicine", *Sports health*, Vol. 8, No. 1 (January 2016), pp.74-78.

Lleixa, T., Gonzalez-Arevalo, C. and Braz-Vieira, M., "Integrating key competences in school physical education programmes", *European Physical Education Review*, Vol. 22, No. 4 (November 2016), pp.506-525.

Logan, S.W., Webster, E.K., Getchell, N., Pfeiffer, K.A. and Robinson, L.E., "Relationship between fundamental motor skill competence and physical activity during childhood and adolescence: A systematic review", *Kinesiology review*, Vol. 4, No. 4 (November 2015), pp.416-426.

Lu, J., Huang, D., Wang, Y. and Kong, L., "Scaling and occlusion robust athlete tracking in sports videos", in *2016 IEEE International Conference on Acoustics, Speech and Signal Processing (ICASSP)*, (March 2016), pp. 1526-1530.

Mahedero, P., Calderón, A., Arias-Estero, J.L., Hastie, P.A. and Guarino, A.J., "Effects of student skill level on knowledge, decision making, skill execution and game performance in a mini-volleyball Sport Education season", *Journal of Teaching in Physical Education*, Vol. 34, No. 4 (October 2015), pp.626-641.

Mauthner, T., Koch, C., Tilp, M. and Bischof, H., "Visual tracking of athletes in beach volleyball using a single camera", in *Proceedings of 6th International Symposium on Computer Science in Sport, IACSS*, (June 2007), pp. 83-91.

Meghji, M., Balloch, A., Habibi, D., Ahmad, I., Hart, N., Newton, R., Weber, J. and Waqar, A., "An algorithm for the automatic detection and quantification of athletes' change of direction incidents using IMU sensor data", *IEEE Sensors Journal*, Vol. 19, No. 12 (February 2019), pp.4518-4527.

National Association for Sport and Physical Education, *Outcomes of quality physical education programs, Reston*, VA: Author, 1992.

National Association for Sport and Physical Education, *Moving into the future: National Standards for physical education: A guide to content and assessment*, Reston, VA: Author, 1995.

National Association for Sport and Physical Education, *Moving into the future: National Standards for physical education (second edition)*, Reston, VA: Author, 2004.

Nazemzadeh, P., Moro, F., Fontanelli, D., Macii, D. and Palopoli, L., "Indoor positioning of a robotic walking assistant for large public environments", *IEEE Transactions on Instrumentation and Measurement*, Vol. 64, No. 11 (July 2015), pp.2965-2976.

Nazlibilek, S., "Autonomous navigation of robotic units in mobile sensor network" *Measurement*, Vol. 45, No. 5 (June 2012), pp.938-949.

Newell, K.M., "Constraints on the development of coordination", *Motor development on children: Aspects of coordination and control*, 1986.

Orth, D., Van der Kamp, J., Memmert, D. and Savelsbergh, G.J., "Creative motor actions as emerging from movement variability", *Frontiers in psychology*, No. 8 (October 2017), p.281868.

Patsantaras, N., "Olympic Messages: Olympic Ideology and Olympic Social Reality", *Choregia*, Vol. 4, No. 1 (June 2008).

Pérez-Rubio, M.C., Losada-Gutierrez, C., Espinosa, F., Macias-Guarasa, J., Tiemann, J., Eckermann, F., Wietfeld, C., Katkov, M., Huba, S., Urena, J. and Villadangos, J.M., "A realistic evaluation of indoor robot position tracking systems: The IPIN 2016 competition experience", *Measurement*, No. 135 (March 2019), pp.151-162.

Pittet, S., Renaudin, V., Merminod, B. and Kasser, M., "UWB and MEMS based indoor navigation", The *Journal of Navigation*, Vol. 61, No. 3 (July 2008), pp.369-384.

Rasmussen, D.B., "Human flourishing and the appeal to human nature", *Social Philosophy and Policy*, Vol. 16, No. 1 (January 1999), pp.1-43.

Reche-Soto, P., Rojas-Valverde, D., Bastida-Castillo, A., Gómez-Carmona, C.D., Rico-González, M., Palucci Vieira, L.H., Paolo Ardigò, L. and Pino-Ortega, J., "Using ultra-wide band to analyze soccer performance through load indicators during a full season: a comparison between starters and non-starters", *Applied Sciences*, Vol. 12, No. 24 (December 2022), p.12675.

Ren, S., He, K., Girshick, R. and Sun, J., "Faster R-CNN: Towards real-time object detection with region proposal networks", *IEEE transactions on pattern analysis and machine intelligence*, Vol. 39, No. 6 (June 2016), pp.1137-1149.

Ridolfi, M., Vandermeeren, S., Defraye, J., Steendam, H., Gerlo, J., De Clercq, D., Hoebeke, J. and De Poorter, E., "Experimental evaluation of UWB indoor positioning for sport postures", *Sensors*, Vol. 18, No. 1 (January 2018), p.168.

Ryba, T.V., "Sport psychology as cultural praxis: Future trajectories and current possibilities", *Athletic Insight*, Vol. 7, No. 3 (September 2005), pp.14-22.

Santos, S.D., Memmert, D., Sampaio, J. and Leite, N., "The spawns of creative behavior in team sports: A creativity developmental framework", *Frontiers in psychology*, No. 7 (August 2016), p.1282.

Santos, S., Jiménez, S., Sampaio, J. and Leite, N., "Effects of the Skills4Genius sports-based training program in creative behavior", *PloS one*, Vol. 12, No. 2 (February 2017), p.e0172520.

Savelsbergh, G.J. and Van Der Kamp, J., "Information in learning to coordinate and control movements: Is there a need for specificity of practice?", *International Journal of Sport Psychology*, Vol. 31, No. 4 (October 2000), pp.467-484.

Savelsbergh, G.J. and Wormhoudt, R., "Creating adaptive athletes: the athletic skills model for enhancing physical literacy as a foundation for expertise", *Movement & Sport Sciences-Science & Motricité*, No. 102 (2018), pp.31-38.

Schollhorn, W., Hegen, P. and Davids, K., "The Nonlinear Nature of Learning-A Differential Learning Approach", *The Open Sports Sciences Journal*, Vol. 5, No. 1 (2012).

Seshadri, D.R., Drummond, C., Craker, J., Rowbottom, J.R. and Voos, J.E., "Wearable devices for sports: new integrated technologies allow coaches, physicians, and trainers to better understand the physical demands of athletes in real time", *IEEE pulse*, Vol. 8, No. 1 (January 2017), pp.38-43.

SHAPE America, *National Standards Grade-Level Outcomes for K-12 physical education*, Reston, VA : Author, 2013.

Shearer, C., Goss, H.R., Edwards, L.C., Keegan, R.J., Knowles, Z.R., Boddy, L.M., Durden-Myers, E.J. and Foweather, L., "How is physical literacy defined? A contemporary update", Journal of Teaching in Physical Education, Vol. 37, No. 3 (July 2018), pp. 237-245.

Shcherbashyn, I.S., "Olympic education as a method of humanistic elevation of students. Pedagogics", *psychology, medical-biological problems of physical training and sports*, Vol. 18, No. 4 (April 2014), pp.68-73.

Strader, J., Gu, Y., Gross, J.N., De Petrillo, M. and Hardy, J., "Cooperative relative localization for moving UAVs with single link range measurements", in *2016 IEEE/ION Position, Location and Navigation Symposium (PLANS)*, (April 2016), pp. 336-343.

Timmerman, E.A., Farrow, D. and Savelsbergh, G.J., "The effect of manipulating task constraints on game performance in youth field hockey", *International Journal of Sports Science & Coaching*, Vol. 12, No. 5 (October 2017), pp.588-594.

Tremblay, M. and Llyod, M., "Physical literacy measurement the missing piece", *Physical & Health Education Journal*, Vol. 76. No. 1 (April 2010), p.26.

Tuchler, M., Schwarz, V. and Huber, A., "Location accuracy of an UWB localization system in a multi-path environment" in *2005 IEEE International Conference on Ultra-Wideband*, (September 2005), pp. 414-419.

Vaeyens, R., Güllich, A., Warr, C.R. and Philippaerts, R., "Talent identification and promotion programmes of Olympic athletes", *Journal of sports sciences*, Vol. 27, No. 13 (November 2009), pp.1367-1380.

Van Deventer, K., "Perspectives of teachers on the implementation of Life Orientation in Grades R–11 from selected Western Cape schools", *South African journal of education*, Vol. 29, No. 1 (February 2009), pp.127-146.

Varol, Y.K., "Predictive power of prospective physical education teachers' attitudes towards educational technologies for their technological pedagogical content knowledge", *International Journal of Progressive Education*, Vol. 11, No. 3 (October 2015), pp.7-19.

Waqar, A., Ahmad, I., Habibi, D. and Phung, Q.V., "Analysis of GPS and UWB positioning system for athlete tracking", *Measurement: Sensors*, No. 14 (April 2021), p.100036.

Wei, J., "How Wearables Intersect with the Cloud and the Internet of Things: Considerations for the developers of wearables", *IEEE Consumer Electronics Magazine*, Vol. 3, No. 3 (June 2014), pp.53-56.

Wei, X., Lucey, P., Morgan, S., Carr, P., Reid, M. and Sridharan, S., "Predicting serves in tennis using style priors", *in Proceedings of the 21th ACM SIGKDD International Conference on Knowledge Discovery and Data Mining*, (August 2015), pp. 2207-2215.

Whitehead, M., "Physical literacy", In *International Association of Physical Education and Sport for Girls and Women Congress*. Melbourne, (July 1993).

Whitehead, M., "Physical literacy: Philosophical considerations in relation to developing a sense of self, universality and propositional knowledge", *Sport, Ethics and Philosophy*, Vol. 1, No. 3 (December 2007), pp. 281-298.

Whitehead, M., *Physical Literacy throughout the Lifecourse*, New York:

Routledge, 2010.

Whitehead, M., "Definition of physical literacy and clarification of related issues", in *Icsspe Bulletin*, Vol. 65, No. 1.2 (October 2013).

Whitehead, M., "The History and Development of Physical Literacy", *The Journal of the International Council of Sport Science and Physical Education (ICSSPE)*, No. 65 (October 2013), pp. 22 - 28.

Xing, J., Ai, H., Liu, L. and Lao, S., "Multiple player tracking in sports video: A dual-mode two-way bayesian inference approach with progressive observation modeling", *IEEE Transactions on image Processing*, Vol. 20, No. 6 (December 2010), pp.1652-1667.

Xu, Y., Ahn, C.K., Shmaliy, Y.S., Chen, X. and Li, Y., "Adaptive robust INS/UWB-integrated human tracking using UFIR filter bank", *Measurement*, No. 123 (July 2018), pp.1-7.